DOMINIQUE LORMIER

LES GRANDES BATAILLES DE L'HISTOIRE DE FRANCE

d'Hastings à la Libération

1066-1945

DOMINIQUE LORMIER

Historien et écrivain, auteur de plus d'une centaine d'ouvrages, lieutenant-colonel de réserve, chevalier de la Légion d'honneur, membre de l'Institut Jean Moulin, **Dominique Lormier** est considéré comme l'un des meilleurs spécialistes de l'histoire militaire.

*Les grandes batailles de l'histoire de France
d'Hastings à la Libération
1066-1945*

Publié par Le Retour aux Sources

www.leretourauxsources.com

© Le Retour aux Sources – Dominique Lormier – 2020

Tous droits réservés. Aucune partie de cette publication ne peut être reproduite par quelque moyen que ce soit sans la permission préalable de l'éditeur. Le code de la propriété intellectuelle interdit les copies ou reproductions destinées à une utilisation collective. Toute représentation ou reproduction intégrale ou partielle faite par quelque procédé que ce soit, sans le consentement de l'éditeur, de l'auteur ou de leur ayants cause, est illicite et constitue une contrefaçon sanctionnée par les articles L-335-2 et suivants du Code de la propriété intellectuelle.

INTRODUCTION 13

I 15

LA SUPRÉMATIE DU ROYAUME DE FRANCE 15
LES BATAILLES DU MOYEN-ÂGE..*15*
    La bataille d'Hastings 1066 : la victoire éclair de Guillaume le Conquérant........ 15
    La bataille de Bouvines 1214 : le triomphe de Philippe Auguste 17
    Les batailles de Crécy 1346 et de Poitiers 1356 : les chevaliers battus par les archers 19
    Les batailles de Bertrand Du Guesclin 1356-1380 : le retour triomphal de la chevalerie française 22
    La bataille d'Azincourt 1415 : Henri V d'Angleterre et son armée impitoyable 24
    Les batailles de Jeanne d'Arc 1429-1430 : la volonté d'une femme au service de la France 27
    La bataille de Castillon 1453 : la victoire française qui met fin à la guerre de Cent ans 30

II 33

LA BAÏONNETTE FRANÇAISE FRANCHIT L'ATLANTIQUE 33
LES BATAILLES DE L'ANCIEN RÉGIME *33*
    La guerre de Trente Ans 1618-1648 et la bataille de Rocroi 1643 : le triomphe de l'armée française face à l'hégémonie des Habsbourg 33
    Les batailles de Louis XIV 1667-1715 : l'invincible armée française 36
    La bataille de Fontenoy et autres victoires françaises 1745-1747 : la suprématie des armées de Louis XV 37
    Les batailles de la guerre de Sept Ans en Europe 1756-1763 : une succession de victoires et de revers français 40
    Les batailles de la guerre franco-britannique au Canada 1754-1760 : la fin d'un rêve français américain 42
    La bataille de Yorktown 1781 : la revanche de Louis XVI 43

III 46

LA PATRIE EN DANGER À SON SAUVEUR, UN CERTAIN GÉNÉRAL BONAPARTE 46
LES BATAILLES DE LA RÉVOLUTION ET DE L'EMPIRE..*46*
    La bataille de Valmy 1792 : la patrie en danger 46
    La bataille de Jemmapes 1792 : la victoire en chantant 50
    Les batailles de la campagne de 1793 : l'ascension d'un jeune général 51
    Les batailles de la campagne de 1794-1795 : l'incroyable succès des troupes françaises 52
    Les batailles de la campagne d'Italie 1796-1797 : l'épopée d'une armée tricolore 54
    Les batailles de l'expédition d'Égypte 1798-1802 : le rêve africain des pyramides 56
    Les batailles de la campagne contre l'Autriche 1800-1801 : nouvelles victoires en Italie et en Allemagne 59
    Les batailles d'Ulm et d'Austerlitz 1805 : Napoléon taille en pièces les Autrichiens et les Russes 61

Les batailles de Iéna et d'Auerstaedt 1806 : la Prusse humiliée 64
Les batailles d'Eylau et de Friedland 1807 : la Russie vaincue 66
La bataille de Wagram 1809 : la puissance de la cavalerie française 68
Les batailles de la campagne de Russie 1812 : un si terrible hiver 70
Les batailles de la campagne de 1813 : face à une coalition toujours plus puissante 72
Les batailles de la campagne de France de 1814 : d'incroyables victoires sans lendemain 75
Les trois batailles des cent jours de Napoléon 1815 : la fin d'une épopée impériale 78

IV 83

LES ARMÉES DE NAPOLÉON III 83

LES BATAILLES DU SECOND EMPIRE *83*

Les batailles de la guerre de Crimée 1854-1855 : retrouver la gloire militaire 83
Les batailles de la campagne d'Italie 1859 : soutenir l'unité italienne 85
Les batailles de la campagne du Mexique 1862-1867 : contrebalancer l'hégémonie américaine 88
Les batailles de la guerre franco-allemande 1870-1871 : le triomphe de la puissance allemande 90

V 95

LA FRANCE DANS LA PREMIÈRE GUERRE MONDIALE 95

LES BATAILLES DE 14-18 .... *95*

La bataille de la Marne 1914 : la patrie sauvée ! 95
La bataille de Champagne 1915 : le sacrifice de l'infanterie française 104
La bataille de Verdun 1916 : courage on les aura ! 114
La bataille de la Somme 1916 : la solidarité franco-britannique 128
Les batailles du Chemin-des-Dames et de La Malmaison 1917 : de Nivelle à Pétain 140
La bataille de la Marne 1918 : la défaite définitive de l'Allemagne 149

VI 156

UN PAYS OUTRAGÉ, BRISÉ, MARTYRISÉ MAIS LIBÉRÉ 156

LES BATAILLES DE 39-45 .... *156*

La bataille d'Hannut-Gembloux 1940 : la première grande bataille de chars 156
La bataille de Stonne : le Verdun de 1940 177
La bataille d'Amiens 1940 : les panzers décimés 196
La bataille des Alpes 1940 : combats acrobatiques sur les sommets 215
La bataille de Bir Hakeim 1942 : la geste gaullienne 240
Les batailles de la campagne d'Italie 1943-1944 : la revanche française de 1940 269
Les batailles de la campagne de Provence et de la vallée du Rhône 1944 : De Lattre et ses preux 296
Les batailles de la campagne des Vosges et de l'Alsace 1944-1945 : la neige, le froid et la gloire 308
Les batailles de la campagne de l'Allemagne du sud 1945 : l'armée française dans

le camp des vainqueurs	316
CONCLUSION	**328**
SOURCES PRINCIPALES	**329**
Archives et documents	329
Revues consultées	329
Bibliographie principale	330
OUVRAGES DU MÊME AUTEUR	**333**
Le Retour aux Sources éditeur	343

INTRODUCTION

Cet ouvrage présente les grandes batailles ayant marqué l'histoire de France du Moyen-âge à la fin de la Seconde Guerre mondiale de 1066 à 1945. On découvre comme ce pays a dû lutter durant des siècles pour asseoir sa puissance, défendre son indépendance et sa liberté dans une Europe en proie à des conflits successifs.

Le royaume de France parvient peu à peu à s'affirmer comme la puissance principale en Occident, grâce à une armée de plus en plus performante, bénéficiant en plus d'une démographie sans cesse en augmentation jusqu'à la fin du 19e siècle. L'armée royale s'adapte aux nouvelles conditions de la guerre, malgré des revers importants durant notamment la guerre Cent Ans, pour finalement triompher de ses ennemis. La persévérance porte ses fruits dans les épreuves les plus rudes.

Les batailles du Moyen-âge au 19e siècle ne durent généralement qu'une journée, alors que celles des deux conflits mondiaux du 20e siècle peuvent s'éterniser durant des semaines, voire des mois. Les forces armées engagées sont alors nettement plus importantes, de même que la puissance de feu devient sans équivalent dans l'histoire.

Le courage des soldats français, - de la chevalerie du Moyen-âge, en passant par les mousquetaires du roi, les grognards de Napoléon, les poilus de la Grande Guerre, les combattants de la France libre et de l'armée d'Afrique, - est entré dans la légende.

Des idées reçues sont bousculées par la réalité des faits sur le terrain. La Guerre de Cents Ans est plus marquée par des succès français que par des défaites. La guerre de 1870-1871 et la campagne de mai-juin 1940 ne sont pas des promenades militaires pour les troupes allemandes : la résistance des soldats français est souvent acharnée.

À la pointe de la modernité, l'armée française a souvent triomphé sur les champs de bataille.

I

LA SUPRÉMATIE DU ROYAUME DE FRANCE

LES BATAILLES DU MOYEN-ÂGE

Le Moyen-âge est marqué par la montée en puissance du royaume de France, qui ne cesse d'affirmer sa volonté d'unification dans une Europe divisée par les luttes féodales et régionales. La chevalerie triomphe durant des siècles, puis décline peu à peu avec l'apparition de nouvelles armes, comme notamment l'artillerie. Les archers et les arbalétriers connaissent également leurs périodes de gloire. La bataille frontale laisse parfois la place à la guérilla, notamment sous la houlette de chefs de guerre hors pairs, comme le célèbre Bertrand Du Guesclin. La ruse et l'habileté tactique ont parfois raison de forces plus puissantes. La protection du combattant prend une place importante avec les casques, les cottes de maille et les armures, devant un armement de plus en plus meurtrier, de l'épée à la bombarde, sans oublier le redoutable arc gallois, tirant 6 à 16 flèches à la minute.

La bataille d'Hastings 1066 : la victoire éclair de Guillaume le Conquérant

La bataille d'Hastings s'inscrit dans la crise de succession du trône d'Angleterre, suite à la mort du roi Edouard le Confesseur en janvier 1066. Ce dernier ne laisse en effet aucun héritier véritable. Son successeur, Harold Gowinson, désigné par une poignée de seigneurs, est le plus riche baron royaume. Il doit faire face à plusieurs rivaux, qui prétendent également diriger le pays. Le plus grand danger vient de Guillaume le Conquérant, dont le duché de Normandie est l'un des plus puissants du royaume de France au 11e siècle.

La bataille d'Hastings, le 14 octobre 1066, au sud de l'Angleterre, représente le grand événement militaire de l'époque. Guillaume le Conquérant, duc de Normandie, prépare longuement son expédition avec une remarquable prévoyance. Il réunit une flotte de 700 navires. Son armée se compose de tous les contingents féodaux de son duché, ainsi que ceux de plusieurs fiefs français et bretons, des Pays Rhénans, de la Pouille et de l'Espagne. En huit mois, cette armée forte de 15 000 hommes dont 3000 cavaliers, est bien encadrée et armée, instruite et disciplinée.

Guillaume met la voile de Saint-Valery-sur-Somme et débarque aisément en Angleterre du sud, à Pevensey, le 28 septembre 1066. Son adversaire, le roi anglo-saxon Harold Godwinson l'attend sur un terrain élevé et bien choisi, à huit kilomètres au nord d'Hastings, avec une armée de 7500 guerriers anglo-saxons déterminés et vigoureux, formant une masse compacte de gens de pied armés principalement de la grande hache danoise à deux mains. Ils alignent peu d'archers, la cavalerie est absente. De son côté, Guillaume le Conquérant engage pour livrer cette bataille 5000 fantassins ou archers et 2000 cavaliers, soit un total de 7000 combattants.

L'armée normande, rattachée au royaume de France, s'avance en trois corps. Chaque corps présente trois lignes : la première d'archers, la seconde d'infanterie bien armée et articulée à la manière des légions romaines, la troisième formée de cavaliers. Les archers des deux camps engagent la bataille. À cette action succède une charge de la cavalerie normande qui ne peut ébranler la masse anglo-saxonne. Guillaume ordonne à une partie de sa troupe de feindre une retraite, tandis qu'il prépare sa cavalerie à attaquer l'ennemi en plein mouvement à découvert. C'est alors la mêlée durant laquelle l'épée normande perce de sa pointe le guerrier anglo-saxon forcé de se découvrir pour manier sa lourde hache. Le roi Harold Godwinson, d'abord blessé par une flèche, périt finalement sous les coups d'épée des chevaliers normands.

Les pertes des guerriers anglo-saxons auraient été cinq fois plus importantes que celles des Normands. La bataille d'Hastings dure toute une journée, de neuf heures du matin à la tombée de la nuit. Une durée exceptionnelle pour l'époque où les combats se règlent en général en deux heures.

Victorieuse à Hastings, l'armée normande progresse jusqu'à Londres en novembre. Début décembre la ville capitule. Guillaume Le Conquérant est couronné roi d'Angleterre le 25 décembre 1066 en l'abbaye de Westminster. La volonté de puissance d'un seul homme, porté par une armée puissante et bien entraînée, peut avoir raison de tous les obstacles. Tout comme Hastings, la bataille de Bouvines témoigne également de la suprématie d'un chef décidé contre une force coalisée.

La bataille de Bouvines 1214 : le triomphe de Philippe Auguste

En 1214, le royaume de France est menacé par le roi d'Angleterre, Jean sans Terre, qui parvient à monter, contre le roi de France Philippe Auguste, une puissante coalition avec Renaud de Danmartin comte de Boulogne, Guillaume Ier comte de Hollande, Ferrand comte de Flandre, Henri Ier duc de Brabant, Thiébaud Ier duc de Lorraine, Henri III duc de Limbourg et *surtout l'empereur romain germanique Otton IV. Les coalisés envisagent d'envahir la totalité du royaume de France, après avoir écrasé en une bataille décisive l'armée de Philippe Auguste.*

Cette bataille a lieu de dimanche 27 juillet 1214, près de Lille. Elle oppose les troupes royales françaises de Philippe Auguste, renforcées par les milices communales, à une coalition anglo-germano-flamande menée par l'empereur allemand Otton IV. Environ 7000 combattants français, dont 1500 chevaliers, affrontent 9000 adversaires.

Les chevaliers français d'Eudes de Bourgogne chargent l'aile gauche de l'armée d'Otton IV, qu'ils parviennent à mettre en fuite. Au centre, l'infanterie de l'empereur met en danger le dispositif de Philippe Auguste. L'intervention des chevaliers français renverse la situation. La charge des troupes françaises (fantassins et cavaliers) au centre et aux deux ailes sème les panique dans les rangs adverses. Otton manque de se faire occire par les chevaliers français. Il ne doit son salut qu'à sa fuite du champ de bataille. Les soldats anglais s'enfuient également. Matthieu de Montmorency s'empare de douze bannières ennemies. La victoire de Philippe Auguste est totale, ses pertes humaines sont minimes et une bonne partie des seigneurs coalisés se trouve entre ses mains : 900 combattants français sont hors de combat contre 6000 dans les rangs adverses.

La chevalerie française est alors au sommet de sa puissance. La tactique du champ de bataille repose soit sur l'attaque frontale brutale et puissante, soit sur une action d'aile, rapide et discrète. Dans la défensive, il convient d'éviter la rupture par l'adoption d'un dispositif sur plusieurs lignes, et le débordement par le déploiement sur un front égal à celui de l'adversaire.

Le chevalier demeure le maître du champ de bataille : armé de la lance et de l'épée, protégé par un heaume (casque en métal couvrant le visage, le crâne et la nuque), un bouclier et une cotte de maille (vêtement formé d'anneaux de métal).

Les prétentions anglaises sur le royaume de France ne sont pas éteintes pour autant. La couronne anglaise attend une meilleure occasion pour s'emparer des vastes territoires français, dont notamment l'Aquitaine. La Guerre de Cent ans qui va suivre n'est que le prolongement des luttes territoriales qui opposent déjà depuis plusieurs siècles les deux royaumes.

Les batailles de Crécy 1346 et de Poitiers 1356 : les chevaliers battus par les archers

En 1328, Philippe de Valois, neveu du roi Philippe Le Bel par son père, monte sur le trône de France, sous le nom de Philippe VI. Edouard III, petit-fils de Philippe Le Bel par sa mère, règne en Angleterre depuis l'année précédente. Supportant de moins en moins la puissance affichée par le royaume de France, il se proclame roi de France le 21 août 1337. La lutte tragique entre la France et l'Angleterre commence. Elle va durer plus de plus cent ans (1337-1456), marquée par des longues périodes de trêve, de revers et de victoires. Dans un premier temps, l'armée anglaise entend écraser son adversaire lors d'une bataille qui se veut décisive.

Non loin d'Abbeville sur la Somme, la bataille de Crécy, le 26 août 1346, oppose 50 000 combattants français à 20 000 britanniques. L'armée anglaise présente une première ligne (fantassins et archers) parfaitement positionnée derrière des rangées de pieux où doivent s'empaler les chevaliers français. Sur une seconde ligne, les chevaliers anglais sont prêts à contre-attaquer si besoin. L'armée française est organisée en trois lignes. Au-devant on trouve les arbalétriers génois, ainsi que de deux lignes de chevaliers. Le reste est composé de troupes à pied qui occupent l'arrière et les côtés.

Le roi de France Philippe VI envoie ses arbalétriers génois entamer le combat, mais leurs armes ont souffert de la pluie : les cordes sont humides et perdent de leur puissance, alors que la corde rustique en chanvre, celle des longs arcs traditionnels gallois, gagne en dureté lorsqu'elle est mouillée. Les Génois ne tirent qu'à une cadence de 2 à 4 flèches à la minute, tandis que les Gallois tirent chacun 6 à 16 flèches à la minute. Ces derniers, au nombre de 6000, expédient donc 36 000 à 96 000 flèches à la minute ! Décimés, les arbalétriers génois doivent se replier. Croyant à une trahison, Philippe VI ordonne à ses chevaliers de tuer les fuyards. Dans leur enthousiasme dément, ceux-ci bousculent et massacres leurs alliés génois puis se ruent comme des démons sur les lignes anglaises. La suite n'est qu'une succession de charges inutiles et meurtrières, sans cohérence ni commandement d'ensemble. Les chevaliers français effectuent sans succès une quinzaine de charges, brisées par les archers gallois.

Cependant, un assaut français plus organisé, mené par le duc d'Alençon, frère de Philippe VI, atteint la première ligne d'archers gallois qui au corps à corps, face à des chevaliers au grand galop, ne peut résister. Les chevaliers français en rage commencent un terrible massacre, tandis que les archers, horrifiés par le carnage, reculent en désordre. L'infanterie britannique serre alors les rangs. Après avoir traversée la ligne d'archers, l'attaque du duc d'Alençon se heurte aux fantassins et aux chevaliers anglais. Cernés de toutes parts, épuisés par le poids de leur armure, déshydratés par la chaleur, les chevaliers français subissent de lourdes pertes car leurs chevaux sont finalement abattus par les archers. Parmi les morts français se trouve le fougueux duc d'Alençon tué sous son cheval. Les actes héroïques se succèdent, dont celui de Jean de Luxembourg qui, bien qu'aveugle, charge à cheval la masse britannique.

La victoire anglaise est totale : 1542 chevaliers français et 2300 arbalétriers génois sont tués contre 300 morts dans les rangs britanniques.

Les Anglais victorieux s'emparent par la suite de Calais en août 1347. Crécy est un coup de tonnerre dans un ciel serein. Dans toute l'Europe, la nouvelle se répand : la chevalerie la plus puissante d'Occident s'est fait anéantir par des archers et de la « piétaille ». Crécy semble marquer en apparence la fin de la chevalerie en tant qu'ordre militaire d'élite. La bataille de Poitiers qui va suivre ne fait que confirmer pour un temps la suprématie de l'archer sur le chevalier.

Le 19 septembre 1356, à Nouaillé-Maupertuis à 8 kilomètres au sud de Poitiers, se déroule une nouvelle bataille entre les Français et les Anglais. Une fois de plus, les 15 000 cavaliers français chargent les 7000 combattants britanniques, dont les redoutables archers gallois. La bataille ressemble à s'y méprendre à celle de Crécy, où 2500 Français sont tués contre des pertes limitées dans les rangs britanniques, estimées à 500 morts. Le roi de France, Jean II le Bon, luttant avec courage au milieu de ses hommes, est capturé par le prince Noir. Le combat s'est déroulé sur un terrain accidenté et coupé de haies, favorable à la défense. En 1360, le traité de Brétigny rend la liberté au roi Jean le Bon contre une importante rançon.

Cependant, la chevalerie française n'a pas dit son dernier mot. Il lui manque un chef de guerre véritable, capable de rassembler et de commander, pour qu'elle retrouve sa puissance incontestée d'antan. Ce chef va finalement s'affirmer en la personne de Bertrand Du Guesclin.

Les batailles de Bertrand Du Guesclin 1356-1380 : le retour triomphal de la chevalerie française

Né en 1320 au château de la Motte-Broons, près de Dinan, au sein d'une famille de la noblesse bretonne, Bertrand Du Guesclin devient un chef de guerre remarquable par son sens tactique, redouté des Anglais. En 1337, lors d'un tournoi sur la place des Lices à Rennes, où il a l'interdiction de participer du fait de son jeune âge (15 ans), il défait, masqué, tous ses adversaires, avant de refuser de combattre son père, en inclinant sa lance par respect au moment de la joute, à la grande surprise de l'assemblée. Lors du siège de Rennes (1356-1357), il ravitaille la ville et effectue plusieurs coups de main contre les Anglais. En 1359, il défend Dinan avec succès, assiégée par les troupes anglaises.

Admirable chevalier et grand capitaine, à la fois prudent, avisé et audacieux, Du Guesclin mène une véritable guérilla contre l'occupant anglais. Frappant là où on le l'attend pas, il intervient avec une rapidité et une soudaineté remarquables, marchant de nuit, par tous les temps et dans tous les terrains, avec sa petite armée de quelques centaines ou milliers d'hommes, les seules qu'il aime à commander. Il sait ce qu'il peut exiger de ses hommes, vivant au milieu d'eux, s'en occupant avec sollicitude, il est, malgré la dureté de son commandement, adoré d'eux, et il peut tout leur demander. Dans le combat, nul n'égale son ardeur, son intrépidité, son endurance, sa force physique.

Fait lieutenant en 1360, puis capitaine en 1364, il accumule les succès militaire, en s'emparant de plusieurs villes occupées par les Anglais. Durant la seule année 1364, il capture Mantes le 7 avril, Meulan le 13 avril, puis Vernon, Vetheuil et Rosny-sur-Seine les jours suivants. Le 16 mai, il remporte la victoire de

Cocherel. En 1365, il délivre le royaume de France des grandes compagnies, amas de soldats indisciplinés qui ravagent les provinces. Il les persuade de participer à la première guerre civile de Castille aux côtés d'Henri de Trastamare, favorable à la France, qui dispute le trône de Castille à Pierre le Cruel, allié des Anglais. Il s'y couvre de gloire en poussant jusqu'à Tolède, Séville et Cordoue en 1366. Fait connétable de France par le roi Charles V en octobre 1370, il bat les troupes anglaises à la bataille de Pontvallain le 4 décembre 1370, poursuivant les Anglais, il les défait devant Bressuire le 8 décembre et fait tomber Saumur le 15. En avril 1371, il met le siège devant Bècherel, prend Conches en février 1372, En juin-juillet 1372, ses troupes prennent Montmorillon, Chauvigny, Lussac, Moncontour, Saint-Sevère. En mars 1373, il remporte la bataille de Chizé. En avril, Du Guesclin prend Niort, Lusignan, La Roche-sur-Yon, Cognac, Mortemer. Après le débarquement anglais à Saint-Malo, il se dirige sur la Bretagne. En juin, il assiège Brest tenue par les Anglais et attaque Jersey en juillet.

D'août à septembre 1374, Du Guesclin et le duc d'Anjou lancent une offensive en Guyenne et prennent Penne-d'Agenais, Saint-Sever, Lourdes, Mauléon, Condom, Moissac, Sainte-Foy-la-Grande, Castillon, Langon, Saint-Macaire, Sainte-Bazeille, La Réole.

D'avril à juin 1378, Du Guesclin et ses troupes libèrent la Normandie, en s'emparant de Bernay, Carentan, Valognes, Avranches, Remerville, Beaumont, Breteuil, Saint-Lô, Évreux, Pacy-sur-Eure, Gavray, Nogent-le-Roi, Anet, Mortain et Pont-Audemer.

En l'espace de quelques années, il a ainsi libéré la Normandie, une partie de la Guyenne, la Saintonge et le Poitou de la présence anglaise. Sa troupe, mobile et souple, avec un noyau d'élite breton bien soudé, anticipe les actions commandos du 20e siècle en frappant vite, à l'improviste, en restant insaisissable, en entretenant l'insécurité chez l'ennemi et en le décourageant petit à petit. Cette guérilla est la mieux adaptée aux circonstances, puisqu'il s'agit de reprendre des châteaux dispersés, qui commandent routes et carrefours.

En 1378, Du Guesclin participe à la campagne contre la Bretagne. En 1380, il lutte en Auvergne et au sud du Massif Central, met le siège devant Châteauneuf-de-Randon. Après plusieurs assauts terribles, la forteresse promet de se rendre, si elle n'est pas secourue dans 15 jours. Mais Du Guesclin meurt dans cette intervalle le 13 juillet 1380, sans doute pour avoir trop bu d'eau glacée après avoir combattu en plein soleil. Le gouverneur de Châteauneuf-de-Randon vient, la trêve expirée, déposer les clefs sur son cercueil. Son corps est déposé à la basilique de Saint-Denis.

Cette période glorieuse de la chevalerie français qui, grâce à Bertrand Du Guesclin, a su s'adapter à une guerre nouvelle, ne dure pas. La mort du chef glorieux entraîne un brusque retour en arrière, où la guérilla mobile est oubliée. On retombe dans les mêmes erreurs tactiques que Crécy et Poitiers, dont Azincourt en est le symbole par excellence.

La bataille d'Azincourt 1415 : Henri V d'Angleterre et son armée impitoyable

De nouveaux, les éternelles rivalités territoriales et dynastiques opposent l'Angleterre à la France. Profitant de la guerre qui oppose les Bourguignons au royaume de France, Henri V d'Angleterre débarque en France pour y assoir son autorité. Il entend écraser la chevalerie français lors d'une bataille décisive.

La bataille d'Azincourt, en Artois, le 25 octobre 1415, oppose 13 500 combattants français, principalement chevaliers et cavaliers, à 9000 combattants britanniques (1000 chevaliers, 6000 archers et 2000 fantassins). Le terrain et le temps sont des élément déterminants de l'issue de l'affrontement. Une lourde pluie tombe toute la nuit sur les deux armées peu abritées. Le champ de bataille, tout en longueur, est fortement détrempé, particulièrement côté français, placé dans le bas de la colline où coule un ruisseau devenu torrent durant la nuit. Le terrain boueux désavantage l'armée française composée de nombreux chevaliers en armures.

Le corps de bataille britannique s'organise sur quatre rangs, avec les archers et les fantassins en avant, protégés par des rangés de pieux, tandis que la cavalerie se trouve en arrière pour contre-attaquer. Les Français sont groupés sur trois lignes et en masse, avec une avant-garde de 3000 chevaliers. Le corps de bataille principal, 150 mètres derrière l'avant-garde, est fort de 4000 hommes en armures ayant mis pied à terre. L'arrière-garde se compose de 4100 combattants de petite noblesse et de simples soldats. Le commandement français refuse la présence de 4000 arbalétriers génois car il estime son armée assez nombreuse. Sur les flancs, deux contingents de cavalerie lourde, soit 2400 cavaliers français doivent briser les rangs d'archers britanniques et faciliter l'attaque du corps de bataille principal.

Henri V d'Angleterre fait avancer ses hommes de 600 mètres vers les lignes françaises d'une part pour les provoquer et les faire attaquer, d'autre part afin d'occuper la partie la plus étroite de la plaine, entre deux forêts. En se plaçant aussi près, il met les Français à portée de flèches des arcs gallois. Les archers s'abritent derrière des pieux qu'ils ont taillé et plantés dans le sol le soir, la veille de la bataille, et décochent une première volée.

Oubliant les leçons des défaites de Crécy, de Poitiers et le génie tactique de Bertrand du Guesclin, 900 chevaliers français, issus des deux ailes, chargent à cheval les rangs adverses. Le premier obstacle est le terrain détrempé par la pluie, le second obstacle se trouve dans les archers anglais et leurs redoutables capacités. Criblés de flèches, les chevaliers français et les montures n'atteignent même pas les rangs ennemis. Les rares qui y parviennent sont empalés sur les pieux des archers. Les chevaux cherchent à s'enfuir et se heurtent à l'avant-garde française à pied qui, devant ce massacre, décide d'attaquer. Les archers anglais déversent leurs flèches et en noircissent le ciel.

Sous le poids de leurs armures, les chevaliers et les écuyers français s'enfoncent profondément dans la boue à chaque pas. Ils atteignent cependant les lignes anglaises et engagent le combat contre les archers et fantassins britanniques. La lutte est intense. L'armée anglaise doit reculer et le roi Henri V est menacé d'être tué. Il est rapidement dégagé par sa garde rapprochée. Piégés dans un entonnoir, les Français, embourbés et contraints de se protéger avec les boucliers, sont incapables de lever leurs armes dans cette mêlée trop serrées. Les Anglais en profitent pour pénétrer les rangs français. Les archers délaissent leurs arcs pour des armes de corps-à-corps (épées, haches, maillets, masses d'arme) et entrent dans la mêlée. L'avant-garde française est taillée en pièce en une demi-heure. Les survivants battent en retraite mais se heurtent à la seconde ligne française qui entre également dans la mêlée, ce qui engendre une extrême confusion. Les cadavres des chevaux et des hommes empêchent toute progression et tout assaut. La troisième ligne française attaque à son tour et se brise sur les empilements de cadavres et les combattants anglais.

La défaite française est totale. Revenant le lendemain matin sur le champ de bataille, Henry V fait supprimer les blessés français qui ont survécu. L'armée française déplore 6000 morts et 2200 prisonniers contre 600 morts dans les rangs britanniques.

Cette bataille fait éclater le royaume de France au bénéfice des Anglais et des Bourguignons qui s'adjugent de vastes territoires. Elle souligne la médiocrité du commandement français qui n'a pas su tirer les leçons du passé et surtout prendre en considération les avantages tactiques prônés par Bertrand Du Guesclin : la mobilité, la vitesse et la surprise. À Azincourt, la chevalerie française ne réunit aucune des trois et se fait bêtement tailler en pièces. Un nouveau chef, en l'occurrence une femme, va redorer les blasons des armées royales, insuffler un nouvel élan et offrir de nouvelles victoires, en tenant compte des acquis tactiques du passé, tout en innovant dans certains domaines.

Les batailles de Jeanne d'Arc 1429-1430 : la volonté d'une femme au service de la France

En 1428, les Anglais occupent la moitié nord du royaume de France, tandis que le dauphin Charles conserve le sud qui lui reste fidèle. La Loire fait la frontière entre les deux. Le siège d'Orléans est un épisode majeur de la guerre de Cent Ans. Les Anglais sont près de prendre cette ville, verrou sur la Loire, protégeant le sud de la France, mais la cité est sauvée par Jeanne d'Arc, qui renverse le cours de la guerre.

Née le 6 janvier 1412 à Domrémy, en Lorraine, Jeanne d'Arc porte une particule qui n'indique en rien des origines nobles, une particule pouvant être portée tant par des roturiers que par des nobles. Jacques d'Arc, son père, simple laboureur, a émigré d'Arc-en-Barrois, en Champagne, pour s'installer à Domrémy, où il y a fondé un foyer avec Isabelle Romée. À 13 ans, Jeanne affirme avoir entendu les voix célestes des saintes Catherine et

Marguerite et de l'archange saint Michel lui demandant d'être pieuse, de libérer le royaume de France de l'envahisseur et de conduire le dauphin sur le trône. À 16 ans, elle se met en route pour rencontrer le dauphin au trône de France, Charles. Portant des habits masculins, elle traverse la Bourgogne, alliée aux Anglais, et se rend à Chinon, où elle est finalement autorisée à voir le dauphin Charles, grâce à une lettre de recommandation de Robert de Baudricourt, capitaine de Vaucouleurs. Elle annonce alors au dauphin sa mission salvatrice. Après l'avoir fait interroger par les autorités ecclésiastiques à Poitiers, et après avoir engagé une enquête à Domrémy, Charles donne son accord pour envoyer Jeanne à Orléans, alors assiégée par les Anglais.

On l'équipe d'une armure et d'une bannière blanche frappée de la fleur de lys, elle y inscrit *Jésus Maria*, qui est la devise des ordres mendiants (franciscains et dominicains). Le dauphin donne à Jean d'Arc et ses lieutenants le commandement d'une armée de 4000 hommes, tandis que Jean Dunois assure le commandement de la défense de la ville. Le 8 mai 1429, les Anglais, qui font le siège d'Orléans depuis le 12 octobre 1428, battent en retraite. La levée du siège résulte d'une série de coups de mains tactiques parfaitement exécutés par les troupes de Jeanne d'Arc et de Jean Dunois. Les 6400 soldats français ont finalement raison des 7000 soldats anglais. On déplore 2000 morts dans les rangs français et 5000 tués chez les Britanniques. Après cette éclatante victoire, de nombreux volontaires viennent gonfler les rangs de l'armée française qui remonte la vallée de la Loire et marche sur Reims pour couronner Charles VII.

L'armée conduite par Jean d'Arc et ses lieutenant remporte une suite incroyable de succès militaires lors de la campagne de la vallée de la Loire. La bataille de Jargeau, le 12 juin 1429, opposant 3000 Français à 5000 Anglais, se termine à l'avantage des troupes de Jeanne d'Arc.

La bataille de Meung-sur-Loire, le 15 juin 1429, où 6000 soldats de Jeanne d'Arc et du duc Jean II d'Alençon combattent un nombre équivalent de soldats anglais, se conclut par une nouvelle victoire française : après avoir capturé la ville et le château, les Français organisent l'assaut frontal face au pont qui est conquis après une journée de combat. Les Anglais sont désormais contraints de mener une guerre défensive. La bataille de Beaugency, les 16 et 17 juin, permet aux troupes françaises de s'emparer d'un pont stratégique sur la Loire et du château des environs.

Le 18 juin 1429, la bataille de Patay, oppose 5000 soldats anglais à l'avant-garde garde française de 1500 cavaliers et piquiers, menée par les capitaines La Hire, Ambroise de Loré et Jean Poton de Xaintrailles. Les Français attaquent les archers anglais par les flancs qui ne sont pas protégés par des pieux par manque de temps. Ceux-ci se débandent rapidement. Tandis que l'élite des archers anglais est taillée en pièce par les piquiers français, les chevaliers anglais fuient la charge de cavalerie française. Pour la première fois, la tactique française de la charge de cavalerie lourde l'emporte, avec des résultats inattendus : 2500 morts dans les rangs anglais contre seulement une centaine chez les Français. C'est la revanche française de Crécy, de Poitiers et d'Azincourt. Ultime haut fait de la reconquête française du Val-de-Loire, la bataille de Patay décapite pour longtemps l'armée anglaise, qui y perd ses meilleurs officiers et l'élite de ses archers.

Les soldats français peuvent escorter Charles VII vers Reims sans avoir à combattre et le faire couronner le 17 juillet 1429, dans la cathédrale par l'archevêque Renault de Chartres, en la présence de Jeanne d'Arc.

Le retentissement de ce sacre est considérable. Dans la foulée Jeanne d'Arc tente de convaincre le roi de reprendre Paris aux Bourguignons, alliés des Anglais, mais il hésite. Jeanne d'Arc s'y présente seul, à la tête d'une troupe affaiblie, et échoue. Le roi finit par interdire tout nouvel assaut. Jeanne d'Arc conduit désormais sa propre troupe. Le 4 novembre 1429, elle s'empare de Saint-Pierre-le-Moûtier. Le 23 novembre, elle met le siège devant Charité-sur-Loire, puis regane Jargeau suite à l'échec du siège. Elle est alors conviée par le roi de France à rester dans le château de la Trémouille-sur-Loire. Elle s'échappe rapidement de sa prison dorée, pour répondre à l'appel à l'aide de la ville de Compiègne, assiégée par les Bourguignons. Finalement, elle est capturée par les Bourguignons le 23 mai 1430. Elle tente de s'échapper par deux fois, mais échoue. Elle est rachetée par les Anglais pour 10 000 livres et confiée à Pierre Cauchon, évêque de Beauvais et allié des Anglais. Après un simulacre de procès, elle est brûlée vive sur la place du Vieux-Marché de Rouen, le 30 mai 1431, à l'âge de 19 ans. Béatifiée en 1909, canonisée en 1920 par l'église catholique, Jeanne d'Arc est proclamée patronne de la France en 1922.

La bataille de Castillon 1453 : la victoire française qui met fin à la guerre de Cent ans

À la suite de la reconquête de la Normandie, lors de la campagne de 1450, l'armée française dirige ses efforts vers l'unique région encore aux mains des Anglais, à savoir La Guyenne, qui est finalement presque entièrement reconquise.

Henri VI, roi d'Angleterre, charge le seigneur de guerre John Talbot de reprendre cette région. Après une rapide campagne, Bordeaux est de nouveaux aux mains des Anglais le 23 octobre 1452. La situation anglaise demeure cependant très fragile du fait de l'arrivée massive des troupes françaises de Charles VII, qui décident de contre-attaquer l'été suivant, en lançant quatre colonnes vers Bordeaux. L'une d'entre elles avance par la vallée de la Dordogne, prenant Gensac le 8 juillet 1453, approchant Castillon, ville fortifiée, mais ne l'assiégeant pas. Les commandants français, Jean Bureau et André de Lohéac, dirigeant les opérations, changent de tactique. Il n'est plus question de reprendre la Guyenne ville par ville, mais de détruire l'armée anglaise du comte Talbot en une unique bataille, engageant le sort de l'Aquitaine.

L'armée française s'établit à 1800 mètres à l'est de Castillon, dans la vallée, sur la rive droite de la Dordogne. Elle aligne 10 000 hommes, 1800 lances, des francs-archers, une artillerie de 300 pièces servies par 700 personnes, auxquels il faut ajouter l'armée bretonne de 1000 hommes, dont une cavalerie de 240 lances : soit un total de 11 000 soldats et auxiliaires. L'armée anglaise de Talbot repose sur 9000 hommes.

Les troupes françaises aménagent une solide position pour leur artillerie, véritable camp retranché, de telle sorte que le champ de bataille jusqu'à la Dordogne se trouve sous le feu des canons.

Le 17 juillet 1453, les pages français et le bagages inutiles au combat quittent le camp retranché. Talbot, persuadé que les troupes françaises prennent la fuite en voyant des nuages de poussières s'élever des positions adverses, n'hésite pas un seul instant de lancer l'assaut, afin de mettre les Français en déroute. Il charge à cheval à la tête de ses hommes et se heurte aux tirs dévastateurs des 300 pièces françaises d'artillerie qui, chargées de mitraille, causent un effroyable carnage dans les rangs anglais. Les survivants se regroupent courageusement pour attaquer à nouveau, mais de nouvelles décharges jettent la débandade parmi eux. L'artillerie de Talbot n'a pu arriver à temps. Les cavaliers français et bretons, maintenus en réserve à Horable, chargent et précipitent la déroute des Anglais. Les Français ouvrent également les barrières du camp retranché et poursuivent les Anglais. Dans la mêlée qui s'ensuit, Talbot, dont le cheval a été tué par un boulet, est précipité à terre et achever par un archer français, Michel Pérunin, qui inscrit son nom dans les annales de cette bataille, en tuant le comte anglais d'un coup de hache sur la tête. Le fils de Talbot, Lorde L'Isle, est également tué dans cette bataille.

Les survivants anglais s'enfuient, les uns en franchissant la Dordogne, où beaucoup se noient, les autres en refluant vers l'ouest jusqu'à Saint-Emilion, d'autres enfin en s'abritant dans la place de Castillon. Refuge bien éphémère : le 18 juillet, les Français postent quelques pièces d'artillerie et obtiennent rapidement la reddition de la ville. Le reste du commandement anglais capitule au château de Pressac, à Saint-Etienne-de-Lisse.

Le corps de Talbot est déposé à Notre-Dame-de-Colle, sur le champ de bataille, puis transporté en Angleterre et inhumé à Witchurch. Le comte Talbot mort, toutes les dernières places tenues par les Anglais se rendent et Bordeaux capitule sans effusion de sang. Cette bataille met fin à la guerre de Cent Ans et permet d'asseoir l'autorité de Charles VII sur l'ensemble du royaume de France, libéré de toute présence anglaise. La bataille de Castillon est une grande victoire française : seulement 100 hommes tués ou blessés dans les rangs des troupes françaises contre 4000 tués ou blessés dans l'armée anglaise.

L'hégémonie anglaise sur le royaume de France est définitivement vaincue lors de cette bataille, qui met en lumière la toute-puissance de l'artillerie. La France adapte parfaitement à ses moyens cette arme nouvelle qui va bouleverser la tactique sur les champs de bataille, faisant entrer les armées féodales et royales dans la modernité des nouvelles guerre de l'Ancien Régime.

II

LA BAÏONNETTE FRANÇAISE FRANCHIT L'ATLANTIQUE

LES BATAILLES DE L'ANCIEN RÉGIME

La volonté de puissance du royaume de France se heurte à celle d'autres pays, comme l'Espagne, l'Angleterre, les états allemands... Les batailles se succèdent non seulement en Europe, mais également aux Amériques, où la rivalité franco-anglaise est grande. Les armes à feu, comme le fusil et le pistolet, détrônent peu à peu les armes blanches, même si l'épée et le sabre conservent une place de choix dans la lutte au corps à corps, de même que la baïonnette, invention de l'infanterie française qui va se généraliser aux autres armées occidentales. La tactique sur le terrain évolue avec certains chefs militaires clairvoyants, comme notamment Henri de Turenne.

La guerre de Trente Ans 1618-1648 et la bataille de Rocroi 1643 : le triomphe de l'armée française face à l'hégémonie des Habsbourg

La guerre de Trente Ans est une série de conflits armés en Europe, trouvant son origine dans la volonté de la dynastie des Habsbourg d'accroitre leur hégémonie en Occident. Les Habsbourg d'Espagne et du saint-empire Germanique, soutenus par l'église catholique et le royaume de Portugal, luttent contre les états allemands protestants, le royaume de Suède et le royaume de France. Ce dernier, bien que catholique, entend réduire l'hégémonie des Habsbourg sur le continent, dont principalement l'Espagne, principale rivale de la France.

Dans le cadre de la guerre de Trente Ans, la bataille de Rocroi, dans les Ardennes, permet à la France de redevenir la première puissance militaire en Europe occidental, au détriment de l'Espagne, marquant le lent déclin hégémonique de cette dernière. L'armée espagnole des Flandres décide d'envahir le nord de la France pour aider celle qui lutte en Catalogne et réduire la menace d'une invasion française de la Franche-Comté. Le 19 mai 1643, l'armée française, conduite par Louis de Bourbon, duc d'Enghien, âgé seulement de 22 ans, affronte sa rivale espagnole, commandée par Francisco de Melo. On compte 17 000 fantassins et 8000 cavaliers dans les rangs français contre 18 000 fantassins et 9000 cavaliers du côté espagnol. L'ensemble s'organise du côté français en 12 régiments français, 2 régiments suisses, 1 régiment écossais et du côté espagnol en 5 tercios (gros bataillons) espagnols, 3 tercios italiens, 5 régiments wallons, 5 régiments allemands et 2 régiment bourguignons.

La bataille n'est pas facile à engager : Rocroi se présente sur un plateau qui, à l'époque, offre l'aspect d'une vaste clairière, entourée de toutes parts de bois et de marais. C'est un champ clos par lequel on arrive par des défilés faciles à défendre. La bataille se déroule sur un terrain allant de Rocroi à Sévigny-la-Forêt.

L'artillerie espagnole ouvre le feu la première. L'armée française lance des attaques de flanc qui déconcertent l'adversaire, puis un assaut frontal qui enfonce l'infanterie ennemie. Les Espagnols contre-attaquent en divers endroits, parvenant même à faire plier certains secteurs tenus par les Français. Le duc d'Enghien, parvenu au centre de la ligne ennemie voit ce qui se passe. Il charge l'aile droite et la réserve ennemie, pendant qu'une partie des troupes françaises, conduites par Gassion, disperse la gauche espagnole. La victoire française semble certaine mais encore incomplète : au centre de cette plaine jonchée de cadavres, un gros bataillon espagnol reste immobile, c'est le noyau dur de cette armée. Ils sont 4500 vieux soldats, principalement espagnols et italiens, sous les ordres d'un général octogénaire perclus de douleurs mais d'une énergie indomptable, le comte de Fontaines qui se fait porter en litière à la tête de ses braves. Le duc d'Enghien engage sa cavalerie et fonce sur le dernier carré d'irréductibles. Le bataillon italo-espagnol s'ouvre et 18 canons se dévoilent et tirent leur mitraille sur les intrépides cavaliers français, qui doivent reculer. Le duc d'Enghien, d'un courage exemplaire, ramène sa cavalerie à la charge à trois reprises. Les Espagnols et les Italiens sont cependant cernés et pilonnés par l'artillerie française. La cavalerie française de Gassion, conduite par Simon Gibert de Lhène d'une part et la réserve de Sirot d'autre part, se rue sur les Espagnols et les Italiens qui sont finalement ébranlés puis culbutés.

Avec les Espagnols, les meilleurs régiments italiens et wallons sont détruits. L'armée espagnole ne sera jamais en mesure de se remettre de cette défaite. Le renom de supériorité militaire qu'avaient les Espagnols passe aux Français. La bataille de Rocroi, victoire française décisive, se termine par la mise hors de combat de 4500 soldats (tués et blessés) dans les rangs français et 3500 tués ou blessés et 3826 prisonniers dans les rangs adverses.

La France est la grande gagnante de la guerre de Trente Ans : son hégémonie va bientôt s'affirmer sous Louis XIV. Elle bénéficie de plusieurs gains territoriaux sur ses frontières : les Trois-Évêchés, Brisach, Philippsburg, l'Alsace et Strasbourg, la forteresse de Pignerol et le Roussillon.

Sur le plan militaire, ce conflit marque le déclin de l'emploi de mercenaires. L'Europe se dirige vers un système national d'armée de métier, si bien que les effectifs de l'armée permanente augmentent, notamment en France de manière exponentielle.

Les batailles de Louis XIV 1667-1715 : l'invincible armée française

De 1667 à 1668, l'armée de Louis XIV, en lutte contre l'Espagne, la Hollande, la Suède et l'Angleterre, se voit reconnaître la possession de douze villes dont Lille, Douai, Armentières, Tournai et Charleroi, reportant ainsi la frontière à deux journées de marche au nord de la Somme. De 1672 à 1678, l'armée du Roi Soleil (Louis XIV) affronte victorieusement les troupes espagnoles, hollandaises et germaniques. La France prend possession de la Franche-Comté, ainsi que des places du Nord, non acquises lors du conflit précédent en Artois, en Flandre, en Cambrésis et dans le Hainaut : Valenciennes, Cambrai et Maubeuge.

De 1689 à 1697, la France est seule à nouveau face à l'Europe, où elle compte de redoutables adversaires : l'Autriche, à laquelle les souverains d'Allemagne sont acquis, et l'Angleterre. La puissance militaire de Louis XIV lui permet cependant de remporter de nombreuses victoires, notamment à Fleurus en 1690, puis à Neerwinden en 1693. Devant une coalition qui se renforce, Louis XIV doit cependant signer la paix de Ryswick en 1697. Si le Roi Soleil conserve Strasbourg, il restitue le Luxembourg, la Lorraine, et évacue la plupart des territoires conquis auparavant, dont les places de Charleroi, Mons, Courtrai. Cependant sa position reste forte en Europe.

De 1701 à 1713, l'armée française parvient à mobiliser jusqu'à 700 000 hommes, milices comprises, dont 400 000 au début d'un conflit opposant la France à la Hollande, aux princes allemands, à l'Autriche et à l'Angleterre.

La France sort épuisée, mais conserve ses acquis, la menace d'encerclement est conjurée. Le « pré carré » délimité par les places fortifiées de Vauban a parfaitement joué son rôle qui lui avait été assigné : servir de mole d'arrêt à l'invasion tout en permettant une vaste contre-offensive. Le territoire du royaume de France s'accroît de 50 000 km² sous le règne de Louis XIV. Il a brisé l'encerclement des Habsbourg et s'est attaché une alliée de poids, l'Espagne, que les liens du sang lient à sa couronne. Par sa puissance militaire, il établit une réelle hégémonie française en Europe. En 1715, l'armée française, la plus puissante d'Europe, compte 122 régiments d'infanterie, 73 régiment de cavalerie, 5 bataillons lourds d'artillerie avec 7912 canons et mortiers.

La bataille de Fontenoy et autres victoires françaises 1745-1747 : la suprématie des armées de Louis XV

Dans le cadre de la guerre de Succession d'Autriche (1740-1748), l'armée française du roi Louis XV, commandée par le maréchal Adrien de Noailles, conquiert en mai 1744 les Pays-Bas autrichiens et s'empare rapidement des forteresses de Menin, Ypres, La Kenoque et Furnes. Les rivalités territoriales, économiques et dynastiques sont toujours à l'origine de ces luttes sanglantes.

En 1745, sous les ordres du maréchal Maurice de Saxe, officier tacticien d'une qualité exceptionnelle, l'armée française débute le siège de la ville de Tournai, importante forteresse verrouillant la vallée de l'Escaut. Sous le couvert d'une diversion lancée vers Mons, le maréchal de Saxe rabat le gros de son armée vers Tournai qui est totalement investie le 26 avril 1745. Trompés par la diversion française, les généraux alliées (royaume de Grande-Bretagne, provinces unies de Hollande, électorat de Hanovre et archiduché d'Autriche) rassemblent dans la précipitation leurs troupes près de Bruxelles et se mettent d'abord en route, le 30 avril 1745, vers Mons avant finalement d'obliquer leur marche vers Tournai. Le roi Louis XV, arrivé le 8 à la tête de son armée, établit le lendemain ses quartiers au château de Curgies, à Calonne, sur la rive gauche de l'Escaut, à 2 kilomètres de Fontenoy.

La bataille qui se déroule le 11 mai 1745, dans la plaine de Fontenoy à 7 kilomètres au sud-est de Tournai, oppose 47 000 soldats français avec 65 canons à 60 500 soldats alliées (Britanniques, Hollandais, Autrichiens et Allemands) avec 80 canons. Louis XV et le maréchal de Maurice de Saxe dirigent les opérations du côté français, tandis que les officiers William de Cumberland, Joseph Lothar Dominik von Königsegg-Rothenfelds et Charles Auguste de Waldeck commandent le camp adverse.

Prévoyant l'arrivée de l'armée alliée, le maréchal de Saxe fortifie solidement ses positions. La bataille débute le mardi 11 mai dès 5 heures du matin par de violents duels d'artillerie. Deux attaques hollandaises sont repoussées par les troupes françaises vers 9 heures. Voulant enfoncer les positions françaises sans tarder, le duc de Cumberland, commandant l'ensemble des forces alliées, ordonne aux bataillons anglo-hanovriens d'attaquer vers 10 heures 30. Malgré une riposte meurtrière des canons français, l'infanterie britannique arrive au contact de la première ligne adverse vers 11 heures.

À la tête du 1er bataillon des gardes britanniques, l'officier Charles Hay, voulant encourager ses hommes en se moquant des Français, sort une petite flasque d'alcool en buvant à la santé de ses adversaires par bravade. En voyant cet insolent britannique, un officier français, le comte d'Anterroches, pense qu'il s'agit d'une invitation à tirer le premier. Il aurait répliqué en disant : « Monsieur, nous n'en ferons rien ! Tirez vous-mêmes ! » La tradition populaire n'a retenu de cela qu'une citation : « Messieurs les Anglais, tirez les premiers ! »

Sous l'effet de la nervosité, les premiers tirs des fusils partent cependant des lignes française, causant de lourdes pertes dans les rangs britanniques. Cependant, tirant à leur tour des salves meurtrières, les Britanniques enfoncent les premiers rangs français. Craignant que son armée ne soit coupée en deux, le maréchal de Saxe lance de furibondes contre-attaques qui parviennent à arrêter les Britanniques. Le duc de Richelieu, Louis-François Armand de Vignerot du Plessis, se distingue particulièrement lors de cette opération de colmatage. Contraints de se réorganiser défensivement, les régiments anglo-hanovriens adoptent une position de rectangle à trois côtés fermés.

Vers 13 heures, les troupes françaises repoussent l'adversaire. Un des régiments du maréchal de Saxe s'empare même du drapeau du second bataillon des gardes britanniques. La bataille prend fin vers 14 heures. Les troupes alliées battues par l'armée française se replient vers la place d'Ath.

La bataille de Fontenoy, victoire française décisive, comptabilise les pertes militaires suivantes : 3000 morts et 4600 blessés dans les rangs des troupes françaises, 6500 morts et 8500 prisonniers ou blessés chez les Alliés.

Après la victoire de Fontenoy, l'armée française s'empare facilement de la ville de Tournai, puis en l'espace de deux années envahit l'ensemble des Pays-Bas autrichiens. Au terme de trois grandes batailles (Fontenoy, Raucoux, Lawffeld) et de 24 sièges des places dans les provinces unies de Hollande et des Pays-Bas autrichiens, la paix est signée le 18 octobre 1748 à Aix-la-Chapelle. Bien que totalement victorieux sur le plan militaire, Louis XV, voulant traiter « en roi et non en marchand », rétrocède toutefois toutes ses conquêtes autrichiennes sans la moindre contrepartie. Cette paix est contestée en France. Le maréchal de Saxe déplore la rétrocession des places. Louis XV, qui souhaite se poser en arbitre de l'Europe, n'a pas voulu d'un traité imposé par la volonté hégémonique du vainqueur français mais, en ouvrant la voie de l'établissement de nouveaux rapports entre les états, a tenté d'établir une paix équitable et durable, tout en montrant l'invincibilité de l'armée française.

En effet, la bataille de Raucoux (11 octobre 1746), nouvelle victoire française, se solde par la mise hors de combat de 3000 soldats français (tués et blessés), de 8000 soldats ennemis (tués, blessés et prisonniers) et la capture de 22 canons hollandais. La bataille de Lawfeld (2 juillet 1747), permet à l'armée française de s'emparer de 29 canons et 16 drapeaux ennemis, tout en déplorant 5000 soldats français hors de combat contre le double chez l'adversaire.

Les batailles de la guerre de Sept Ans en Europe 1756-1763 : une succession de victoires et de revers français

Ce conflit oppose principalement la France à l'Angleterre et son allié du Hanovre d'une part, l'Autriche à la Prusse d'autre part. De nouveaux, les querelles dynastiques, territoriales et économiques sont à l'origine de ces batailles.

En 1756, l'armée française aligne 260 000 soldats, répartis en 357 bataillons d'infanterie, 64 régiments de cavalerie et 9 bataillons d'artillerie. L'armée prussienne est forte de 140 000 hommes, l'armée anglaise dispose de 150 000 hommes et son allié du Hanovre de 20 000 hommes, l'armée autrichienne compte 200 000 hommes.

En mai 1756, l'armée française s'empare de la possession britannique de Minorque en Méditerranée. En 1757, l'offensive française vers le Hanovre, commandée par le maréchal d'Estrées, à la tête d'une armée de 60 000 hommes, progresse facilement en Allemagne face aux 47 000 Anglo-Hanovriens. La supériorité numérique française s'impose à la bataille de Hastenbeck le 26 juillet 1757 (1500 soldats français et 3000 soldats ennemis hors de combat). Dans le but de détourner l'armée française du Hanovre, la flotte britannique tente de s'emparer en septembre de Rochefort, qui demeure cependant imprenable. Le 5 novembre 1757, à Rossbach, l'armée prussienne, volant au secours du Hanovre et des Britanniques, met en déroute une partie de l'armée française, surprise en flagrant délit de mouvement. En 1758, les opérations militaires françaises en Allemagne se terminent par la victoire de Lutterberg le 10 octobre, contre les troupes anglo-hanovriennes. L'année 1759 est marquée par la défaite française de Minden, le 1er août, où 8000 soldats français et 2600 soldats anglo-hanovriens sont mis hors de combat. L'armée française prend sa revanche le 16 octobre 1760, lors de la bataille de Closstercamp, où 12 000 soldats français affrontent 15 000 soldats anglo-hanovriens, les premiers perdent 2661 hommes (tués ou blessés) et les seconds plus de 4000 hommes. Les opérations militaires en Allemagne, en 1761 et 1762, se terminent en guerre de position, où les armées en présence s'épuisent sans pouvoir emporter la décision. Les troupes françaises repoussent cependant tous les assauts adverses. Le 3 novembre 1762, les préliminaires de paix mettent fin aux hostilités entre la France et l'Angleterre sur ce théâtre de guerre.

Mais la guerre séculaire opposant la France à l'Angleterre ne se limite pas à l'Europe. En effet, elle se porte également en terre américaine, où les deux puissances maritimes de l'époque y disposent de vastes territoires qui entrent rapidement en rivalité et en conflit.

Les batailles de la guerre franco-britannique au Canada 1754-1760 : la fin d'un rêve français américain

En 1754, la France possède un vaste empire en forme de croissant qui s'étend de la région du Canada et des Grands Lacs jusqu'aux rives du golfe de Mexique. Le Canada se découpe en deux parties, à savoir la Nouvelle-France et la Nouvelle-Angleterre. Les rivalités territoriales entraînent un conflit entre la France et la Grande-Bretagne. Les Britanniques sont en position de force avec 1 500 000 colons contre 70 000 colons français. Cependant, les troupes françaises parfaitement entraînées à la guérilla, soutenues par diverses tribus indiennes et surtout commandées par un tacticien hors pair en la personne du marquis Louis de Montcalm, accumulent les succès sur le terrain, face à une armée britannique nettement plus nombreuse, mais luttant d'une manière inadaptée au terrain.

Les batailles de Fort Necessity (3 juillet 1754), de la Monongahela (9 juillet 1755), de Peticoudiac (3 septembre 1755), de Fort Oswego (14 août 1756), de Fort William Henry (8 août 1757), de Fort Carillon (8 juillet 1758), de Fort Dusquesne (14 septembre 1758) sont toutes d'éclatantes victoires françaises. Lors de la bataille de Fort Oswego (14 août 1756), les Français tuent ou capturent 1780 Britanniques et s'emparent de 121 canons, pour des pertes limités dans leurs rangs avec seulement 30 morts ou blessés. La bataille de fort Carillon (8 juillet 1758), opposant 3000 Français à 16 000 Britanniques, voit les troupes anglaises avancer en ordre serré vers les troupes françaises qui les déciment par des tirs d'une grande précision. Cette bataille se solde par une nette victoire française et l'avance britannique est stoppée.

L'arrivée massive de renforts anglais, la maîtrise des mers de la flotte anglaise, l'écrasante supériorité numérique des colons britanniques vont avoir finalement raison de la résistance héroïque des soldats et des colons français, après encore de durs combats en 1759 et 1760, où lors des batailles de Beauport (31 juillet 1759) et de Sainte-Foy (28 avril 1760), les Français battent de nouveau les Britanniques. La bataille de Sainte-Foy se termine par la mise hors de combat de 833 Français et de 1124 Britanniques (tués ou blessés). Cependant, en septembre 1760, les Britanniques lancent une puissante offensive sur Montréal et occupent ensuite la ville. S'ensuit la prise du fort de Pontchartrain encore aux mains des Français, qui met fin à la guerre au Canada.

La bataille de Yorktown 1781 : la revanche de Louis XVI

La guerre d'Amérique, comme on l'appelle en France, débute en 1775 et se termine en 1781 sur terre, mais se poursuit sur mer jusqu'en 1783. Elle oppose d'un côté les insurgés américains et les alliés français à la Grande-Bretagne, qui désire maintenir sa présence militaire et politique sur divers territoires américains de la côte atlantique, du Massachusetts à la Géorgie. Le roi de France Louis XVI (1774-1791) y voit une excellente occasion de prendre sa revanche contre l'Angleterre, qui l'a dépossédé du Canada en 1760. Le marquis Marie Joseph de Lafayette prend une part active à l'intervention française en se rendant sur le terrain, afin de prendre contact avec les insurgés américains. Dès 1777, la France fournit aux insurgés américains un armement conséquent, de quoi équiper 25 000 hommes. Cet arrivage par mer joue un rôle décisif dans la première grande victoire américaine, celle de Saratoga (17 octobre 1777), la moitié des munitions et des armes utilisées dans cette bataille ayant été fournies par la France, sans oublier la présence de nombreux volontaires français, recrutés par La Fayette. Le royaume de France compte à cette époque 28 millions d'habitants contre 9 ou 10 millions à la Grande-Bretagne. Les flottes françaises des amiraux d'Estaing et de Grasse sont en mesure de rivaliser avec le meilleur de la marine britannique.

La bataille de Yorktown, en Virginie, du 28 septembre au 17 octobre 1781, décide du sort de la guerre. L'armée française, commandée par le comte Jean-Baptiste de Rochambeau, y joue un rôle déterminant, avec la flotte française de l'amiral de Grasse. On compte 12 000 soldats français, 8800 soldats américains (commandés par George Washington et le marquis de La Fayette), opposés à 9000 soldats britanniques, dirigés par les officiers Lord Cornwallis et Charles O'Hara.

La flotte française de l'amiral de Grasse assure le blocus de Yorktown, empêchant tout ravitaillement des Britanniques par mer, tandis que les troupes franco-américaines encerclent la ville. Après avoir conquis les redoutes et bastions qui devaient la défendre, l'armée franco-américaine assiège la ville. Finalement Lord Cornwallis se rend avec 8000 de ses soldats britanniques. L'armée anglaise déplore également dans ses rangs 638 tués ou blessés. L'armée française compte 186 tués ou blessés, l'armée américaine 76 tués et blessés. Cette éclatante victoire laisse aux Franco-Américains 214 canons, 22 étendards en plus des 8000 prisonniers britanniques qui défilent entre une rangée de soldats français et une autre d'Américains. La nouvelle de la victoire est accueillie par des transports de joie dans toute l'Amérique puis à Versailles avant de faire tomber le gouvernement anglais.

Les régiments français d'infanterie ayant participé à cette bataille décisive sont les suivants : régiment de Bourbonnais (colonel marquis de Laval), régiment royal Deux-Ponts (colonel comte de Deux-Ponts), régiment de Soisonnais (colonel marquis de Saint-Maime), régiment de Saintonge (colonel marquis de Custine), régiment d'Agenois (colonel marquis d'Audechamp), régiment de Gatinais (lieutenant-colonel de L'Estrade), régiment de Touraine (colonel vicomte de Pondeux). La cavalerie française est commandée par le colonel Armand Louis de Gontaut-Biron, duc de Lauzun. L'artillerie française est dirigée par le colonel d'Aboville.

L'importance numérique des troupes françaises dans cette victoire est, lors des cérémonies de reddition (19 octobre 1781), à l'origine d'un incident révélateur du rôle joué par la France dans ce conflit. La tradition veut que le général vaincu remette son épée au vainqueur. Prétextant une « indisposition », Lord Cornwallis, mauvais perdant, demande à son second, le général Charles O'Hara, de le remplacer. O'Hara s'approche alors du comte de Rochambeau, le véritable vainqueur à ses yeux, et lui tend l'épée. Rochambeau lui indique que l'épée doit être remise à Washington.

Au terme de longues et multiples tractations, un traité est finalement signé à Paris, le 3 septembre 1783, entre la Grande-Bretagne, la France et les Etats-Unis. La naissance de la république américaine est sans conteste la plus grande réussite de Louis XVI.

III

LA PATRIE EN DANGER A SON SAUVEUR, UN CERTAIN GÉNÉRAL BONAPARTE

LES BATAILLES DE LA RÉVOLUTION ET DE L'EMPIRE

La guerre se radicalise avec la Révolution française qui met en avant l'idéal patriotique dans la survie de la nation contre les monarchies coalisées. Avec Napoléon, l'armée française devient l'instrument d'une volonté de puissance qui multiplie les victoires sur le terrain, malgré des adversaires toujours plus nombreux. La vitesse, l'audace, la mobilité et la puissance feu sont les clefs des nombreux succès de Napoléon sur le terrain, qui sait en plus galvaniser une troupe parfaitement rompue aux longs déplacements et aux mouvements débordants.

La bataille de Valmy 1792 : la patrie en danger

La révolution française porte atteinte à l'hégémonie incontestée des monarchies européennes. Craignant la contagion révolutionnaire dans leurs propres territoires, les monarques forment des coalition pour rétablir la royauté en France et reprendre éventuellement des contrées perdues lors de guerres précédentes. Le gouvernement français est amené parfois à prendre les devants pour défendre la patrie en danger.

L'assemblée nationale française déclare la guerre à l'empereur d'Autriche, François Ier, le 20 avril 1792. Une armée étrangère de 200 000 hommes, formée de troupes prussiennes, autrichiennes, allemandes de la Hesse, à laquelle se sont joints 20 000 émigrés royalistes français ayant fui la Révolution, envahit la France le 12 août 1792, sur toute la ligne de sa frontière du nord-est, entre Dunkerque et la Suisse. Elle est sous le commandement du duc de Brunswick, représentant de Frédéric Guillaume II de Prusse. Le 15 août, l'armée prussienne, alliée à l'Autriche, campe entre Sierck et Luxembourg, tandis que le général Clairfayt, à la tête de l'armée autrichienne, coupe la communication des troupes françaises entre Longwy et Montmédy.

Le 19 août, le maréchal français Luckner subit une attaque de 22 000 Autrichiens à Fontoy. Le 23, la forteresse de Longwy tombe. Les troupes françaises ne subissent que des revers depuis la déclaration de guerre. Le 2 septembre, Verdun, place forte réputée imprenable, capitule : la route de Paris est ouverte. Le colonel Beaurepaire, chargé de défendre la place de Verdun, indigné par la lâcheté du conseil de guerre, se suicide à l'aide d'un pistolet. Les commandants en chef des armées françaises deviennent suspects. Les trois armées de Rochambeau, de Lafayette et de Luckner sont réparties entre les généraux Charles François Dumouriez (1739-1823) et François Christophe Kellermann (1735-1820).

Le 3 septembre, pressé d'occuper Paris, le roi de Prusse donne l'ordre à son armée d'avancer à travers les plaines de Champagne. Dumouriez comprend que les Prussiens se dirigent vers la capitale. Quittant Valenciennes, où il devait à la tête d'une armée envahir la Belgique, Dumouriez se porte avec ses troupes dans l'Argonne, par une marche rapide et osée, sous les yeux de l'avant-garde prussienne et barre ainsi à l'envahisseur la route de Paris, tout en demandant à Kellermann de l'assister depuis Metz. Dumouriez compte faire de l'Argonne un Thermopyles pour la France, faisant ainsi référence à la résistance héroïque d'une poignée de 300 Spartiates contre la puissante armée de Herxès en 480 av. J.-C., au défilé de Thessalie.

Kellerman se rapproche, mais, avant qu'il n'arrive, la partie nord de la ligne de défense de Dumouriez est enfoncée. Dumouriez accomplit cependant une remarquable manœuvre de nuit, regroupe ses troupes pour faire face à la menace ennemie dans toute son ampleur. C'est sur une nouvelle position que Kellermann fait sa jonction avec Dumouriez, à Sainte-Menehould, le 19 septembre 1792.

Les armées en présence vont finalement livrer bataille à Valmy, commune de la Marne, près de Sainte-Menehould, où 50 000 soldats français font face à 75 000 soldats ennemis (40 000 Prussiens, 30 000 Autrichiens et 5000 émigrés royalistes). Les deux coalisés veulent en finir d'un seul coup avec les deux armées françaises (Dumouriez et Kellermann) qui s'opposent à leur marche sur Paris.

Le 20 septembre 1792, jusque vers sept heures du matin, le brouillard épais empêche les deux armées en présence de connaître leurs positions respectives. Lorsqu'il se dissipe un peu, l'artillerie commence à tirer de part et d'autre. Vers 10 heures, Kellermann observe le dispositif de l'ennemi lorsque son cheval est tué d'un coup de canon. Il parvient à se défaire de cette posture inconfortable et rejoint la première position de ses troupes.

Le duc de Brunswick, voyant que les tirs de son artillerie n'ont pas ébranlé les troupes françaises, décide d'attaquer de vive force. Vers onze heures, le feu de son artillerie redouble d'intensité. Il forme trois colonnes d'attaque soutenues par la cavalerie. Les deux colonnes de gauche se dirigent en direction du moulin de Valmy, la colonne de droite se tenant à distance. Cette attaque en ordre oblique est la tactique habituelle de l'armée prussienne.

Estimant qu'il n'est plus possible de maintenir la discipline en restant passif sous les tirs de l'ennemi, Kellermann ordonne à son armée d'avancer. Lorsque les bataillons sont formés, il les parcourt et leur adresse cette courte harangue : « Soldats, voilà le moment de la victoire ; laissons avancer l'ennemi sans tirer un seul coup de fusil, et chargeons-le à la baïonnette. » L'armée française, pleine d'enthousiasme, aguerrie par une canonnade de quatre heures, répond aux paroles du général Kellermann par le cri : « Vive la nation ! » Kellermann répond également : « Vive la nation ! » En un instant, tous les chapeaux des fantassins français sont sur les baïonnettes et un immense cri s'élève de tous les rangs de l'armée. Cet enthousiasme guerrier surprend totalement le duc de Brunswick et son infanterie. D'autant que l'artillerie française redouble de puissance, foudroyant les premières colonnes prussiennes. Devant tant de détermination, le duc de Brunswick donne le signal d'une première retraite. Le duel d'artillerie se poursuit jusqu'à 16 heures. Encore une fois, l'infanterie prussienne reforme ses colonnes et débute une nouvelle attaque. Mais la bonne contenance de l'armée française, son ardeur manifestée par de nouveaux cris de la « Vive la nation », suffit à arrêter l'adversaire une seconde fois. Vers 19 heures, les troupes prussiennes regagnent leurs premières positions, laissant aux soldats français le champ de bataille couvert de morts : 300 tués du côté français, 184 tués chez les Prussiens. L'armée française, maître du terrain, peut fêter sa victoire.

La retraite des Prussiens étonne les observateurs, on parle de tractation occulte ayant fait reculer le duc de Brunswick, sans oublier la thèse fumeuse d'une armée d'invasion troublée par une dysenterie due à la consommation de raisins verts. Or, en réalité, la victoire française de Valmy est avant tout le résultat de choix tactiques courageux, ayant permis de rétablir une situation militaire fortement compromise. La manœuvre de Dumouriez facilite la jonction avec Kellermann, coupe l'approvisionnement de l'armée d'invasion, permet de prendre pour terrain de la bataille décisive un plateau favorable au déploiement de l'artillerie (un des points forts de l'armée françaises), place les forces françaises dans une situation favorable, où il leur suffit de tenir le terrain alors que l'ennemi doit se disperser et se découvrir pour engager le combat. Valmy est bien une victoire militaire tactique et non un mythe révolutionnaire éculé.

La bataille de Jemmapes 1792 : la victoire en chantant

La victoire de Valmy galvanise l'armée français qui entend assoir sa toute-puissance contre les coalitions adverses, ainsi de la défensive et elle passe à l'offensive, avec la volonté d'affirmer ses idéaux révolutionnaires et son hégémonie sur le monde ancien.

Une armée française révolutionnaire, forte de 40 000 hommes et 100 canons, commandée par Dumouriez, remporte le 6 novembre 1792 la bataille de Jemmapes, près de Mons en Belgique, contre une armée autrichienne de 13 716 hommes et 56 canons, sous les ordres du duc Albert de Saxe-Teschen, qui doit évacuer une partie des Pays-Bas autrichiens.

Le général Jean Becays Ferrand, commandant l'aile droite de l'armée française, contribue largement au succès de cette bataille par l'intrépidité avec laquelle il emporte à la baïonnette les villages de Carignan et de Jemmapes, et par l'habileté qu'il déploie en manœuvrant sur le flanc droit de l'ennemi. Les pertes sont lourdes dans les deux camps : 650 morts et 1300 blessés du côté français ; 305 morts, 513 blessés, 423 prisonniers et 5 canons perdus du côté autrichien.

Louis-Philippe d'Orléans (1773-1850), duc de Chartres, alors âgé de 19 ans à l'époque, futur roi de France en 1830, ainsi que son frère cadet, Antoine d'Orléans (1775-1807), duc de Montpensier, participent à cette bataille dans les rangs de l'armée française. Se distinguant dans le commandement de son unité, Louis-Philippe d'Orléans devait s'enorgueillir toute sa vie d'avoir été un des artisans de cette victoire française.

Les batailles de la campagne de 1793 : l'ascension d'un jeune général

Le 21 janvier 1793, le gouvernement révolutionnaire fait exécuter le roi Louis XVI, accusé de trahison envers son pays. L'Espagne et le Portugal rejoignent la coalition anti-française en janvier et, le 1ᵉʳ février, la France déclare la guerre à la Grande-Bretagne et aux Provinces Unies.

Pour faire face aux troupes étrangères qui menacent l'ensemble de ses frontières, la France décrète une nouvelle levée de centaines de milliers d'hommes. L'armée française subit de graves revers au début. Elle est chassée de Belgique et doit faire face à des révoltes internes dans l'ouest et le sud du Pays. L'une d'entre elles, à Toulon, permet à un jeune capitaine d'artillerie de se distinguer, en la personne de Napoléon Bonaparte (1769-1821). Son rôle décisif dans le siège victorieux de la ville et du port (aux mains de 15 000 insurgés royalistes et de 12 000 soldats anglais), grâce à l'emplacement judicieux de l'artillerie, est le début d'une foudroyante ascension. Le 19 décembre, les Anglais, battus par les troupes françaises, évacuent le port de Toulon avec, à bord de leurs navires, plusieurs milliers de royalistes français prêts à tout pour échapper à la répression.

À la fin de l'année, la levée de nouvelles armées et une politique interne de répression féroce, marquée par des exécutions de masse, permettent de repousser les invasions et de réprimer les révoltes.

Lors de la bataille de Wattignies, dans les Flandres, les 13 et 14 octobre 1793, opposant 45 000 soldats français à 66 000 soldats coalisés, les officiers Carnot et Duquesnoy avancent avec leur chapeau de représentant du peuple sur la pointe de leur sabre. Les soldats français courent à l'ennemi en chantant la marseillaise. Devant une telle audace, l'armée ennemie décide de se replier et abandonne le siège de Maubeuge le 17 octobre. La victoire de Wattignies, saluée comme une seconde Valmy, met fin à la menace d'une invasion de la France par les Coalisés.

Fin octobre, une colonne de 12 000 soldats français, commandée par le général Vandamme, part de Dunkerque, prend Furnes et assiège Nieuport, dont le bombardement débute le 24 octobre. Vandamme est cependant contraint d'abonner le siège devant l'arrivée de renforts anglais. Les deux armées prennent ensuite leurs quartiers d'hiver. À la fin de l'année 1793, les Français sont de nouveau en position de force dans la région.

Les batailles de la campagne de 1794-1795 : l'incroyable succès des troupes françaises

La guerre se poursuit sur toutes les frontières du pays et va même au-delà, du fait l'esprit offensif des troupes tricolores galvanisées par des chefs valeureux et téméraires. L'année 1794 est marquée par de nombreux succès des armées françaises révolutionnaires. La France chasse les troupes espagnols du Roussillon et pénètre en Catalogne.

Le 26 juin 1794, une armée française de 89 592 hommes et 100 canons, conduite par les officiers Jean-Baptiste Kléber, Jean-Baptiste Jourdan et Jean Etienne Championnet, remporte une victoire décisive à Fleurus, entre Charleroi et Namur, dans les Pays-Bas autrichiens (Belgique actuelle), contre une armée coalisée, regroupant des troupes autrichiennes, hollandaises, britanniques et allemandes, dont l'ensemble repose sur 52 000 hommes et 111 canons. Les Coalisés, commandés par le prince Frédéric de Saxe-Cobourg et le général autrichien Johann von Beaulieu, organisés en 5 colonnes, frappent simultanément les forces françaises déployées en arc de cercle autour de Charleroi et appuyées aux deux extrémités sur la Sambre. La gauche française recule d'abord à travers le bois de Monceau jusqu'à Marchienne. Kléber contre-attaque avec ses troupes et parvient à faire reculer l'assaillant. Le centre français se replie sur Gosselies, tandis que Championnet doit abandonner Heppignies. Jourdan, amenant des renforts, fait reprendre ce dernier village. Von Beaulieu arrive avec une nouvelle colonne, mais Jourdan engage ses réserves, si bien que les Français restent maîtres du village de Lambusart. Ainsi, partout l'assaillant est repoussé. La bataille se déroule toute la journée sous un soleil de plomb. Le soir, les Coalisés abandonnent le terrain et débutent une retraite générale sur Bruxelles. La bataille de Fleurus cause de lourdes pertes dans les deux camps : 5000 tués et blessés chez les Français, autant chez les Coalisés.

Le lendemain, les Coalisés abandonnent la Belgique et retraitent jusqu'en Allemagne. Les Autrichiens perdent définitivement le contrôle des Pays-Bas. Les Français prennent Bruxelles le 10 juillet et Anvers le 27 juillet. Le corps expéditionnaire britannique est contraint de rembarquer. La dernière bataille sur le territoire de l'actuelle Belgique se déroule à Sprimont le 18 septembre, au bénéfice des Français (116 000 soldats français opposés à 83 000 soldats autrichiens). La victoire de Fleurus permet non seulement à l'armée française de s'emparer de toute la Belgique, mais également d'occuper la Rhénanie.

La Prusse et l'Espagne, vaincus, signent le traité de Bâle le 22 juillet 1795, qui cède la rive gauche du Rhin à la France. La France peut désormais se sentir libre de toute menace d'invasion pour de nombreuses années. La Grande-Bretagne tente de soutenir les rebelles vendéens mais échoue et, à Paris, une tentative royaliste de renverser le gouvernement par la force est mise en échec par la garnison militaire, brillamment commandée par Napoléon Bonaparte.

Les batailles de la campagne d'Italie 1796-1797 : l'épopée d'une armée tricolore

La guerre opposant la France aux coalitions étrangères se porte en Italie, où l'Autriche maintient son hégémonie. L'intrépide Napoléon Bonaparte entend mettre fin à cette situation. On assiste alors à une campagne époustouflante d'audace, où l'armée française d'Italie (30 000 hommes), commandée par le général Napoléon Bonaparte, écrase successivement cinq armées piémontaises et autrichiennes (300 000 hommes) et conquiert l'Italie en l'espace d'une année.

Le 10 avril 1796, fidèle à son esprit offensif, Bonaparte attaque le premier en tentant de prendre de vitesse les armées ennemies qui défendent le Piémont. Le 12 avril, bénéficiant de l'effet de surprise, il écrase les Autrichiens à Montenotte. Le lendemain, il anéantit les Piémontais à Millesimo, puis se retourne contre les Autrichiens le surlendemain, à Dego, les humiliant à nouveau. Le 21 avril, la bataille de Mondovi élimine définitivement les forces piémontaises au service de l'Autriche qui implorent l'armistice à Cherasco.

Dès lors, Bonaparte se concentre sur les seuls Autrichiens, rendus prudents, qui se replient sur Lodi, à l'abri de la rivière Adda. Le 10 mai, les troupes françaises s'emparent du pont de Lodi et entrent triomphalement dans Milan le 15. Le gros de l'armée autrichienne retraite tout en laissant 15 000 hommes défendre Mantoue.

Le général autrichien Wurmser, renforcé par 70 000 soldats, tente de délivrer Mantoue, assiégée par les Français. Pendant six mois, de rudes batailles se déroulent pour le contrôle de la cité fortifiée. À Lonato, le 4 août, le général français Masséna bat les Autrichiens ; le lendemain Bonaparte remporte un brillant succès à Castiglione, en faisant 20 000 prisonniers. À Roverdo et Bassano, une attaque autrichienne est repoussée. Une nouvelle offensive autrichienne parvient aux portes de Mantoue. À Arcole du 15 au 17 novembre 1796, l'armée autrichienne est de nouveau vaincue. À Rivoli, le 19, l'armée autrichienne doit reculer. L'ultime effort autrichien, le 13 janvier 1797, porte à nouveau sur Rivoli. Le général français Joubert repousse tous les assauts. Le 14, Bonaparte vient lui prêter main-forte. Les Autrichiens, vaincus, abandonnent 12 000 tués et prisonniers. Le général français Masséna brise une contre-offensive d'une armée autrichienne de secours le 16, à La Favorite. Le 2 février, Mantoue capitule : la route de Vienne est ouverte à Bonaparte.

Les batailles de Rivoli, de La Favorite et la prise de Mantoue coutent en trois jours à l'armée autrichienne 45 000 soldats tués ou faits prisonniers et 600 canons capturés.

S'enfonçant en Lombardie, traversant, grâce aux victoire de Masséna, les territoires de la République de Venise et ceux de

Carinthie, puis parvenant à Graz, les troupes françaises s'arrêtent à Leoben le 7 avril 1797. Des pourparlers s'engagent : une trêve est conclue.

Vainqueur, Bonaparte n'en fait qu'à sa tête, malgré les ordres du Directoire (gouvernement français de l'époque) : il s'empare de Venise, transforme la Lombardie en République Cisalpine en l'augmentant de Gênes et de la Romagne pontificale. Bonaparte négocie seul la paix de Campoformio le 18 octobre. L'Autriche est privée de la Lombardie et de la Belgique, recevant Venise, en guise de compensation.

Le jeune général Bonaparte, auréolé de son triomphe en Italie, se comporte en chef absolu : il institue une seconde république à Gênes, la Ligure, alors que le Directoire s'efforce de le maintenir à l'étranger en lui proposant de négocier avec les princes allemands que l'on vient de déposséder des territoires de la rive gauche du Rhin.

Bonaparte crée la République romaine en janvier 1798, en dépouillant le pape et en l'exilant à Sienne. Puis il rentre en France, pour être nommé général en chef de l'armée, préparée en vue de l'invasion de la Grande-Bretagne.

Les batailles de l'expédition d'Égypte 1798-1802 : le rêve africain des pyramides

De retour à Paris, Bonaparte s'oppose au projet d'invasion de l'Angleterre, irréalisable sans flotte de combat capable de maîtriser la Manche. Il propose d'atteindre l'Angleterre de manière détournée, en envahissant l'Égypte pour lui couper la route des Indes, dont le trafic commercial est nécessaire au ravitaillement de la Grande-Bretagne. Trop heureux d'éloigner ainsi le dangereux général Bonaparte, le Directoire donne son accord.

En occupant Suez, Bonaparte compte mettre fin à la domination coloniale anglaise sur une partie du monde. Cependant, la prééminence de la flotte britannique en Méditerranée rend cet objectif aléatoire. D'autant que l'on surévalue considérablement les richesses potentielles de l'Égypte.

Dès le printemps 1798, 32 300 soldats, 2000 canons, 33 navires de guerre et 232 navires de transport sont réunis dans le port de Toulon. Bonaparte est également attentif à l'armée de 175 ingénieurs et savants qu'il emmène avec lui. L'Égypte est alors une province de l'empire ottoman repliée sur elle-même et soumise aux dissensions des Mamelouks, dynastie guerrière qui se veut indépendante des Turcs.

Après s'être emparée de Malte (11 juin 1798) et avoir évité la flotte anglaise, l'expédition française parvient en Égypte. Après un débarquement laborieux à Alexandrie (1er juillet), 12 300 soldats remontent le Nil, cependant que le gros de l'armée, 20 000 hommes, traverse le désert pour atteindre le Caire. Le 21 juillet 1798, débute la bataille des Pyramides, opposant 20 000 soldats français à 50 000 soldats ennemis : les troupes mamelouks et turques de Mourad Bey sont anéanties, laissant 20 000 tués et blessés sur le terrain, alors que l'on compte seulement 300 tués ou blessés chez les Français.

Cependant, l'amiral britannique Nelson surprend une partie de la flotte française au mouillage en rade d'Aboukir (1er et 2 août 1798). Malgré les ordres formels de Bonaparte, l'amiral Brueys n'a pas osé abandonner l'armée française sans protection navale. Les Français résistent avec courage, mais perdent onze vaisseaux et 6000 hommes dont une moitié de prisonniers.

Plein d'énergie, Bonaparte poursuit son avance. Les dernières troupes mamelouks sont écrasées le 7 octobre 1798, lors de la bataille de Sédiman. La révolte du Caire du 21 octobre 1798, fermement réprimée, démontre qu'une partie des Égyptiens demeure hostile à la France. Face au risque d'une offensive turque, Bonaparte prend de nouveau l'initiative. À la tête de 13 000 hommes, il entend remonter jusqu'au Bosphore. L'opération débute plutôt bien : après la prise d'El Arich, Jaffa est emportée et ses 2500 défenseurs, bien que faits prisonniers, sont massacrés au sabre et à la baïonnette. Le 17 mars 1799, Bonaparte entreprend de s'emparer de Saint-Jean-d'Acre. Privé d'une partie de son armement lourd, détruit par la flotte anglaise en rade d'Aboukir, il ne parvient pas à l'emporter, malgré huit assauts. Une troupe turque s'approchant, Bonaparte se retourne contre elle pour éviter d'être pris entre deux feux. Il bat les Turc à Nazareth le 8 avril et à Cana le 11 avril 1799. À proximité du Mont Thabor (16 avril 1799), il écrase des forces turques deux fois plus nombreuses. Bien que victorieux, il décide de revenir sur ses pas, ayant perdu un bon tiers de ses effectifs en de multiples affrontements.

Le 31 août 1799, Bonaparte quitte l'Égypte à bord de deux frégates, où prennent place ses fidèles officiers Masséna, Berthier, Murat, Marmont, Bessières et Andréosy, tous indispensables pour la préparation d'un éventuel coup de force en France, contre un Directoire moribond, qui tente de promouvoir le général Joubert, rival dangereux. Bonaparte débarque en France le 9 octobre. Auréolé de l'immense prestige des campagnes d'Italie et d'Égypte, il s'impose politiquement en devenant premier consul, lors du coup d'état du 18 brumaire (novembre 1789).

Resté seul maître en Égypte, le général français Kléber, excellent militaire tient tête aux attaques anglo-turques. Le 20 mars 1800, il repousse à Héliopolis, avec 10 000 hommes, des forces turques six fois plus nombreuses. Hélas pour lui, il est assassiné par un fanatique à son retour au Caire. Le successeur de Kléber, le général Menou, ne peut, le 8 mars 1801, résister à un débarquement anglais, en rade d'Aboukir. Le 21 mars, à Canope, les Français, qui ont rassemblé leurs faibles forces, ne parviennent pas à contraindre les Britanniques à rembarquer. Les pertes sont importantes des deux côtés, dépassant 4000 morts. Menou cherche alors à négocier pour sauver ce qui peut l'être.

La convention d'Alexandrie, signée le 31 août, prévoit le rembarquement des troupes françaises par la flotte anglaise. Les Anglais, admiratifs du courage déployé par les soldats français, tiennent parole. Bonaparte vient, en janvier 1802, à Lyon, passer en revue les troupes rescapées de l'expédition d'Égypte. Le grand rêve oriental se termine, ayant coûté près de 20 000 hommes à l'armée française. Les pertes de l'adversaire (Mamelouks, Turcs, Égyptiens et Britanniques) sont dix fois plus importantes.

Les batailles de la campagne contre l'Autriche 1800-1801 : nouvelles victoires en Italie et en Allemagne

Devenu premier consul de la république française, Napoléon Bonaparte souhaite la paix extérieure. Mais il se heurte au refus absolu des Britanniques et de leur premier ministre, William Pitt, qui s'appuie sur l'Autriche pour porter la guerre en Europe contre la France. Bonaparte décide alors d'abattre l'Autriche pour la contraindre à traiter avec lui, laissant la Grande-Bretagne isolée en Occident. Les Anglais devront alors reconsidérer leur position.

S'étant assuré de la neutralité prussienne, Bonaparte conduit une attaque sur deux fronts : en Allemagne avec le général Moreau et en Italie, sous sa propre direction. Faisant preuve une fois de plus d'une grande audace, il franchit le col du Grand-Saint-Bernard dans les Alpes et débouche, sans résistance, dans la plaine milanaise. Le 2 juin 1800, il pénètre dans Milan et décide aussitôt de se porter à la rencontre du général autrichien Michael von Mélas. Le 9 juin, le général Lannes repousse les Autrichiens à Montebello. Puis, pour empêcher Mélas de se dérober, Bonaparte lance les deux divisions Desaix et Monnier à la poursuite de l'Autrichien. Ce dernier, habilement, décide d'attaquer Bonaparte ainsi affaibli et lance une attaque frontale et inattendue le 14 juin, à Marengo, dans le Piémont, où 28 000 soldats français affrontent 33 000 soldats autrichiens. Presque dépourvus d'artillerie, les Français ploient sous le nombre. En début d'après-midi, Mélas est si sûr de la victoire qu'il l'annonce, par des courriers, à l'empereur d'Autriche. À seize heures, les deux divisions Desaix et Monnier surgissent sur le champ de bataille et retournent la situation en faveur des Français. Desaix trouve une mort héroïque dans la contre-attaque, tandis que la cavalerie française fait éclater le centre autrichien par une furibonde charge au sabre. Les Autrichiens doivent reculer et repassent la Bormida vers 21 heures. Ils perdent 8772 hommes et 40 canons, tandis que Bonaparte déplore dans ses rangs 5600 soldats hors de combat (tués, blessés et disparus).

De son côté, le général Jean Moreau, à la tête d'une armée de 53 795 soldats et 99 canons, pénètre en Allemagne pour affronter l'armée autrichienne de Jean-Baptiste d'Autriche, forte de 60 261 soldats et 214 canons, à Hohenlinden, à 30 kilomètres de Munich. Les troupes françaises repoussent tous les assauts adverses, contre-attaquent ensuite avec succès, balayant toute résistance autrichienne : une fois de plus l'infanterie française démontre son invincibilité dans l'attaque à la baïonnette, de même que la cavalerie française dans la charge au sabre, sans parler de l'efficacité tactique redoutable de l'artillerie tricolore. La bataille de Hohenlinden (3 décembre 1800) se termine par la mise hors de combat (tués ou blessés) de 4000 soldats français et de 8000 soldats autrichiens, sans oublier la capture par les troupes françaises de 76 canons et de 12 000 prisonniers autrichiens.

L'Autriche, éreintée par deux éclatantes victoires militaires françaises, signe la paix à Lunéville, le 9 février 1801. Elle perd toute la rive gauche du Rhin et ne conserve que la Vénétie et l'Adige en Italie. Elle doit évacuer la Ligurie, le Piémont et la Lombardie.

Les batailles d'Ulm et d'Austerlitz 1805 : Napoléon taille en pièces les Autrichiens et les Russes

Fin août 1805, une nouvelle coalition, formée de la Russie, de l'Autriche, du royaume de Naples et de la Grande-Bretagne, entre en guerre contre la France. Le 9 septembre, l'Autriche attaque la Bavière, alliée de la France. Napoléon réagit immédiatement en faisant transférer des côtes maritimes la plus grande partie de la Grande Armée, afin de contrer la menace autrichienne à l'est. Dès le 24 septembre, la Grande Armée atteint Strasbourg et traverse le Rhin deux jours plus tard.

La première bataille entre la France et l'Autriche se déroule à Ulm, dans la région du Bade-Wurtemberg et de la Bavière, du 10 au 20 octobre 1805. Une armée française de 80 000 hommes encercle 40 000 soldats autrichiens et remporte une éclatante victoire, en ne perdant que 500 hommes pour la mise hors de combat 29 000 ennemis (4000 morts et 25 000 prisonniers, dont 18 généraux) et la capture de 60 canons. Le reste de l'armée autrichienne s'enfuit, mais elle est taillée en pièce par la cavalerie de Murat (16 000 Autrichiens tués ou capturés et 50 canons pris). La Prusse préfère se déclarer neutre. Tandis que l'armée russe, venant de quitter la Galicie, arrive pour porter secours aux restes de l'armée autrichienne. En moins de 15 jours, la Grande Armée a mis hors de combat 60 000 Autrichiens, en ne perdant de son côté que 1500 soldats. Napoléon entre dans Vienne le 14 novembre et décide d'en finir avec la coalition austro-russe. La bataille décisive doit se dérouler à Austerlitz, 80 kilomètres au nord de la capitale autrichienne.

La bataille d'Austerlitz, aujourd'hui Slavkov en république Tchèque, à 8 kilomètres à l'est de Brno, se déroule le 2 décembre 1805. L'armée française, conduite par Napoléon Ier, forte de 73 200 soldats et 139 canons, affronte une armée austro-russe de 85 400 soldats (70 400 Russes, 15 000 Autrichiens) et 278 canons, commandée par le général russe Koutouzov et le général autrichien von Weyrother.

Le plan français, conçu par l'Empereur en personne, est habile : abandonner le plateau de Pratzen à l'adversaire, l'amener à attaquer son aile droite, puis concentrer ses forces pour briser le centre du dispositif adverse qui se trouvera alors dégarni. C'est exactement la manière dont les choses se passent. Coupé en deux, l'ennemi s'enfuit en désordre et espère échapper à l'encerclement en traversant les marais et les étangs gelés proches des villages de Melnitz et de Satschan. L'artillerie française fait pleuvoir des boulets qui rompent la glace. La victoire française est totale.

Les actes de bravoure ont été innombrables durant la bataille. La cavalerie française, bien que luttant à un contre quatre, taille en pièce l'élite de la cavalerie russe, les chevaliers de la Garde de Constantin : 375 chasseurs à cheval de la Garde et 706 grenadiers à cheval de la Garde chargent la cavalerie russe en deux vagues en criant : « Faisons pleurer les dames de Saint-Pétersbourg. » Un cavalier français revient à trois reprise apporter à l'Empereur un étendard russe. À la troisième fois, Napoléon veut le retenir, mais il s'élance de nouveau et ne revient plus. Le colonel russe

Repnine, commandant des chevaliers de la Garde de Constantin, fait prisonnier, est présenté comme « trophée » à Napoléon.

L'armée française déplore 1290 tués et 6943 blessés, contre 16 000 morts (11 500 Russes, 5500 Autrichiens) et 15 000 prisonniers chez l'ennemi. Les troupes françaises s'emparent de 45 drapeaux, qui iront orner la voûte de l'église Saint-Louis des Invalides. Les 185 canons également pris seront fondus pour former la colonne Vendôme de Paris.

Les débris de l'armée russe retournent en Russie par la Galicie, cependant que l'Autriche signe une trêve le 6 décembre et un traité à Presbourg, le 26. L'Autriche est amputée de la Vénétie, de l'Istrie et de la Dalmatie. En outre, elle doit donner ses territoires allemands, comme le Tyrol, au profit de la Bavière et du Wurtemberg. La France a alors les mains libres pour réorganiser l'Allemagne à sa guise, afin de former la Confédération du Rhin sous sa dépendance. L'empereur d'Autriche est contraint de dissoudre le Saint-Empire romain germanique. Enfin, l'Autriche paye à la France une indemnité de 40 millions de florins, soit 1/7e de son revenu national.

Parallèlement aux opérations militaires dans l'est de l'Europe, le maréchal français Masséna, à la tête d'une armée de 37 000 hommes, affronte victorieusement à deux reprises une armée autrichienne de 50 000 hommes, à la bataille de Vérone le 18 octobre et à celle de Caldiero le 30 octobre 1805, en Italie. Il perd 4052 soldats dans ses rangs (tués, disparus et blessés) et inflige à l'adversaire la perte de 10 834 hommes hors de combat, dont 6970 prisonniers.

Les batailles de Iéna et d'Auerstaedt
1806 : la Prusse humiliée

La Prusse désapprouve la réorganisation de Napoléon du Saint-Empire germanique en Confédération du Rhin : les principaux états qui la composent sont sous le protectorat de la France. Pendant les mois d'août et de septembre 1806, la reine de Prusse, Louise de Mecklembourg-Strelitz, attise la haine de l'armée et de la population prussiennes contre la France. Les officiers prussiens se plaisent à aiguiser leurs sabres sur les marches de l'ambassade de France à Berlin, tandis que Frédéric-Guillaume III de Prusse lance à qui veut l'entendre : « Pas besoin de sabres, les gourdins suffiront pour ces chiens de Français. »

Alexandre Ier, tsar de toute la Russie, et Frédéric-Guillaume III de Prusse se rencontrent à Potsdam et jurent, sur le tombeau de Frédéric II de Prusse, de ne plus jamais se séparer avant la victoire sur la France. La Prusse, la Russie, la Suède, la Saxe et la Grande-Bretagne forment une nouvelle coalition et mobilisent leurs troupes le 9 août 1806.

L'armée prussienne, forte de 150 000 hommes, se trouve en première ligne contre la Grande Armée de Napoléon avec ses 180 000 hommes. Deux batailles décisives sont livrées le même jour, le 14 octobre 1806, la première à Iéna (actuel land de Thuringe), la seconde à Auerstaedt, à proximité de Leipzig, 20 kilomètres au nord-est de Iéna.

À Iéna, 81 000 soldats français et 180 canons, commandés par Napoléon, affrontent 60 000 soldats prussiens et saxons, appuyés par 215 canons et dirigés par le général de Hohenlohe-Ingelfingen. Dès 6 heures du matin, Napoléon donne l'ordre d'attaquer. La surprise des Prussiens est totale lorsqu'il voient surgir du brouillard 30 000 soldats français qui bousculent leur flanc gauche. Les troupes françaises progressent également à droite. La cavalerie prussienne contre-attaque mais se heurte à sa rivale française, soutenue par l'artillerie. Vers midi, les lignes prussiennes sont enfoncées au centre. La bataille est gagnée par Napoléon qui perd 6375 soldats (tués ou blessés) contre 26 312 morts et 15 000 prisonniers chez l'ennemi. L'armée française s'empare également de 112 canons et 40 drapeaux.

À Auerstaedt, 23 000 soldats français et 44 canons, dirigés par le maréchal Louis Davout, luttent contre 65 000 soldats prussiens et 230 canons, commandés par Frédéric-Guillaume III de Prusse et Charles-Guillaume de Brunswick. La bataille débute également à 6 heures. L'infanterie française, établie en carré, résiste avec héroïsme aux assauts d'un ennemi trois fois supérieure en nombre. Le duc de Brunswick, qui commande personnellement l'attaque principale, est blessé grièvement à dix heures, de même que le général Schmettau, ce qui accentue la défaillance des troupes prussiennes. À 11 heures, le roi de Prusse ordonne une attaque générale qui est de nouveau repoussée. L'armée française contre-attaque au centre et aux deux ailes avec succès, enfonce les lignes ennemies. Les Prussiens abandonnent précipitamment leurs positions. Ils sont poursuivis jusqu'à la nuit, éprouvant une telle panique, que le général français Vialannes, les chassant devant lui jusqu'à trois lieues du champ de bataille, ramasse sur son chemin, sans rencontrer aucune résistance, un grand nombre de prisonniers, de chevaux et plusieurs drapeaux. La victoire française est totale : 4350 morts, blessés ou disparus chez les Français ; 12 000 tués et 3000 prisonniers chez les Prussiens. Les troupes français s'emparent également de 115 canons et d'une cinquantaine de drapeaux ennemis.

L'armée prussienne n'existe quasiment plus ! Le roi de Prusse se réfugie à la cour de Russie. Le 27 octobre, Napoléon entre dans Berlin. La Prusse est dépecée, sans qu'aucun traité ne soit conclu : tous ses territoires entre Rhin et Oder sont transformés en départements.

Les batailles d'Eylau et de Friedland
1807 : la Russie vaincue

L'armée prussienne battue, Napoléon doit affronter l'armée russe. La première grande bataille entre les deux grandes puissances se déroule à Eylau, dans le nord de la Prusse orientale, le 8 février 1807 : 65 000 soldats et 300 canons français affrontent 80 000 soldats ennemis (70 000 Russes, 10 000 Prussiens) et 400 canons, commandés par le général von Bennigsen.

Dès 7 heures, l'artillerie russe pilonne les positions françaises. L'artillerie françaises répond rapidement, provoquant un véritable duel que les deux armées antagonistes subissent durant deux heures. L'infanterie française attaque, mais aveuglée par la neige, elle se fait décimer par les batteries russes. La garde impériale russe, cavalerie et infanterie, contre-attaque. L'armée russe vise alors à couper en deux le dispositif des troupes françaises. Napoléon fait alors donner la Garde, une première dans l'histoire du Premier Empire. La vieille Garde, l'élite de l'élite, reçoit l'ordre de ne pas tirer mais de charger à la baïonnette. Électrisés par la présence de Napoléon à leurs côtés, la Garde repousse l'assaut adverse dans un titanesque corps à corps à l'arme blanche.

Deux divisions russes tente d'anéantir les troupes du maréchal Augereau, en infériorités numériques de un contre trois. Napoléon provoque alors Murat : « Nous laisseras-tu dévorer par ces gens-là ? » Il s'ensuit, sous la conduite du maréchal Murat, la plus gigantesque charge de cavalerie de l'histoire, menée par 12 000 cavaliers français, qui rétablissent héroïquement la situation, en sabrant l'adversaire. La bataille reste indécise toute la journée, d'autant que l'arrivée de 10 000 soldats prussiens place de nouveau Napoléon en difficulté. Heureusement pour lui, les 8000 soldats français du maréchal Ney, venant en en renforts, permettent à l'Empereur de remporter cette bataille. La nuit tombée, les troupes ennemies, à court de munitions et sans réserves, décident de se replier vers Könisgberg. Les pertes sont lourdes dans les deux camps : 18 000 morts ou blessés chez les Français, 25 000 morts et 3000 prisonniers chez les Russes et les Prussiens.

Il faut cependant une autre grande bataille pour contraindre les Russes à la paix, décisive celle-là : c'est Friedland, à Pradvinks dans la Russie actuelle, le 14 juin 1807. Ce jour-là, Napoléon et le maréchal Lannes engagent 55 000 soldats et 36 canons contre 84 000 soldats et 80 canons russes. Les conditions climatiques de la bataille sont totalement différentes de la bataille d'Eylau : pas de tempête de neige mais une chaleur accablante et précoce. Dès 4 heures du matin, les soldats du maréchal Lannes, renforcés de 10 000 dragons du maréchal Grouchy, attaquent les colonnes russes qui passent le pont de l'Alle. Bennigsen (commandant les troupes russes), qui ne peut penser que l'armée française a parcouru en 12 heures le trajet que sa propre armée mettrait en trois jours à traverser, pense que ce combat n'est qu'une simple escarmouche, venant de l'avant-garde française. Vers 7 heures, Lannes, soutenu par tout le corps du maréchal Mortier, dispose de 20 000 hommes tandis que Bennigsen en aligne 50 000 qui doivent lutter le dos au fleuve. Napoléon arrive avec la Garde impériale et le corps d'armée de Victor vers 12 h 30, le reste de l'armée française suit deux heures après. En début d'après-midi, les deux armées, effectifs désormais au complet, sont rangées face à face, prêtes à livrer bataille. Bennigsen dispose d'une énorme supériorité numérique, mais se trouve en mauvaise posture toujours le dos au fleuve.

Les Russes forment un demi-cercle dont les Français occupent la circonférence. Napoléon décide de briser le centre de l'ennemi pour battre séparément les deux ailes, puis il n'aura plus qu'à culbuter les Russes dans le fleuve. L'artillerie française, bien que réduite à 36 canons, réalise un véritable exploit en tirant 2800 boulets à 120 mètres des troupes russes. Le plan conçu par l'Empereur se déroule comme prévu. L'infanterie et la cavalerie françaises culbutent les Russes dans le fleuve. La victoire est totale vers 22 heures 30. Les Russes perdent 30 000 hommes (12 000 morts et 18 000 prisonniers), 80 canons et 70 drapeaux. Les Français ne comptent que 1645 tués et 8995 blessés.

Le tsar Alexandre Ier se décide à la paix et conclut même un traité d'alliance avec Napoléon à Tilsit, le 7 juillet 1807. Le roi de Prusse perd ses terres polonaises transformées en Grand-Duché de Varsovie, alors que ses territoires à l'est de l'Elbe sont rassemblées pour donner naissance au royaume de Westphalie. La Prusse est désormais réduite à quatre provinces. La Russie adhère à un blocus continental contre l'Angleterre, furieux que cette dernière ne soit pas intervenue pour l'aider militairement. Jamais l'empereur Napoléon n'a atteint un tel degré de puissance en Europe. L'armée française est désormais réputée invincible.

La bataille de Wagram 1809 : la puissance de la cavalerie française

Profitant de l'usure des troupes français en Espagne, l'archiduc Charles d'Autriche, à la tête d'une armée autrichienne de 280 000 hommes, envahit la Bavière, alliée de la France. Napoléon engage l'armée française d'Allemagne, limitée à 100 000 hommes, et s'avance à la rencontre de l'armée autrichienne. Il remporte du 19 au 23 avril 1809, malgré une nette infériorité numérique, de remarquables succès militaires à Thann, Abensberg, Landshut, Eckmül et Ratisbonne.

Poursuivant l'archiduc Charles d'Autriche, Napoléon pénètre pour la seconde fois dans Vienne abandonnée, à l'issue d'une violent bombardement. L'armée autrichienne se replie sur la rive droite du Danube. Napoléon décide de franchir le Danube en s'appuyant sur l'île Lobau, en aval de Vienne. Il fait construire des ponts de bateaux pour franchir le fleuve. Le 22 mai 1809, à Essling, 55 000 soldats français, commandés par Napoléon et le maréchal Lannes, livrent bataille à 90 000 soldats autrichiens, aux ordres de Charles d'Autriche. La lutte reste indécise et se termine par un match nul dans les deux camps. On déplore 23 000 soldats français et 23 300 soldats autrichiens hors de combat (morts ou blessés). Le maréchal Lannes meurt des suites de ses blessures.

La bataille décisive se livre les 5 et 6 juillet 1809, à Wagram, village situé à 15 kilomètres au nord de Vienne. L'armée française, conduite par Napoléon, comprend 188 900 fantassins, 24 000 cavaliers et 488 canons ; tandis que l'armée autrichienne, commandée par Charles d'Autriche, repose sur 136 200 fantassins, 21 000 cavaliers et 446 canons. Le 5 juillet, les troupes françaises enfoncent les lignes autrichiennes, avant d'être stoppées devant Wagram par une contre-attaque. Le lendemain, la cavalerie lourde française lance l'attaque décisive qui brise le centre autrichien. À 18 heures, l'archiduc Charles d'Autriche est obligé d'ordonner la retraite. La victoire est française. On compte 34 000 morts et blessés français contre 50 000 morts ou blessés et 7500 prisonniers autrichiens. Cette gigantesque bataille entraîne la mort de cinq généraux français, dont le général Lasalle. Les Italiens, intégrés dans l'armée française, se sont battus avec une bravoure extraordinaire.

Battus, les Autrichiens demandent l'armistice. La paix de Schönbrunn est signée le 14 octobre 1809. L'Autriche doit céder la Croatie, l'Istrie, la Carinthie et la Carniole à la France. Elle concède également Salzbourg et l'Engadine à la Bavière,

Cracovie et Lublin au Grand-Duché de Varsovie, allié de la France. Pour le prix de sa neutralité, la Russie ne reçoit, à sa grande déception, que le gain bien modeste de la Galicie orientale.

Les batailles de la campagne de Russie 1812 : un si terrible hiver

Les mécontentements entre la Russie et la France ne cessent de s'accumuler. La Russie ne supporte pas la fondation du Grand-Duché de Varsovie, annonçant la création d'un futur royaume de Pologne. Les navires français concurrencent les Russes en mer Baltique. De son côté, la France constate le peu d'empressement des Russes à respecter le blocus continental contre l'Angleterre. Redoutant une attaque éclair de la Russie contre ses troupes positionnées en Allemagne et contre le Grand-Duché de Varsovie, Napoléon fait établir dès 1811 des cartes pour sa future campagne de Russie. Il met en place une armée de 615 000 hommes, dont 450 000 véritables combattants, en soignant particulièrement l'intendance avec 100 000 chevaux, 80 000 têtes de bétail, 25 000 chariots. Les Russes conscients de la menace française mobilisent une armée de 200 000 hommes.

Le 24 juin 1812, l'armée française franchit le Niémen. Il faut attendre le 17 août, à Smolensk, pour qu'enfin l'armée russe livre bataille. Les Français l'emportent facilement, en ne perdant que 6000 hommes contre 13 000 chez les Russes, qui jouent cependant sur leur vaste territoire pour retraiter et laisser l'adversaire s'enfoncer davantage dans un pays à l'hiver rude et précoce. Le 23 août, après avoir longuement hésité, Napoléon se remet en marche. Il ne dispose plus que de 140 000 hommes valides, tant les pertes dues à la dysenterie et au typhus, à l'épuisement, ont été lourdes, sans oublier les ponctions effectuées pour occuper les cités russes conquises. La base logistique française la plus proche, Knovo, est située à 925 kilomètres de Moscou, tandis que le nouveau dépôt de ravitaillement de cette même armée française, à Smolensk, se trouve encore à 430 kilomètres de la capitule russe. Les lignes d'approvisionnement françaises sont donc particulièrement vulnérables aux attaques russes. Cependant, l'envie d'une bataille décisive pousse Napoléon à poursuivre sa progression.

Le 7 septembre 1812, à Borodino, à 125 kilomètres de Moscou, l'armée russe de Koutouzov, forte de 121 000 hommes (96 300 fantassins, 24 500 cavaliers) et 640 canons, livre bataille à l'armée française de Napoléon, composée de 130 000 hommes (102 000 fantassins, 28 000 cavaliers) et 587 canons. L'artillerie française, mieux positionnée, fait des ravages dans les rangs russes. Le centre russe sévèrement mis à mal par la cavalerie et l'infanterie adverses contraint Kotouzov à ordonner la retraite vers Moscou. La victoire est française. On compte 27 907 soldats français hors de combat (tués ou blessés) et 47 000 soldats russes. Les troupes françaises s'emparent également de 60 canons ennemis.

Les Français entrent dans Moscou le 14 septembre 1812. Le soir même, d'immenses incendies ravagent la ville. Les derniers feux sont éteints le 20 septembre au soir. Moscou, en grande partie construite en bois, est quasiment détruite.

Privé de quartier d'hiver et sans avoir reçu la capitulation russe, Napoléon est contraint de quitter la capitale russe le 18 octobre pour débuter une retraite dans des conditions catastrophiques, sous un froid terrible et avec un ravitaillement défaillant. Une interminable colonne s'étire sur des kilomètres, vulnérable aux attaques des cavaliers cosaques. Koutousov presse les Français : le 17 novembre, il tente une attaque à Krasnoïe, mais le maréchal français Davout la repousse. Profitant de ce succès tactique, 400 pontonniers du général français Eblé, héroïques, travaillant dans l'eau glacée, construisent deux ponts sur la Bérézina. Presque tous y laissent leur peau, le général Eblé compris ; mais 40 000 soldats français parviennent à franchir le fleuve. Épuisés, les Russes cessent toute poursuite organisée.

Le 8 décembre, les rescapés de l'armée napoléonienne atteignent Vilnius où les dépôts sont pillés. Le 14 décembre 1812, l'armée française repasse le Niémen, après avoir perdu 350 000 hommes sur les 615 000 soldats engagés au début de la campagne en juin. Les Russes déplorent la perte de 400 000 hommes.

La campagne de Russie se termine tragiquement pour Napoléon qui n'est pas parvenu à vaincre son adversaire. Il se retrouve avec une armée affaiblie et des adversaires prêts de nouveau à en découdre pour mettre fin à l'hégémonie française en Europe.

Les batailles de la campagne de 1813 : face à une coalition toujours plus puissante

La Prusse, qui a secrètement reconstitué une armée de 65 000 hommes, s'allie à la Russie et déclare la guerre à la France le 17 mars 1813. Finalement se forme une nouvelle coalition, regroupant la Prusse, la Russie, la Suède, puis l'Autriche, forte de 765 000 soldats le 27 juin 1813. Pour y faire face, Napoléon retirer 25 000 hommes d'Espagne, lève en France par anticipation les conscrits de 1814, y ajoute les troupes françaises d'Allemagne, les Polonais très motivés de Poniatowski. Au total, il parvient à rassembler 225 000 hommes début avril et 350 000 en août. Cependant, cette nouvelle armée française manque cruellement de cavalerie et de canons. Malgré un rapport des forces défavorable (350 000 soldats français contre 765 000 soldats coalisés), Napoléon remporte encore d'étonnants succès sur le terrain.

Anticipant la concentration et l'attaque de ses adversaires, Napoléon pénètre en Saxe et bat les Russes à Weissenfels, puis les Prussiens à Lutzen, respectivement les 1er et 2 mai 1813, perdant dans ses rangs 18 000 hommes (tués ou blessés) et mettant hors de combat 30 000 soldats ennemis (Russes et Prussiens compris). Mais Napoléon, dépourvu de cavalerie, ne parvient pas à parachever ses deux victoires, ne pouvant poursuivre l'ennemi qui se retire à Dresde. Les 20 et 21 mai, il inflige une nouvelle défaite aux armées prussienne et russe, à Bautzen : 15 000 soldats français sont tués ou blessés contre 20 000 chez l'ennemi. Napoléon et Davout occupent Dresde et Hambourg. Le camp adverse supplie un armistice, que Napoléon consent à leur accorder : faute incroyable, qui permet à l'ennemi de se renforcer. Mais Napoléon croit en la paix.

Les hostilités reprennent finalement le 11 août 1813, lorsque l'Autriche, désormais rangée dans le camps de la coalition, déclare la guerre à la France. À Dresde, les 26 et 27 août, Napoléon, à la tête d'une armée de 135 000 hommes, affronte 214 000 soldats autrichiens, russes et prussiens. Malgré la disproportion des forces en présence, l'Empereur écrase la coalition lors de cette bataille, en mettant hors de combat 40 000 soldats ennemis et en perdant de son côté 10 000 hommes (tués ou blessés).

Cependant, la coalition se renforce en effectifs, avec notamment l'apport des troupes suédoises. À Leipzig, du 16 au 19 octobre 1813, l'armée napoléonienne, forte de 190 000 hommes et 700 canons, livre bataille à 450 000 soldats ennemis (Prussiens, Autrichiens, Russes et Suédois) et 1500 canons. C'est la plus grande confrontation des guerres napoléoniennes. Les combats débutent par les attaques de 78 000 soldats coalisés depuis le sud et 54 000 autres depuis le nord. La résistance française est héroïque : tous les assauts ennemis sont repoussés. Les troupes franco-polonaises chassent même les Autrichiens en divers endroits. Les Russes sont surpris par une attaque de flanc. Tandis que les Prussiens sont décimés par l'artillerie française. Enfin, 10 000 cavaliers français et italiens, conduits par le légendaire Murat, chargent massivement et refoulent les cavaleries russes, prussiennes et autrichiennes jusqu'à leur propre artillerie. Le général français Langeron et son infanterie s'emparent de deux villages. L'artillerie et la troupe du maréchal Marmont repoussent les assaillants. La division polonaise du général Dabrowski résiste héroïquement aux troupes russes du général Sacken. Les Français ne reçoivent que 14 000 soldats en renforts alors que les Coalisés se renforcent de 145 000 soldats, dont des contingents suédois. Le 18 octobre, de tous côtés, les Coalisés se lancent à l'assaut. Durant plus de neuf heures de combat, les deux camps subissent de lourdes pertes. Les troupes françaises empêchent partout la percée. Alors que la bataille reste indécise, Napoléon est victime de la trahison des troupes saxonnes qui se retournent sans prévenir contre lui. Devant l'écrasante supériorité numérique de l'adversaire, l'Empereur décide finalement de retirer son armée du champ de bataille, durant la nuit du 18 au 19. Jusqu'au repli des Français, les Coalisés ne parviennent pas à s'emparer de Leipzig, et Napoléon réussit à sauver son armée grâce à une retraite de génie. Les Coalisés, décimés par de très lourdes pertes, sont incapables de poursuivre Napoléon : 60 000 soldats français et 140 000 soldats coalisés sont hors de combat (tués, blessés et disparus).

Contrairement à ce qui est souvent affirmé, la bataille de Leipzig n'est en rien une victoire décisive de la coalition : elle est en fait un demi-succès tactique pour Napoléon qui condamne l'adversaire à devoir lutter encore six mois supplémentaires, malgré son écrasante supériorité numérique.

Fait plus remarquable encore, à la bataille d'Hanau, les 30 et 31 octobre 1813, 17 000 soldats et 30 canons français, dirigés par Napoléon, infligent une sévère défaite à 43 000 soldats et 80 canons ennemis (Autrichiens et Bavarois). On déplore 3000 soldats français hors de combat et 10 000 chez l'adversaire. Cependant, trahi par divers états allemands, Napoléon doit quitter l'Allemagne pour défendre la France.

Les batailles de la campagne de France de 1814 : d'incroyables victoires sans lendemain

Les monarques coalisés veulent mettre fin à vingt ans de guerre, à la Révolution et abattre Napoléon, qu'ils appellent « l'Usurpateur ». C'est l'invasion de la France par une armée coalisée de 700 000 soldats (Prussiens, Autrichiens Russes, Suédois et Allemands). Napoléon parvient à lever une armée de 110 000 hommes durant l'hiver, dont des conscrits de seize ans. Laissant une partie de ses troupes autour de Paris, c'est avec 70 000 hommes que l'Empereur part affronter les Coalisés dix fois supérieurs en nombre. Sans pratiquement de cavalerie, avec bien peu d'artillerie, Napoléon n'a aucune chance de vaincre. Pourtant, il va tenir en échec les Coalisés avec un tel brio, durant deux mois, que la campagne de France de 1814 demeure un modèle encore enseigné dans toutes les écoles militaires du monde ! L'armée française défend avec héroïsme chaque pousse de terrain, remporte de multiples victoires.

Cela débute avec la bataille de Champaubert, le 10 février 1814, où après six heures de combat, 4500 soldats russes sont écrasés par 1800 soldats français : au total 3000 Russes sont tués ou capturés, alors que les Français déplorent 300 hommes hors de combat (tués ou blessés). Le général russe Olsufiev, fait prisonnier, dîne le soir même avec Napoléon.

Cela se poursuit avec la bataille de Montmirail, le 11 février 1814, opposant 16 300 soldats français et 36 canons à 32 000 soldats russes et prussiens, soutenus par 94 canons. Napoléon inflige une nouvelle humiliation à ses adversaires : 2000 morts ou blessés chez les Français, 4500 morts, blessés ou prisonniers chez l'ennemi.

À Château-Thierry, le 12 février 1814, 22 000 soldats français, conduits également par Napoléon, écrasent une armée prussienne et russe de 30 000 soldats : 600 Français et 3000 adversaires (1500 Prussiens et 1500 Russes) hors de combat.

Le 14 février, à Vauchamps, Napoléon et 18 000 de ses soldats affrontent 30 000 soldats prussiens de Blücher. Les furibondes attaques françaises, bien qu'inférieures en nombre, enfoncent les lignes prussiennes et forcent Blücher à se replier dans un désordre indescriptible, poursuivi et harcelé par la cavalerie française. Bilan de cette nouvelle victoire française : 600 soldats français tués ou blessés, contre 9000 morts ou blessés et 5000 prisonniers prussiens. L'armée française s'empare également de 20 canons et 10 drapeaux.

À Montereau, le 18 février, Napoléon remporte un nouveau succès militaire : 2500 soldats français et 6000 soldats ennemis (Prussiens et Autrichiens) hors de combat.

À Craonne, le 7 mars 1814, on assiste à une nouvelle victoire française de l'Empereur, où 37 000 soldats français battent 85 000 soldats prussiens et russes : 5400 Français et 10 000 ennemis sont tués ou blessés.

La bataille de Reims, le 13 mars 1814, se conclue par une victoire pour Napoléon et ses 10 000 soldats opposés à 20 000 soldats prussiens et russes : 700 tués français contre 3000 morts et 5000 prisonniers ennemis.

Enfin, les 20 et 21 mars 1814, lors de la bataille d'Arcis-sur-Aube, 20 000 soldats français tiennent tête à 80 000 soldats autrichiens : 3000 soldats français et 6000 soldats autrichiens sont tués ou blessés. Par manque d'audace et d'initiative, le commandement autrichien perd une magnifique occasion de faire d'Arcis-sur-Aube le tombeau de l'armée napoléonienne.

Huit batailles et huit victoires françaises en deux mois ! Face à une coalition 10 fois plus nombreuses ! Avec le bilan suivant : 15 100 soldats français et 54 500 soldats ennemis (Russes, Prussiens et Autrichiens) hors de combat.

Fin mars 1814, la France est alors attaquée au nord et à l'est par une coalition regroupant la Prusse, l'Autriche, la Russie, la Suède et divers états allemands ; au sud également, où les troupes britanniques, espagnoles et portugaises, trois fois supérieures en nombre, franchissent les Pyrénées. La forteresse française de Bayonne oppose une résistance héroïque.

Nullement découragé suite à ses nombreuses victoires, Napoléon tente de rallier les nombreuses garnisons françaises des places alsaciennes pour se retourner ensuite de nouveau contre les Coalisés. Mais contrairement à ses plans, les Coalisés ne le poursuivent pas dans sa marche vers l'est : ils foncent droit sur Paris et franchissent la Marne à Meaux.

Les 30 et 31 mars 1814, la bataille se déroule aux portes de Paris, où 33 500 soldats français, commandés par Joseph Bonaparte (frère de l'Empereur), les maréchaux Marmont et Mortier, tentent de s'opposer à l'offensive de 130 700 soldats coalisés. La bataille est rude car les troupes françaises opposent une farouche résistance mais succombent finalement sous le poids du nombre : 6000 soldats français et 18 000 soldats ennemis sont mis hors de combat.

S'étant aperçu de la progression des Coalisés sur Paris, Napoléon accourt à marche forcée avec de nouvelles troupes par la rive gauche de la Seine. Mais il a trois jours de marche de retard sur les adversaires. Paris doit tenir sans lui jusqu'au 1er avril. C'est trop tard. Son frère Joseph capitule le 31 mars, livrant Paris à l'ennemi. Constatant l'échec de sa tentative, Napoléon parvient à Fontainebleau le même jour. Le 6 avril, il doit abdiquer sous la contrainte, abandonné par ses proches. Il obtient l'île d'Elbe comme résidence et une garde d'honneur de 800 hommes. Le roi Louis XVIII, les royalistes français et coalisés imposent la restauration monarchiste en France.

En mai 1814, au traité de Paris, la France obtient des conditions modérées : elle retrouve ses frontières de la fin 1792, conserve la Savoie et la Sarre. Mais les excès de la terreur royaliste contre les bonapartistes et les républicains incitent Napoléon à rentrer en France, d'autant que la population lui est acquise dans son immense majorité.

Les trois batailles des cent jours de Napoléon 1815 : la fin d'une épopée impériale

Le 26 janvier 1815, Napoléon quitte l'île d'Elbe, accompagné des 800 soldats de sa garde d'honneur. Il débarque au golfe de Juan et rallie les troupes qu'on envoie pour l'arrêter. En vingt jours de marche forcé, il atteint Paris, abandonné par Louis XVIII. Les Coalisés le déclarent hors-la-loi et rassemblent en hâte une armée. Napoléon organise un plébiscite, où il obtient 1,5 millions de « oui » en sa faveur contre 4800 de « non ».

En mai, Napoléon reconstruit, avec l'aide de Davout (ministre de la Guerre), une armée de qualité qui passe de 90 000 à 250 000 hommes. Il promulgue un décret pour mobiliser 2,5 millions d'hommes, afin de faire face à la coalition ennemie, regroupant pour le moment la Prusse, la Grande-Bretagne, les Pays-Bas et divers états allemands, avec 700 000 hommes.

Plaçant 125 000 hommes sous son commandement, Napoléon entend prendre de vitesse ses ennemis et les vaincre séparément avant qu'ils n'aient eu le temps de se regrouper en Belgique. Il espère repousser les Britanniques à la mer et forcer les Prussiens à se retirer de la coalition. Il laisse plusieurs armées en France pour défendre les frontières : celle de Rapp sur le Rhin, Suchet dans les Alpes, Brune dans le Var, Clausel dans les Pyrénées, Lecourbe dans le Jura.

Le 14 juin, Napoléon a massé, en toute discrétion, son armée près de Charleroi. Dès le 16, le maréchal Ney et 22 000 soldats français affrontent 40 000 soldats britanniques, hollandais et allemands, commandés par Wellington, aux Quatre-Bras, près de Bruxelles, en Belgique. La victoire est française, les Coalisés doivent reculer et se regrouper au Mont Saint-Jean : 4000 soldats français et 5000 soldats ennemis sont hors de combat (tués, blessés et disparus).

Également en Belgique, à Ligny, le 16 juin 1815, 60 000 soldats français, dirigés par Napoléon Ier, attaquent avec vigueur 95 000 soldats prussiens, conduits par Blücher. Enfoncés au centre, les Prussiens doivent se replier. Blücher échappe miraculeusement à la capture par les Français, lorsque vers la fin de la bataille son cheval tué s'écroule sur lui et l'immobilise totalement, alors que des soldats tricolores approchent. Mais le soleil se couchant, les cavaliers français ne voient pas le vieux maréchal prussien, qui est dégagé de son cheval par son fidèle aide de camp, le comte von Nostitz, resté près de lui après sa chute. Cette nouvelle victoire française se termine par 6900 tués ou blessés français et 25 000 tués ou blessés prussiens.

Lançant les 30 000 soldats français du maréchal Grouchy à la poursuite de l'armée prussienne, Napoléon se retourne contre les Coalisés de Wellington (Britanniques, Hollandais et Allemands) et les attaque à proximité de Waterloo, le 18 juin 1815. Avec 59 000 fantassins, 12 600 cavaliers et 246 canons français, Napoléon affronte dans un premier temps 56 000 fantassins, 12 000 cavaliers et 156 canons ennemis, solidement retranchés. Mais l'Empereur perd du temps : il attend que le sol ait un peu séché, après une pluie abondante, pour déclencher tardivement son attaque vers 11 heures. Le maréchal Ney multiplie de façon héroïque des charges frontales de cavalerie qui finissent par s'emparer de diverses positions britanniques, mettant en danger le système défensif de Wellington. Au même moment Grouchy se fait berner par Blücher, en croyant poursuivre l'ensemble de son armée loin du champ de bataille, alors que le maréchal prussien approche de Waterloo... Ainsi, lorsque vers 17 heures, l'artillerie française installée sur les hauteurs décime les forces anglaises et permet d'espérer la victoire, d'autant que l'infanterie française fait plier en divers endroits les lignes ennemies, l'arrivée massive des 33 000 soldats prussiens de Blücher sur le champ de bataille renverse totalement la situation en bouleversant le rapport de force. Submergés, les Français ne peuvent résister longtemps.

Trois bataillons de grenadiers de la Vieille Garde, commandés respectivement par Roguet, Christiani et le légendaire Cambronne opposent une résistance héroïque contre des adversaires bien supérieurs en nombre. Leur sacrifice permet au reste de l'armée française de ne pas être anéantie. Le dénouement de la bataille de Waterloo ressemble à celle des Spartiates aux Thermopyles. « Vaincre ou mourir », telle pourrait être la devise des derniers carrés de la Garde. Les Anglais somment leurs courageux adversaires de déposer les armes. À quatre reprises, les grenadiers français refusent de se rendre. Il est 21 heures 30. En guise de seule réponse, le général Cambronne lance son fameux « Merde » et ajoute : « La Garde meurt mais ne se rend pas. » Tous les assauts ennemis sont repoussés. Finalement, les 156 canons anglais foudroient à bout portant les 1800 grenadiers français qui ont résisté à 79 000 soldats ennemis !

Autour de l'Empereur ne subsiste que deux derniers carrés des Grenadiers de la Garde. Ils ont fait toutes les campagnes. Ce sont les braves d'entre les braves, les fidèles d'entre les fidèles. Avant même l'avènement de l'Empire, ils servaient Bonaparte en Italie. Ils sont les derniers rescapés de l'Empire. Loin de faillir à sa réputation, cette unité d'élite défend l'intégrité physique de l'Empereur, en lui permettant de ne pas être capturé par les Coalisés dans l'immédiat et sauve également 30 000 soldats français, qui peuvent se replier en bon ordre.

La bataille de Waterloo se termine par la mise hors de combat de 25 000 soldats français et 22 000 soldats ennemis (tués, blessés et disparus).

Le 21 juin, Napoléon est de retour à Paris. Le peuple l'acclame et Davout aligne une armée de 117 000 hommes, pour faire face aux 116 000 Prusso-Britanniques. Même si militairement Napoléon peut envisage de continuer la lutte, sa chute est précipitée par une impossibilité politique de se maintenir au pouvoir. Divers politiciens véreux pactisent avec l'ennemi pour obtenir sa destitution. Placé devant le fait accompli, Napoléon abdique une seconde fois le 22 juin 1815. Les Coalisés, dont principalement l'Angleterre, l'exilent à l'île de Sainte-Hélène, où il décède en 1821. Le corps de l'Empereur est rapatrié triomphalement à Paris, 19 ans après sa mort, et placé aux Invalides, devant des millions de Français venus lui rendre hommage.

Il s'en est fallu d'un rien que Napoléon ne l'emporte en Belgique. Si, au lieu de choisir Soult comme chef d'état-major, imparfait dans la bonne transmission des ordres, il avait confié le poste à Davout, et celui de Grouchy à l'excellent Suchet, Wellington, privé du soutien décisif de Blücher, n'aurait pu résister aux attaques de l'armée française.

L'empereur, souffrant d'hémorroïdes qui l'empêchent de se déplacer longuement à cheval, n'est pas au mieux de sa forme le 18 juin 1815. Il est également affecté par des troubles hépatiques et a de grandes difficultés pour uriner (dysurie). Il semble moins présent que lors des précédentes campagnes. Ses ordres en souffrent, la maladie expliquant, en partie, la lenteur de ses réactions. Quoiqu'il en soit, le plan audacieux de Napoléon avait de grande chance de réussir. Wellington, malgré ses rodomontades, a bien failli perdre la bataille de Waterloo. L'armée britannique, enfoncée en plusieurs endroits, a été sauvée in-extremis par les troupes prussiennes de Blücher. De nombreux régiments britanniques ont cependant lutté avec une grande bravoure.

IV

LES ARMÉES DE NAPOLÉON III

LES BATAILLES DU SECOND EMPIRE

La Monarchie constitutionnelle lègue au Seconde Empire de Napoléon III, empereur des Français de 1852 à 1870, une armée métropolitaine organisée et disciplinée, ainsi qu'une armée d'Afrique aguerrie et entraînée. Elle lui laisse également des institutions militaires de qualité, mais présentant une grave lacune : l'absence de réserves instruites. Situation qui lui sera fatale en 1870-1871, contre une armée allemande coalisée plus nombreuse et mieux équipée en artillerie moderne. Cependant, le courage légendaire du soldat français continue de rayonner sur les champs de bataille de Crimée, du Mexique, d'Italie et de France de 1854 à 1871.

Les batailles de la guerre de Crimée 1854-1855 : retrouver la gloire militaire

De 1854 à 1855, l'armée française participe à la guerre de Crimée, située de nos jours au sud du territoire ukrainien, au sein d'une coalition comprenant l'empire ottoman, la Grande-Bretagne, le royaume de Piémont-Sardaigne contre la Russie. Les Occidentaux veulent par cette intervention militaire freiner l'expansionnisme russe. En envoyant des troupes françaises combattre aux côtés des Britanniques, Napoléon III manifeste sa volonté de bonne entente avec la Grande-Bretagne et la reine

Victoria. C'est une occasion pour lui de briser l'isolement diplomatique dans lequel il se trouve suite à la proclamation de l'Empire. Cette guerre lui offre également la gloire militaire dont le nouveau régime a besoin pour se consolider.

L'armée française engage dans ce conflit jusqu'à 130 000 hommes, par apports successifs du fait des pertes considérables liées en grande partie aux épidémies, dont principalement le choléra, le typhus et la dysenterie. La guerre se fixe autour de la forteresse de Sébastopol, que les Russes défendent avec acharnement durant 332 jours de siège. Dans la réalité, les effectifs militaires alliés reposent en moyenne sur 60 000 Français, 25 000 Britanniques, 15 000 Piémontais-Sardes, dont les célèbres bersaglieri (tirailleurs) qui luttent avec une bravoure extraordinaire, sans oublier 5000 Turcs. Soit, dans un premier temps, un total de 105 000 soldats alliés opposés à 110 000 soldats russes.

Durant l'hiver 1854-1855, la montée des effectifs alliés à 140 000 soldats, principalement français, ne suffit pas à renverser la situation. Attaques et contre-attaques, tirs d'artillerie et corps à corps sauvages coûtent d'innombrables vies humaines. Les zouaves français se distinguent particulièrement dans des assauts furibonds à la baïonnette.

Le 7 septembre 1855, après un bombardement de trois jours, exécuté par 800 canons, le commandement français lance ses troupes à l'assaut ; l'armée française compte alors 60 000 hommes, tandis que celle des Anglais s'est peu à peu réduite à 12 000 hommes. Le général français de Mac-Mahon s'empare de la position clé de Malakoff, repousse toutes les contre-attaques ennemies et passe à la postérité en y lançant son fameux : « J'y suis, j'y reste. » Le soir même, les Russes, finalement vaincus, évacuent Sébastopol.

Les Français déplorent 95 000 morts, dont 75 000 de maladies, les Britanniques 25 000, les Piémontais-Sardes 2000, les Turcs 500 et les Russes 110 000, du fait que les Alliés doivent repousser à plusieurs reprises des armées russes de secours, notamment lors des batailles de Balaklava et d'Inkermann, durant l'automne 1854.

Au traité de Paris de 1856, la France apparaît de nouveau comme la première puissance du continent. La Grande-Bretagne s'éloigne d'elle. La Russie abandonne le delta du Danube et la Turquie garantit la protection des chrétiens de l'empire ottoman. La mer Noire est neutralisée. Napoléon III, acquis à une intervention militaire en faveur de l'unité italienne contre l'Autriche, se rapproche du royaume de Piémont-Sardaigne. L'accord de Plombières, en juillet 1858, scelle une alliance militaire offensive et défensive entre la France et le royaume de Piémont-Sardaigne.

Les batailles de la campagne d'Italie 1859 : soutenir l'unité italienne

Préparée depuis de longtemps, cette intervention mobilise 120 000 soldats français en avril 1859, commandés par Napoléon III et le maréchal Vaillant, que viennent soutenir 60 000 soldats piémontais-sardes de Victor-Emmanuel II de Savoie, soit un total de 190 000 militaires dans les rangs de cette alliance franco-italienne. Le commandement autrichien aligne de son côté 160 000 hommes, aux ordres de l'empereur François-Joseph Ier. En aidant militairement le royaume de Piémont-Sardaigne à réaliser l'unité italienne, au détriment de l'Autriche, Napoléon III espère récupérer la Savoie, perdue par la France au traité de Paris de 1815.

Le 23 avril 1859, l'Autriche adresse un ultimatum au Piémont, lui ordonnant le désarmement de son armée sous trois jours. C'est l'occasion que le chef du gouvernement du royaume de Piémont-Sardaigne, Cavour, attendait pour provoquer la guerre. Le délai échu, les troupes autrichiennes tentent d'envahir le Piémont avant l'arrivée des soldats français. Les troupes d'élite piémontais-sardes comme les bersaglieri (tirailleurs) opposent une résistance héroïque à un ennemi trois fois supérieurs en nombre, permettant à ainsi à l'armée de Napoléon III de traverser le Mont-Cenis en toute sécurité.

Le 20 mai 1859, les Autrichiens sont battus à Montebello : 8500 soldats français et piémontais-sardes mettent en déroute 23 500 soldats ennemis ; les premiers perdent 642 hommes (tués, blessés et disparus) et les seconds 1423. Les soldats italiens conduits par le légendaire Garibaldi se couvrent de gloire à Varèse le 26 mai, où 3000 d'entre eux repoussent 4000 Autrichiens. Le lendemain, à San Fermo, 3500 preux de Garibaldi parviennent à vaincre 4000 Autrichiens : on déplore 73 tués ou blessés garibaldiens et 332 dans le camp adverse.

Le 31 mai, à Palestro, 21 000 soldats français et piémontais-sardes mettent en déroute 14 000 soldats autrichiens. Les charges à la baïonnette des bersaglieri piémontais-sardes, des zouaves et des fantassins français ont fait la différence. La « furia » franco-italienne emporte tout sur son passage. Bilan des combats de cette bataille : 600 Franco-Piémontais-Sardes et 2210 Autrichiens hors de combat (tués, blessés ou disparus).

La bataille de Magenta, livrée le 4 juin 1859, opposant 59 100 soldats de l'empire français et du royaume de Piémont-Sardaigne, commandés par le général de Mac-Mahon, à 62 000 soldats autrichiens, dirigés par le général Gyulai, tourne également à l'avantage des premiers. Les assauts à la baïonnette font plier les lignes autrichiennes. Les tirailleurs algériens et la

Légion étrangère se distinguent particulièrement, malgré la qualité des troupes adverses, dont notamment des chasseurs tyroliens et de redoutables croates. L'élan de la Légion repousse les Autrichiens qui battent en retraite. L'attaque continue sur toute la ligne et l'ennemi est poursuivi la baïonnette aux reins durant trois kilomètres. Les zouaves apportent leur soutien dans la conquête définitive du village de Magenta. On déplore 4437 soldats hors de combat dans les rangs des assaillants, contre 10 216 chez les Autrichiens, dont 4500 prisonniers.

La bataille de Solferino, le 24 juin 1859, en Lombardie, conclut la participation française à cette campagne d'Italie : 350 000 soldats s'affrontent lors de cette gigantesque mêlée, 120 000 Français et 70 000 Piémontais-Sardes contre 160 000 Autrichiens. Cette bataille voit l'utilisation de techniques nouvelles comme le transport des troupes françaises en train, les canons et fusils à canon rayé, plus précis et puissants. L'artillerie joue un rôle important dans le déroulement des combats : 522 canons français et piémontais-sardes contre 688 pièces autrichiennes. On assiste durant 18 heures à une lutte générale et chaotique. L'absence de plan de bataille ordonné, l'équilibre des forces et la détermination féroce des deux camps sont les principales causes de l'importance des pertes. Les assauts constamment répétés des troupes françaises (infanterie, tirailleurs, zouaves, légionnaires) et des bersaglieri piémontais-sardes enfoncent finalement les positions adverses. L'armée autrichienne, vaincue, doit se replier. Les pertes sont lourdes dans les deux camps : 17 926 Français et Piémontais-Sardes hors de combat (tués, blessés, disparus) contre 25 445 Autrichiens.

Cette victoire est suivie d'un coup de théâtre : la signature à Villafranca, le 17 juillet 1859, d'un armistice au terme duquel l'Autriche, gardant la Vénétie, cède la Lombardie à la France, qui la remet au royaume de Piémont-Sardaigne. Pourquoi cet armistice prématuré ? La sensibilité de Napoléon III, émue par les spectacles du champ de bataille, y est pour quelque chose. Mais le commencement de mobilisation de la Prusse, inquiète de la progression des troupes garibaldiennes au Tyrol, en est le motif principal. L'Empereur des Français sait que son armée, principalement engagée en Italie, n'est pas en mesure d'affronter 250 000 hommes que la Prusse menace de mettre sur pied. Cette campagne de 1859 permet cependant à l'Italie d'accomplir une grande partie de son unité nationale. Enfin, en 1860, le traité de Turin redonne la Savoie à la France.

Les batailles de la campagne du Mexique 1862-1867 : contrebalancer l'hégémonie américaine

Napoléon III décide d'intervenir militairement au Mexique, de 1862 à 1867, afin de placer un souverain européen favorable aux intérêts de la France. Il s'agit également de contrebalancer en Amérique la puissance des Etats-Unis en créant un empire catholique, allié à la France. L'archiduc Maximilien de Habsbourg est choisi comme empereur du Mexique par Napoléon III. Pour renverser le pouvoir républicain en place du président Benito Juarez, favorable aux Etats-Unis, la France engage un corps expéditionnaire de 38 493 militaires (fantassins, marsouins, fusiliers marins, zouaves, tirailleurs algériens, légionnaires, chasseurs à cheval, chasseurs d'Afrique, hussards, artilleurs). L'armée mexicaine de Juarez aligne 80 000 soldats.

En mai 1862, 3400 soldats français, aux ordres du général Latrille de Lorencez, tentent de s'emparer de la forteresse de Puebla, défendue par 12 000 soldats mexicains du général Zaragoya. Bien abrités et nettement plus nombreux, les Mexicains parviennent à repousser les Français, dont un millier périssent durant cette bataille. Lorencez sonne la retraite et se retire. Lorsque la nouvelle de la défaite de Puebla parvient à Paris, Napoléon envoie 35 093 soldats en renforts, sous le commandement du général Forey. La totalité de cette force débarque en septembre 1862 et entreprend une seconde fois le siège de Puebla. La ville fortifiée ne tombe qu'après de durs combats en mai 1863. Par la suite, l'armée française progresse victorieusement jusqu'à Mexico.

Lors de ces combats, la Légion étrangère française se signale particulièrement à la bataille de Camerone, le 30 avril 1863. Durant toute une journée 62 légionnaires du capitaine Danjou tiennent tête à 1200 fantassins et 800 cavaliers mexicains : 57 de ces héroïques légionnaires sont tués ou blessés, contre 390 soldats mexicains hors de combat (tués ou blessés). L'anniversaire de cette bataille est devenue la fête annuelle de la Légion étrangère française.

En juillet 1863, une assemblée de conservateurs de Mexico offre à l'archiduc Maximilien de Habsbourg la couronne impériale du Mexique. Ce dernier met plus d'une année à l'accepter. L'armée française reçoit la lourde de tâche de « pacifier » le pays. Les soldats français et les soldats mexicains ralliés multiplient les marches, fortifient les villages et les cités, parviennent non sans mal à faire régner l'ordre impérial. Cependant, le chef républicain Diaz se maintient militairement dans la ville d'Oaxaca, transformée en véritable forteresse. À la fin de l'année 1864, le général français Bazaine, qui a remplacé Forey, mène les opérations pour s'emparer de la ville rebelle. Le siège ne dure pas trop longtemps, puisque la reddition d'Oaxaca est signée en février 1865. L'armée française doit ensuite combattre une puissante guérilla au nord du Mexique, là où les forces de Juarez sont encore puissantes. Le colonel du Pin se distingue particulièrement dans cette nouvelle forme de combat, en formant des colonnes mobiles.

Le 3 juillet 1866, 125 légionnaires français du capitaine Frenet, encerclés dans l'hacienda de l'Incarnation, résistent victorieusement durant 48 heures à plus de 600 Mexicains.

La menace d'une guerre contre la Prusse se faisant de plus en plus pressante, Napoléon III décide finalement de retirer ses troupes du Mexique en février 1867. D'autant que depuis avril 1865, les Etats-Unis, libérés de la guerre civile de Sécession, massent des troupes à la frontière mexicaine. Les forces juaristes sont renforcées par des combattants américains. Mais, à la sortie d'un conflit sanglant, l'armée américaine n'a pas l'attention de s'aventurer dans un affrontement contre l'armée et la marine françaises.

Sur les 38 493 militaires français envoyés au Mexique, 6654 sont morts au combat, des suites de blessures ou de maladie. N'ayant nullement démérité, le corps expéditionnaire français a tenu en échec une force armée adverse de plus de 80 000 hommes.

Les batailles de la guerre franco-allemande 1870-1871 : le triomphe de la puissance allemande

Ce conflit, qui dure du 19 juillet 1870 au 29 janvier 1871, oppose la France à la Prusse et à ses alliés allemands (confédération de l'Allemagne du Nord, royaume de Bavière, grand-duché de Bade, royaume de Wurtemberg).

Le chancelier prussien Bismarck multiplie les provocations pour abaisser la France, dont la position diplomatique est considérée comme un obstacle à l'unité allemande. Napoléon III, souhaitant conserver sa place prédominante en Europe, freine comme il le peut la volonté hégémonique de son rival prussien. Or, Bismarck n'ignore rien des faiblesses de l'armée française de l'époque. Il sait en conséquence qu'une guerre contre la France pourrait servir ses objectifs d'unification de l'Allemagne.

Napoléon III prétend exerçait en personne la haute direction militaire, bien que sa formation ne l'ait en rien préparé au rôle d'organisateur et d'animateur d'une armée. Les ministres de la guerre, successivement en place de 1854 à 1870, sont incapables de concevoir et d'imposer des réformes indispensables. L'administration militaire souffre d'un manque de coordination. Favorisée par le désir de plaire à l'Empereur, la paresse intellectuelle s'installe, tuant toute initiative. Parmi les grands chefs, aucune personnalité imminente ne s'affirme. Ce sont de magnifiques soldats loyaux, énergiques, braves, ayant pour la plupart fait leurs armes lors des conflits précédents (Algérie, Crimée, Italie, Mexique), mais nullement préparés à résoudre les problèmes que posent la conduite de grandes armées. Mac-Mahon est le modèle de l'attachement au devoir. Leboeuf doit son avancement à son dévouement à l'Empereur. Quant à Bazaine, il n'est qu'un aventurier, déjà alourdi de corps et d'esprit, sceptique, ambitieux, ignorant, qui accepte de conduire une armée sans avoir commandé auparavant à plus de 8000 hommes.

Au début du conflit, l'armée française dispose seulement de 265 000 soldats, réunis dans l'armée du Rhin, alors que l'armée prussienne aligne 500 000 soldats, auxquels s'ajoutent les 300 000 soldats des autres états allemands, soit un total de 800 000 soldats. La mobilisation terminée, les troupes françaises comptent 900 000 militaires contre 1 200 000 soldats allemands et prussiens.

Si l'infanterie et la cavalerie françaises, dont notamment les troupes de l'armée d'Afrique, représentent un outil militaire d'une grande vaillance au combat, redoutable dans les charges à la baïonnette et au sabre, l'artillerie est inférieure quantitativement et qualitativement à sa rivale prussienne, avec seulement 900 canons opposés à 2200 pièces adverses : le canon Krupp prussien en acier se charge par la culasse, tandis que son homologue français est en bronze et se charge par la bouche. La cadence de tir du canon Krupp est nettement plus élevée et la portée atteint 6 kilomètres contre 4 kilomètres pour le canon français. Dispersée, l'artillerie française est battue tactiquement par l'habile concentration de l'artillerie prussienne. L'armée prussienne, commandée par des officiers de grande qualité, est plus mobile dans ses déplacements, si bien qu'elle encercle à plusieurs reprise sa rivale française.

Mal préparée à un conflit moderne, très inférieure en nombre et très mal commandée, l'armée française est sévèrement battue dans plusieurs batailles, malgré l'héroïsme manifeste de son infanterie et de sa cavalerie. Les chiffres parlent d'eux-mêmes : lors de la bataille de Wissembourg, le 4 août 1870, 8000 soldats français affrontent 60 000 soldats allemands (2300 Français et 1551 Allemands hors de combat) ; à la bataille de Forbach (6 août 1870) 29 000 soldats français luttent contre 45 000 soldats adverses (3078 Français et 4843 Allemands hors de combat) ; à la bataille de Froechwiller (6 août 1870) 50 000 soldats français combattent 88 000 soldats ennemis (11 000 Français et 10 000 Allemands hors de combat) ; aux batailles de Borny-Colombey et Mars-la-Tour (14 et 16 août 1870) 113 500 soldats français s'opposent à 194 500 soldats allemands (19 681 Français et 24 761 Allemands hors de combat) ; à la bataille de Saint-Privat (18 août 1870) 112 800 et 520 canons français affrontent 188 332 et 732 canons allemands (12 275 Français et 20 160 Allemands hors de combat). Lors du siège de Metz (20 août au 27 octobre 1870), 38 000 soldats français et 47 000 soldats allemands sont mis hors de combat (tués ou blessés).

Ces chiffres témoignent de l'acharnement des combats et de la supériorité numérique écrasante de l'adversaire. On notera cependant que les pertes infligées à l'armée allemande sont souvent supérieures à celles de l'armée française lors de ces premières batailles. L'excellent fusil français Chassepot cause à lui seul 80 % des pertes infligées aux troupes adverses en 1870-1871. Les 20 % des pertes allemandes liées à l'artillerie française sont en majorité imputables aux canons à balles de Reyffe, mitrailleuses tirant environ 75 coups à la minute.

La capitulation de Napoléon III à Sedan, le 2 septembre 1870, avec 92 000 de ses soldats, opposés à 200 000 soldats allemands, met fin au régime du Second Empire. Cela entraîne deux jours plus tard, à Paris, la création d'un gouvernement républicain de défense nationale. Le général Trochu et Léon Gambetta tentent de réorganiser ce qui reste des troupes françaises pour repousser les Allemands qui assiègent Paris du 17 septembre 1870 au 26 janvier 1871.

Ce qui reste de l'armée française (635 000 hommes) tente de résister et parvient même parfois à faire reculer l'ennemi (1 200 000 hommes), notamment sur la Loire. Mais très affaiblie, elle doit battre en retraite sur tous les fronts. Un armistice est finalement signé le 28 janvier 1871, dix jours après la proclamation à Versailles de Guillaume Ier empereur d'Allemagne. On déplore 282 000 soldats français et 173 000 soldats allemands tués ou blessés durant les six mois du conflit. Il convient d'y ajouter 320 000 soldats français et 300 000 soldats allemands malades. L'armée française du Rhin détruite en deux mois, les troupes françaises constituées par la suite, mal préparées, subissent de lourdes pertes.

L'Allemagne annexe les quatre anciens départements de l'Alsace-Lorraine et condamne la France à lui verser une indemnité de 5 milliards de francs or. Les troupes allemandes occupent une partie de la France jusqu'en septembre 1873.

Cette guerre perdue par la France est lourde de conséquences sur les années à venir. L'esprit de revanche est ardemment entretenu sous la Troisième république, qui entreprend également étendre son influence en Afrique. Ne voulant pas répéter les erreurs du passé, la France noue des alliances avec les adversaires de l'impérialisme allemand, à savoir la Russie et la Grande-Bretagne. L'Allemagne se tourne de son côté vers l'Autriche-Hongrie et l'Italie, bien que cette dernière entend asseoir sa puissance territoriale au détriment des Autrichiens... Les troubles dans les Balkans, opposant principalement les slaves aux germains, vont être l'un des facteurs déclencheur de la Première Guerre mondiale, à cela s'ajoute la rivalité germano-britannique sur mer, le militarisme tout puissant en Europe, la volonté allemande de s'imposer sur le continent occidental, le système des coalitions, les intérêts économiques des uns et des autres, l'aveuglement des politiques, la volonté d'en découvre pour mettre fin aux hégémonies antagonistes...

V

LA FRANCE DANS LA PREMIÈRE GUERRE MONDIALE

LES BATAILLES DE 14-18

Après la guerre de mouvement du début, le Premier Conflit mondial se fige dans une lutte d'usure dans les tranchées, où la puissance de l'armement moderne connaît un essor sans précédent. Les mitrailleuses, les canons, les tanks et les avions jouent un rôle de plus en plus important dans le déroulement des opérations. Finalement, la ténacité du légendaire Poilu, surnom donné au soldats français de la Grande Guerre, a finalement raison de l'adversaire allemand, grâce également à l'emploi massif des armes nouvelles, qui permettent d'enfoncer les positions fortifiées les plus solides. Les batailles sont des orages d'acier, où les pertes humaines se multiplient sur un terrain dévasté par l'artillerie lourde.

La bataille de la Marne 1914 : la patrie sauvée !

En août 1914, début du déclenchement des hostilités en Europe, le commandement allemand prévoit une invasion rapide de la Belgique, afin de prendre à revers le gros de l'armée française, imprudemment engagée en Lorraine. L'armée allemande, défendant la Lorraine, doit repousser les attaques françaises, tandis qu'une vaste offensive allemande, venant de

Belgique, a pour mission de dépasser la basse Seine, en assiégeant Paris par l'ouest et le sud, afin d'encercler l'adversaire en pleine retraite à l'est du front et le forcer à capituler.

De son côté, le commandement français prévoit d'enfoncer le front allemand au centre du front, à savoir la Lorraine, afin de couper en deux l'armée adverse, en affaiblissant ainsi sa cohésion et sa puissance. La percée effectuée, l'armée française sera ainsi en mesure de contraindre l'ennemi à une longue retraite en territoire allemand. Négligeant la Belgique, pays neutre, tout y en maintenant des faibles forces à la frontière, la stratégie française est résolument offensive, alors que celle de l'Allemagne combine judicieusement l'offensive d'encerclement avec la défense temporaire de fixation.

L'armée française d'août 1914 aligne 84 divisions d'infanterie, 10 divisions de cavalerie, 4000 canons de 65 mm et 75 mm, 380 pièces de 120 et 155 mm ; tandis que l'adversaire allemand engage sur le front occidental 78 divisions et 22 brigades d'infanterie (représentant l'équivalent de 10 autres divisions), 10 divisions de cavalerie, le gros de ses 5000 pièces d'artillerie de 77 mm et de ses 3500 canons de 105 mm à 420 mm.

L'armée française peut compter sur l'aide de 6 divisions britanniques d'infanterie et 1 de cavalerie, sans oublier 6 divisions belges d'infanterie et 1 de cavalerie.

Ainsi, sur le front occidental, 88 divisions allemandes (infanterie et cavalerie) affrontent 108 divisions alliées, dont 94 divisions françaises. Encore faudrait-il se mettre d'accord sur la valeur réelle, en effectifs, des divisions en présence. Les divisions belges et britanniques d'infanterie alignent en moyenne 9000 à 13 000 hommes, alors que les divisions françaises et allemandes montent jusqu'à 18 000 hommes.

La légère supériorité des effectifs alliés, souffrant d'un manque de cohésion d'ensemble du fait de la neutralité de la Belgique et de la prudence britannique, est largement compensée par l'écrasante supériorité numérique allemande en artillerie lourde. Supériorité également technique lorsque l'on sait que les meilleurs canons lourds français de campagne portent à seulement 6500 mètres de distance, alors que leurs rivaux allemands les plus puissants atteignent leurs cibles jusqu'à 14 000 mètres. Il existe certes une artillerie lourde française de siège, mais son absence de mobilité rend son utilisation limitée à la guerre de position, alors que les deux premiers mois du conflit sont marqués par les mouvements rapides de l'offensive, de la retraite et de la contre-offensive. Enfin, l'armée française ne dispose que de 6 mitrailleuses par régiment contre 12 chez les Allemands.

Le fantassin français est quasiment l'unique combattant d'Europe à porter encore un uniforme voyant, hérité des guerres du siècle passé, alors que son rival allemand a adopté la tenue moderne feldgrau (gris-vert de campagne).

Pour contrer la Russie, l'armée allemande compte surtout sur l'Autriche-Hongrie, avec ses 51 divisions et 16 brigades d'infanterie, 11 divisions de cavalerie, soutenues par 10 divisions allemandes d'infanterie, 12 brigades d'infanterie et 1 division de cavalerie. Les 73 divisions et 28 brigades de ces deux puissances centrales, engagées sur le front oriental, affrontent 143 divisions russes (114 d'infanterie et 29 de cavalerie), dont seulement la moitié dispose d'un armement complet et de la totalité des effectifs théoriques. On comprend cependant l'empressement du commandement allemand d'en finir rapidement avec l'armée française, la plus redoutable de ses adversaires, pour ensuite porter l'ensemble de son effort contre la Russie. L'importance de la bataille de la Marne apparaît dans toute son ampleur.

Lorsque l'armée allemande envahit la Belgique en août 1914, le commandement français n'est pas entièrement surpris, contrairement à ce qui est souvent affirmé : il engage la 5e armée française du général Lanrezac, le corps expéditionnaire britannique du général French et compte sur le concours de l'armée belge, tandis que 4 autres armées françaises sont massivement engagées en Lorraine et en Alsace.

Le commandement français se trompe cependant sur l'importance des troupes allemandes attaquant la Belgique. Il n'y voit qu'une offensive de diversion, de même qu'il sous-estime la puissance de l'armée allemande en Lorraine, évaluant ses effectifs à 46 divisions au lieu des 68 divisions déjà positionnées dans ce secteur. Le général Joffre, commandant en chef de l'armée française, estime que l'étirement des lignes allemandes, de la Belgique à l'Alsace, va lui permettre de répéter la bataille d'Austerlitz et de frapper l'ennemi au centre, principalement en Lorraine, pour le couper en deux. Or, le commandement allemand n'hésite pas à engager dès le début des opérations ses troupes de réservistes, que Joffre sous-estime en importance et en qualité.

De son côté, le commandement belge croit que la solidité de ses fortifications, bordant la frontière allemande, permet de fixer assez longuement l'offensive allemande, afin de favoriser l'arrivée des troupes franco-britanniques. Or l'artillerie allemande se montre rapidement capable d'écraser les forts les plus solides.

L'offensive française en Lorraine, du 17 au 24 août 1914, tourne court. L'infanterie française, faiblement soutenue par son artillerie, charge baïonnette au canon des positions allemandes truffées de mitrailleuses et de canons de divers calibres. On déplore 30 000 soldats français tués rien que le 22 août 1914 ! Un régiment d'infanterie perd 1034 de ses hommes sur 3200 en quelques minutes, lors d'une charge à la baïonnette. L'artillerie lourde allemande muselle sa rivale française avec d'autant plus de facilité que ses canons sont dix fois plus nombreux et portent deux fois plus loin !

Devant la progression de l'armée allemande en Belgique et son échec cuisant en Lorraine, le général Joffre ordonne une retraite générale. Les Allemands pensent avoir désormais le champ libre pour exécuter leur plan d'encerclement du gros de l'armée française. Cependant, les troupes britanniques au Cateau et françaises à Guise mènent des actions retardatrices qui permettent un repli en bon ordre de l'armée française, battue en Lorraine. De même, devant Verdun, Nancy et Toul, la 3e armée française du général Sarrail et la 2e du général de Castelnau opposent une farouche résistance à des forces allemandes plus nombreuses. Enfin, la valeureuse armée belge lutte pied à pied avec un immense courage.

Joffre enjoint au reste de son armée (6e armée française, corps expéditionnaire britannique, 5e, 9e et 4e armées françaises) de se rétablir au sud de la Marne pour y affronter l'ennemi dans une bataille décisive.

C'est alors que le commandement allemand, trop confiant dans son succès défensif en Lorraine, se met à accumuler les erreurs. Si l'aile droite allemande avance vite en refoulant les Français entre Paris et Verdun, le repli français se déroule en bon ordre. Pour hâter la fin de l'adversaire français, le général von Kluck, commandant de la 1ère armée allemande, décide de ne plus appliquer le plan à la lettre. Au lieu de contourner Paris par l'ouest, il dirige son armée à l'est de la capitale française, en direction de Coulommiers, pour presser davantage le corps expéditionnaire britannique et la 5e armée française du général Franchet d'Esperey. Au même moment, la 6e armée française du général Maunoury menace l'aile droite de la 1ère armée allemande à l'ouest, entre Senlis et Meaux. Dix divisions allemandes sont retenues par les sièges d'Anvers et de Maubeuge, en Belgique, ou en instance de départ pour la Prusse orientale. La cavalerie allemande demeure passive à Amiens, s'en prendre la peine d'occuper les côtes de la Manche.

Le 3 septembre 1914, des aviateurs français voient l'aile droite allemande délaisser Paris pour marcher vers le sud-est. Le général Gallieni, gouverneur de Paris ordonne alors à la 6e armée française du général Maunoury de frapper le flanc de la 1ère armée allemande, ce qui a pour effet de stopper sa progression. Du coup, le général Joffre ordonne de mettre fin à la retraite et de contre-attaquer immédiatement.

La contre-offensive française débute le 5 septembre, de Senlis à Vitry-le-François, sur environ 200 kilomètres, où 4 armées françaises et le corps expéditionnaire britannique affrontent 4 armées allemandes. Lorsque la 6ᵉ armée française du général Maunoury, lancée par Gallieni contre le flanc de la 1ère armée allemande, passe à l'offensive, elle cause une grande inquiétude au général von Kluck, qui craint d'être pris à revers. Pour y faire face, la 1ère armée allemande est obligée d'arrêter l'axe de son avance vers le sud-est.

Le 6 septembre 1914 paraît l'ordre fameux du général Joffre à l'ensemble de son armée :

« Au moment où s'engage une bataille dont dépend le salut du pays, il importe de rappeler à tous que le moment n'est plus de retraiter en arrière ; tous les efforts doivent être employés à attaquer et à refouler l'ennemi. Une troupe qui ne peut plus avancer devra, coûte que coûte, garder le terrain conquis et se faire tuer sur place plutôt que de reculer. Dans les circonstances actuelles aucune défaillance ne peut être tolérée. »[1]

Les 6 et 7 septembre 1914, sur ordre du général Gallieni, environ 600 taxis parisiens sont réquisitionnés pour transporter les fantassins de la 7e division d'infanterie. Les véhicules, en majorité des Renault AG1, roulent en moyenne à 25 km/h. Rassemblés aux Invalides, ils partent durant la nuit en deux groupes, direction Tremblay-lès-Gonesse (aujourd'hui Tremblay-en-France) puis Le Mesnil-Amelot. Dans la journée du 7, pour des raisons logistiques, ce convoi redescend sur Servan-Livry, tandis qu'un second convoi de 700 véhicules quitte les Invalides pour atteindre Gagny. Les taxis sont rassemblés à Gagny et Levry-Gargan, afin de charger les troupes et d'organiser les convois, qui partent dans la nuit du 7 au 8 septembre et sont à pied d'œuvre le 8 au matin aux portes de Nanteuil-le-Haudouin et de Silly-le-Long. Après avoir déposé les fantassins, les chauffeurs de taxi rentrent à Paris. Cette opération permet d'acheminer environ 5000 soldats français près du champ de bataille de la Marne.

Durant le même temps, les autres armées allemandes continuent la poursuite des forces françaises et britanniques, de telle sorte qu'une brèche énorme de 50 kilomètres s'est ouverte au centre du dispositif entre les 1ère et 2e armées allemandes, à compter du 7 septembre 1914. Les 8 et 9 septembre, le corps expéditionnaire britannique et la 5e armée française s'y engouffrent avec facilité, menaçant ainsi la 1ère armée allemande d'encerclement. Devant cette menace, le général von Bülow, qui commande la 2e armée allemande, arrête ses troupes.

La 9e armée du général Foch oppose une admirable résistance. Cette armée, constituée depuis le 29 août 1914, tiens

---

[1] Archives militaires françaises, Vincennes.

les lieux de Mondement, de Fère-Champenoise et des marais de Saint-Gond. « Mon centre cède, dit Foch, et ma droite recule. Tout va bien. J'attaque. »[2] Et aussitôt par une manœuvre hardie autant qu'habile, Foch relève en pleine bataille la division Grossetti, la brave 42e, pour la porter, de gauche à droite, sur le flanc de la garde prussienne. La victoire est acquise sur le terrain.

Le commandement allemand perd totalement de son assurance. La redoutable machine de guerre germanique s'enraye et il n'y a pas de solution de rechange. Le général von Moltke envoie un émissaire, le colonel Hentsch, pour s'informer au mieux de la situation auprès de chacun des commandants d'armée sur le terrain. Il est chargé par le général en chef allemand de coordonner la retraite. Or, aux 5e, 4e et 3e armées, aucun repli n'a débuté. Mais les perspectives sont peu encourageantes en raison de la surprenante volte-face française. À la 2e armée, la crainte d'un enveloppement par les Français et les Britanniques est telle que von Bülow, avec l'assentiment de Hentsch, ordonne le repli de ses troupes vers le nord-est.

Lorsque Hentsch atteint le commandement de la 1ère armée, il y trouve une atmosphère particulièrement sombre : von Kluck craint d'être encerclé sous peu et lui aussi ordonne la retraite. En raison de la présence des Britanniques et des Français à sa gauche, il ne peut se replier vers le nord, ce qui a pour effet d'aggraver encore plus la brèche entre son armée et celle de von Bülow. Dès lors, la défaite allemande est irrémédiable les 8 et 9 septembre 1914.

Pour qu'elle se transforme en déroute, il faudrait que la poursuite des troupes françaises et britanniques soit menée avec vigueur et rapidité. Mais les troupes alliées ont énormément

---

[2] Archives militaires françaises, Vincennes.

souffert depuis le mois d'août et la victoire de la Marne, concrétisée le 10 septembre, a été très coûteuse en vies humaines. Le repli allemand s'effectue en bon ordre.

L'espoir allemand de finir la guerre à l'ouest début septembre 1914 se termine par une défaite, dont les conséquences stratégique sont énormes. Le 11 septembre, le recul allemand est général, Joffre peut télégraphier au gouvernement français, replié sur Bordeaux, que « la bataille de la Marne s'achève en une victoire incontestable ». L'infanterie française, qui a parcouru de nombreux kilomètres depuis le 15 août, de Mézières à Reims, par Charleroi, Guise, Laon et Montmirail, est épuisée. L'armée allemand recule de 60 à 150 kilomètres pour établir un front sur l'Aisne. La Marne sauve la France d'un désastre, brise définitivement le plan de guerre allemand et détruit le mythe d'invincibilité de l'état-major à Berlin. Elle condamne l'Allemagne à la guerre sur deux fronts, véritable hantise des stratèges de toutes les guerres.

Du 5 au 14 septembre 1914, 1 100 000 soldats français et 200 000 soldats britanniques ont tenu en échec 1 485 000 soldats allemands, sur 300 kilomètres de front, de Senlis à Verdun. Les pertes témoignent de l'acharnement de cette bataille, avec 143 000 soldats français hors de combat (tués ou blessés), 33 000 soldats britanniques et 216 000 soldats allemands. Les troupes françaises ont également capturé 40 000 soldats allemands. Le succès français est d'autant plus remarquable, que l'armée allemande alignait dix fois plus de canons lourds que l'armée française.

Plus à l'est, la bataille pour Nancy (4-12 septembre 1914), prolongement de la bataille de la Marne, se termine par une éclatante victoire de la 2e armée française du général de Castelnau qui, bien que luttant à un contre deux en infanterie et *un contre trois en artillerie, parvient à repousser la 6ᵉ armée allemande du Kronprinz de Bavière.*

Le général von Kluck, commandant de la 1ʳᵉ armée allemande (battue sur la Marne), ne peut cacher son admiration devant l'étonnante bravoure des troupes françaises :

« Que des hommes ayant reculé pendant dix jours, couchés par terre, à demi morts de fatigue, puissent reprendre le fusil et attaquer au son du clairon, c'est une chose avec laquelle nous n'avions pas appris à compter, une possibilité dont il n'avait jamais été question dans nos écoles de guerre. »[3]

La bataille de Champagne 1915 : le sacrifice de l'infanterie française

Le 23 août 1915, le général Joffre, commandant en chef des armées françaises, affirme dans une lettre, adressée à son gouvernement, que « la rupture du front ennemi est possible et peut être exploitée, à conditions que les attaques soient suffisamment soutenues par une puissante artillerie lourde ».[4] *Ayant visiblement tiré les leçons des assauts suicidaires de l'été 1914, Joffre entreprend d'enfoncer le front en Champagne, en y engagent certaines de ses meilleurs divisions, appuyées par un feu roulant et dévastateur de canons de divers calibres.*

En 1915, avec 100 divisions, l'armée française tient la quasi-totalité du front occidental, 880 kilomètres contre 70 kilomètres pour les 21 divisions britanniques et les 6 divisions belges, soit un total de 127 divisions alliées. Les offensives françaises de 1915

---

[3] Archives militaires allemandes, Fribourg-en-Brisgau.

[4] Archives militaires françaises, Vincennes.

permettent de fixer 105 divisions allemandes sur le front occidental, soulageant considérablement le front russe et celui des Balkans où sont engagés 55 divisions allemandes. De janvier à octobre 1915, les divisions allemandes, présentes sur le front français, passent de 88 à 105 divisions, alors que sur le front russe elles baissent de 66 à 44 divisions. Ainsi, la supériorité numérique des forces alliées, 127 divisions contre 105 divisions allemandes, est loin d'être écrasante. Ce faible avantage des Alliés occidentaux en divisions est compensée, côté allemand, par une écrasante supériorité en artillerie lourde, arme de décision par excellence : 2200 canons lourds français, 300 canons lourds britanniques ou belges, contre 4500 pièces lourdes allemandes en 1915.

Pour répondre au tir des canons lourds allemands, la compagnie française Saint-Chamond commence à monter sur rails, dès novembre 1914, des pièces de marine modèle 1896, 1906 et 1910, de 194 mm, de 240 mm et de 274 mm, puis de 305 mm et 320 mm. Vient ensuite le 340 mm modèle 1906, en tout point remarquable et qui porte à plus de 30 kilomètres. Afin également de pallier à l'insuffisance numérique des 104 canons de 155 mm Rimailho, des 90 mm et 95 mm, déjà considérés comme démodés avant 1914, l'artillerie française doit utiliser toutes les vieilles pièces de siège et de place : les 120 mm, les 220 mm et les 270 mm. Des pièces de côte et de bord de la marine sont également conduites sur le front, notamment les canons de 145 mm, montés sur affût mobile Saint-Chamond. La véritable riposte française aux modernes canons lourds allemands ne viendra qu'en 1917, avec la mise en service des 105 mm Schneider et des 155 mm Filloux, capables de lutter à armes égales contre les terribles 150 mm allemands. Ainsi de 1914 à 1916, l'armée française combat avec une artillerie lourde numériquement et qualitativement inférieure à sa rivale allemande.

Parti à la guerre avec un uniforme coloré, hérité des guerres napoléoniennes (pantalon garance, képi, capote bleu foncé), le fantassin français connaît une spectaculaire transformation en 1915 avec l'adoption d'un uniforme bleu horizon (gris bleuté) et du premier casque d'acier de combat au monde, le modèle Adrian. En effet le nombre total des tués et blessés à la tête passe de 80 % lors des premiers mois de la guerre à 20 % après l'adoption du casque Adrian modèle 1915 : ce casque sauve des millions de vies !

L'intendant Adrian établit un modèle susceptible d'être fabriqué industriellement, reconnaissable à son cimier amortisseur, sa bombe, sa visière et son couvre nuque, sans oublier sa coiffe intérieure en cuir et l'insigne extérieur du devant, différent en fonction des unités : grenade pour l'infanterie et la cavalerie, grenade et deux canons croisés pour l'artillerie, cor de chasse pour les chasseurs, ancre pour l'infanterie coloniale, cuirasse et pot de tête pour le génie, croissant pour l'armée d'Afrique...

En septembre 1915, la production journalière est de 52 000 casques et 1 600 000 ont déjà été distribués lors de l'offensive de Champagne. Grâce à son efficacité protectrice, le casque Adrian est l'objet d'une importante commande de la part de l'Italie, de la Belgique, de la Serbie, de la Roumanie, de la Russie et d'autres pays : plus de 22 millions de casques de ce type seront fabriqués dans le monde.

Les douloureux enseignements des offensives de 1914 ont fini par faire admettre, au sein du haut commandement français, que l'infanterie ne peut à elle seule conquérir un terrain défendu par un adversaire bien retranché. L'artillerie française qui, en 1914, est loin de répondre aux besoins est améliorée non seulement en puissance, comme nous l'avons développé précédemment, mais également tactiquement par une coopération étroite avec l'infanterie dans les assauts, par des tirs préparatoires dont on a enfin compris l'absolue nécessité.

La compagnie d'infanterie bénéficie d'un soutien plus important en mitrailleuses, fusils lances grenades et artillerie de tranchée. Divisée en sections, la compagnie d'infanterie se lance à l'assaut, mitrailleurs et grenadiers en tête, marchant ou courant à distance les uns des autres pour diminuer leur vulnérabilité. Les voltigeurs les suivent au deuxième rang, puis viennent les « nettoyeurs » chargés de fouiller les tranchées, dépassées par les sections d'assaut, et de neutraliser les survivants. En masse compacte, les sections de renfort s'assurent le terrain conquis. La cavalerie à cheval, entraînée à sauter les tranchées et les lignes des barbelés, doit ensuite exploiter la percée en terrain libre, rendue possible par la conquête des tranchées ennemies par l'infanterie, l'artillerie ayant au préalable, avant l'attaque même des fantassins, détruit en parti les défenses adversaires et soutenu les assauts par un feu roulant, adaptée à la progression de la troupe.

La bataille de Champagne inaugure cette nouvelle tactique offensive de l'armée française.

Persuadé de pouvoir enfoncer les positions allemandes en Champagne, le général Joffre engage 35 divisions françaises, aux ordres du général de Castelnau, et réparties entre la 4e armée du général de Langle de Cary et la 2e armée du général Pétain. L'ensemble de cette force imposante est appuyée par 1100 pièces lourdes d'artillerie, positionnées sur un front d'attaque de 25 kilomètres, entre Suippe et l'Aisne supérieure. De son côté, l'adversaire allemand, à savoir la 3e armée du général von Einem, aligne moitié moins de divisions et d'artillerie, mais bénéficie d'un système défensif puissant, établi en profondeur, avec un échelonnement de tranchées souvent bétonnées, d'abris souterrains capables de résister aux obus de gros calibres, de nombreuses lignés de barbelés, de nids de mitrailleuses. Il peut également compter sur d'éventuels renforts, provenant de la 5e armée allemand du Kronprinz. De plus, la région assez vallonnée par endroits s'apprête parfaitement à la défensive.

Ainsi le système défensif allemand se compose d'un front de tranchées continu, qu'on appelle les tranchées de première ligne. En réalité cette ligne comprend elle-même deux ou trois tranchées en profondeur, à 150 ou 200 mètres l'une de l'autre, reliées par des boyaux : le tout protégé par des réseaux de barbelés. Dans ce front continu alternent des parties faibles et des parties fortes, dites centre de résistance. Ce sont des labyrinthes de tranchées et d'abris, qui mesurent parfois plus d'un kilomètre de front. Ces centres de résistance sont en général distants les uns des autres de 1800 mètres environ et flanquent les intervalles qu'ils laissent entre eux. Tout ce système communique avec l'arrière par des boyaux. Dans la fortification allemande les boyaux sont entourés à gauche et à droite de barbelés et munis de poste de tir. Ils peuvent donc être transformés instantanément en tranchées, qui forment un second réseau perpendiculaire sur le premier, permettant ainsi de prendre l'assaillant sous des tirs de flancs en cas de percée.

Une seconde position est creusée 3 à 10 kilomètres en arrière et prend le nom de position de réserve. Elle jalonne une ligne de crêtes et de buttes allant de la ferme de Navarin, par la butte de Tahure, jusqu'aux hauteurs au Nord de la Dormoise. Sa particularité est d'être établie à contre-pente, c'est-à-dire invisible aux observateurs français et invulnérable à l'artillerie française. Des tunnels, creusés dans la craie tendre de Champagne, servent de voies d'accès vers les positions avancées. Les centres allemands de résistance sont de véritables forteresses indépendantes, hérissées de canons et de mitrailleuses aux tirs croisés.

Le 21 septembre 1915, un déserteur français annonce que l'attaque est pour le lendemain. Il parle de masses de cavalerie et d'artillerie lourde en nombre inouï. Le 22, à 7 heures du matin, la préparation française d'artillerie débute, d'abord ciblée, puis sur tout le front entre les hauteurs de Moronvilliers et de l'Argonne. Les obus tombe d'abord moins sur les premières lignes allemandes que sur les points importants situés en arrière. Les postes de commandement d'artillerie sont bombardés sans exception, et quelques-uns mis hors de service. Les centraux téléphoniques situés dans leur voisinage sont pareillement atteints. Les localités, les chemins subissent des tirs d'une violence inconnue jusque-là. Les gares de Bazancourt et de Challerange sont bombardées par des obus de gros calibre. Les gares intermédiaires ne sont pas épargnées. Chassés des villages, les Allemands s'installent dans des camps de fortune. La préparation d'artillerie se poursuit la nuit.

La journée du 23 septembre est aussi terrible. Les tranchées écrasées ne sont plus que des trous informes. Le feu roulant se poursuit le 24. La craie martelée montre partout ses blessures blanches. Des nuages de poussière et de terre, mêlés d'éclats de bois et de débris de roche, tourbillonnent sur tout le champs de bataille. Les entrées des abris sont obstruées et des hommes enterrés vifs. Les guetteurs à leur poste continuent à surveiller l'apparition attendue de l'infanterie française. Cette attente de l'assaut à subir est un des plus intolérables supplices. Parfois, le feu de l'artillerie française cesse. Les fantassins allemands, croyant le moment venu, sortent des abris et se jettent dans les tranchées. Aussitôt un nouvel ouragan d'obus s'abat sur eux. Tandis que les batteries de campagne nivellent les tranchées de première ligne, les pièces de longue portée bombardent les voies ferrées, les cantonnements, les quartiers généraux.

Un soldat allemand écrit le 24 septembre 1915 : « Depuis deux jours, les Français tirent comme des furieux. Aujourd'hui, par exemple, un abri a été défoncé. Il y avait 16 hommes, tous sont morts. En dehors de cela, il y a beaucoup de morts isolés et une grande quantité de blessés. L'artillerie française tire à une vitesse incroyable, aussi vite que des mitrailleuses. Un nuage de fumée couvre toute le front de bataille, de telle sorte qu'on ne voit rien. Les hommes tombent comme des mouches. Les tranchées ne sont plus qu'un monceaux de débris. Les Français ont tellement tirés qu'on ne peut plus voir nos tranchées. Les gros mortiers français épouvantent nos soldats. Des abris à cinq mètres sous terre ont été écrasés avec ceux qui s'y trouvaient. »[5]

Le déclenchement de l'attaque de l'infanterie est accompagnée, au matin du 25 septembre 1915, par une pluie diluvienne, qui, à de rares éclaircies près, ne cesse plus jusqu'au 29. C'est donc dans des conditions climatiques difficiles que la bataille débute. Cependant, la préparation d'artillerie, qui a bénéficié d'un beau temps du 22 au 24 septembre, se révèle très efficace sur la première position allemande. Si bien que celle-ci est enlevée d'un seul élan presque partout par les vagues d'assaut, qui ne laissent subsister que deux poches de résistance, au nord-ouest et au nord-est de Souain.

En effet, les résultats de la première journée sont particulièrement brillants pour les troupes françaises, pleines de fougue. À l'est, le 1er corps d'armée colonial du général de Berdoulat (2e et 3e divisions d'infanterie coloniale, 151e division d'infanterie) coiffe la célèbre Main de Massiges, dont le point culminant, le mont Têtu (202 mètres), sera conquis le lendemain. Au centre, le 20e corps d'armée du général Balfourier (11e et 39e

---

[5] Archives militaires allemandes, Fribourg-en-Brisgau.

divisions d'infanterie) s'empare de Maisons-en-Champagne, le 11e corps d'armée du général Baumgarten (21e et 22e divisions d'infanterie) pousse jusqu'aux abords de Tahure, et le 14e corps d'armée du général Baret (27e et 28e divisions d'infanterie) déborde habilement le Trou Bricot et s'installe sur la cote 193. À l'ouest, le 2e corps d'armée coloniale du général Blondat (10e et 15e divisions d'infanterie coloniale, 1ère division marocaine) nettoie le Trou Bricot, prend la ferme Navarin et atteint la butte de Souain. À sa gauche, le 7e corps d'armée du général de Villaret (14e et 37e divisions d'infanterie) et le 32e corps d'armée du général Berthelot (40e et 42e divisions d'infanterie) s'emparent de la longue épine de Védegrange.

La butte du Mesnil reste inviolée, tandis que le bois Sabot ne peut être conquis que dans la soirée, grâce à l'effort conjugué du 4e régiment de tirailleurs tunisiens du colonel Daugan et des braves Bretons des 247e et 248e régiments d'infanterie.

Lors des combats du Trou Bricot, Edouard Charlet se distingue particulièrement. Zouave et méhariste, son épopée africaine avant 1914 le fait nommer par le général Lyautey « le Grand seigneur du désert ». Il commande en 1914 le 3e bataillon du 3e régiment de zouaves. Blessé à Charleroi, puis en Artois, il tombe héroïquement le 25 septembre 1915 en enlevant d'assaut le Trou Bricot, après avoir été, souligne sa citation, « l'âme sublime du 3e zouaves ».

La Légion étrangère est de la partie lors de cette bataille. Rassemblés au camp de Mailly, volontaires étrangers et anciens de la Légion forment en 1914 quatre régiments de marche. Le 4e, commandé par Giuseppe Garibaldi, est à cent pour cent Italiens ; le 2e, du colonel Cot, où servent les volontaires Tchèques, s'illustre, en mai 1915, avec la division marocaine, à Givenchy et au Cabaret-Rouge ; au nord de Souain, le 25 septembre, l'ouvrage de Wagram est enlevé au son du Boudin, célèbre marche et chant de la Légion. Les pertes sont telles que les unités légionnaires sont rassemblées en une seule unité, le régiment de marche de la Légion étrangère.

Devant la ferme Navarin, une mitrailleuse française prend d'enfilade une tranchée, où une section allemande est littéralement fauchée. Tous les soldats sont tués en quelques secondes seulement.

Au 20e corps d'armée, près de la butte du Mesnil, tout un bataillon français est bloqué par deux mitrailleuses allemandes, le 25 septembre 1915. Les vagues d'assaut s'agglomèrent dans la parallèle de départ lorsque les fantassins français voient de loin des petits groupes progresser dans le no man's land, afin de préparer des brèches dans la défense allemande. Qui sont-ils ? Des sapeurs du génie ? Pour qui combattent-ils ? La réponse ne se fait pas attendre, car, tout d'un coup, ils voient surgir à cheval deux escadrons du 5e régiment de hussards, qui, imperturbables, chargent au sabre les mitrailleuses allemandes ! Ces mitrailleurs ennemis, qui ont résisté aux canons et à l'infanterie, abandonnent leur position, et les cavaliers français, aux ordres du commandant de Lavigerie, quittent finalement leurs chevaux et, carabine au poing, organisent la position qu'ils viennent de conquérir !

Le 26 septembre 1915, l'offensive progresse de nouveau au nord-est de Souain et au nord de Perthes. Sur 13 kilomètres, les troupes françaises affrontent la deuxième position allemande, truffée d'abris et de blockhaus bétonnés, aménagée à contre-pente. Ses défenses, ayant échappées à l'action de l'artillerie, se révèlent d'une puissance meurtrière dévastatrice, si bien que tous les assauts répétés les 27 et 28 septembre par les téméraires combattants français sont impuissants à l'entamer.

Le général de Castelnau, habilement conseillé par le général Pétain, donne alors l'ordre à son artillerie de pilonner cette seconde position fortifiée, par une préparation méthodique, afin de tenter ensuite une percée qui semble encore possible.

Par deux fois l'occasion est favorable pour lancer la cavalerie à cheval, entrainée à franchir les tranchées à la suite de l'infanterie, afin de porter le combat en rase campagne sur les arrières de l'ennemi. Dès le 25, aux abords de Massiges et au nord du ravin de l'étang, la percée tant attendue semble se concrétiser, provoquant l'engagement de deux escadrons du 5e régiment de hussards. Puis, le 29, lorsque les braves fantassins français occupent une partie de la deuxième position, la tranchée des Tantes, à l'ouest de la ferme Navarin. Trois brigades d'infanterie sont alors acheminées pour élargir la brèche. Le 11e régiment de chasseurs à cheval se porte ensuite en hâte dans cette direction. Mais le commandement allemand, prenant conscience de l'importance du succès local et tactique des troupes françaises, rameute des renforts et concentre un déluge d'artillerie, afin de reconquérir la tranchée perdue.

Les généraux Joffre et de Castelnau estiment que l'offensive doit être poursuivie en Champagne. Mais ils perdent du temps à compléter les effectifs perdus, si bien que l'opération ne reprend que le 6 octobre 1915. La division marocaine s'empare de diverses positions jusqu'aux abords de Sommepy. Cependant, en raison de l'épuisement des régiments engagés, de l'importance des pertes et de la consommation des munitions dépassant toutes les prévisions, l'offensive est définitivement arrêtée. Si elle n'est pas parvenue à la percée victorieuse et définitive tant attendue, les résultats ne sont pas négatifs pour l'armée française, qui a progressé d'une dizaine de kilomètres dans les lignes allemandes.

Cette bataille de Champagne, du 25 septembre au 7 octobre 1915, se termine par la mise hors de combat de 135 000 soldats français (tués ou blessés) et de 186 000 soldats allemands, dont

25 350 prisonniers. En outre, les troupes françaises ont capturé 150 canons.

Cependant, le front allemand n'est pas rompu et la guerre se fige de nouveau dans de stériles opérations sans lendemain pour la conquête de quelques tranchées. Le résultat appréciable de cette bataille de Champagne est cependant de fixer d'importantes troupes allemandes en France, ainsi absentes du front russe. Cela se fait par l'héroïque sacrifice de l'infanterie française.

La bataille de Verdun 1916 : courage on les aura !

Au début de l'année 1916, le commandement allemand décide de passer à l'offensive en France, car la stratégie défensive de l'année 1915 a montré ses limites. Victime du blocus naval des Alliés et de la lutte stérile sur deux fronts, l'armée allemande doit à tout prix obtenir un succès décisif sur le front français. Si les Alliés subissent de très lourdes pertes en 1915 en multipliant des offensives suicidaires, l'Allemagne ne peut cependant obtenir la décision en restant sur un plan purement défensif. Le blocus allié désorganise l'économie allemande, c'est ainsi que des émeutes, contre la faim et les restrictions alimentaires, éclatent sur le territoire du Reich. Il devient de plus en plus urgent de battre l'armée française, l'adversaire principal de l'Allemagne. La Grande-Bretagne et la Russie seront alors contraintes de capituler. Après bien des hésitations, le général von Falkenhayn décide de frapper à Verdun, la place forte française la moins éloignée de la frontière allemande. Il s'agit d'enfoncer le front français à cet endroit, afin de contraindre le gouvernement français à demander un armistice.

La région dans laquelle va se dérouler la bataille est traversée du sud au nord par la Meuse. Le fleuve serpente une large vallées souvent marécageuse. Sur la rive est, la Meuse est dominée par les collines de Woëvre. D'un relief tourmenté, couvert de forêts, coupé de nombreux ravins qui compartimentent le terrain, le secteur offre une grande facilité à la manœuvre par infiltration. Les côtes du Talou, du Poivre, de Froideterre et de Saint-Michel-Belleville sont des remparts naturels.

Les forts de Douaumont et de Vaux dominent le champ de bataille par leurs imposantes silhouettes au nord et à l'est de Verdun. Construits en 1885, ils font l'objet de constants perfectionnements jusqu'en 1913, tant par le renforcement de leur protection contre les obus brisants, par l'emploi d'un béton de haute qualité, que par l'accroissement de leur puissance de feu. Les plans de ces deux ouvrages révèlent une différence dans leur tracé, répondant aux exigences de leurs champs de tir, mais aussi une similitude dans leur conception et le choix de leur armement : une enceinte couverte par des glacis munis de réseaux de barbelés, dont les fossés séparant l'escarpe de la contrescarpe sont défendus par des casemates, armées de mitrailleuses et de canons de petits calibres ; une caserne à double étage profondément enterrée, des talus d'escarpe munis de réseaux, de tourelles à éclipse de canons de 75 mm, de 155 mm et de mitrailleuses disposant chacune d'un observatoire sous coupole d'acier et des casemates dites de Bourges, armées de pièces de 75 mm et de mitrailleuses, assurant les tirs de flanquement à grande distance. Disposant de dépôts de vivres et de munitions, d'une génératrice électrique, d'une infirmerie, les deux ouvrages sont doués, avec leurs 600 à 800 hommes d'équipage, d'une autonomie complète et d'une rare puissance pour l'époque.

Les collines entourant Verdun atteignent 300 à 400 mètres de hauteur. Sur la rive ouest de la Meuse, la ligne des crêtes, que jalonnent Sivry-la-Perche et Montfaucon (347 mètres), court à plus de 10 kilomètres de la vallée vers laquelle convergent les contreforts célèbres de la butte 304, du Mort-Homme et de la côte de l'Oie. Plus à l'ouest, la région se relie par Boureuilles et Vauquois au massif forestier de l'Argonne.

L'ensemble du terrain au sol crayeux, recouvert d'une couche d'argile, devient boueux aux moindres pluies. La circulation est alors difficile en dehors des routes et le déluge d'obus la rendra en tous lieux terriblement éprouvantes.

Verdun, depuis toujours « porte de France », dresse sa citadelle et son enceinte fortifiée par Vauban. De 1874 à 1885, le général Séré de Rivières transforme la place forte de Verdun en un vaste camp retranché, en lui donnant deux ceintures de forts détachés, avec pour les plus rapprochés : Belleville, Saint-Michel, Belrupt et Regret ; puis pour les plus lointains : Dugny, Haudainville, Moulainville, Souville, Froideterre, Marre, Choisel. Positions que complètent ensuite les ouvrages de Tavannes, de Vacherauville, du Chana et des Sartelles. Puis, dès l'apparition des obus brisants, en 1885, sont implantés cinq grands forts à vues lointaines : Douaumont et Vaux vers le nord-est, le Roiselier vers le sud-est, Landrecourt vers le sud-ouest et le Bois Bourrus vers le nord-ouest.

Durant la même période sont construits une centaine de petits ouvrages bétonnés dans les intervalles (abris, batteries, dépôts), ainsi qu'un réseau complet de voies de 0,60 mètres et, à Verdun même, une immense caserne souterraine pour les réserves, par extension de la citadelle.

Jusqu'en 1915, cette ensemble fortifié représente un puissant système défensif, capable de repousser toutes les offensives allemandes. Or, moins de trois mois avant l'offensive sur Verdun, le commandement français retire des forts 43 batteries lourdes d'artillerie, avec 128 000 obus, ainsi que 11 batteries moyennes et de nombreux équipages. Les ouvrages perdent leur armement de casemates de Bourges (canons de 75 mm), leur équipement des coffres de fossés en mitrailleuses et canons de petits calibres, leurs munitions, presque toutes leurs garnisons. Le service des tourelles n'est plus assuré et l'on envisage même la destruction des ouvrages modernes ! Ainsi, à la veille de l'offensive allemande, le secteur de Verdun est uniquement tenu par les troupes de campagne, dépourvues de l'armement principal pour tenir les forts.

Le commandement français, animé par un esprit offensif, estime que les forts sont dépassés du fait de la puissance destructrice de l'artillerie moderne.

Contrairement à ce qui est souvent écrit, le but du commandement allemand n'est pas d'entraîner l'armée française dans une bataille d'usure, mais de conquérir Verdun par une offensive soudaine et brusquée. Il s'agit donc d'une attaque frontale en force de Brabant à Ornes par trois corps d'armée, que complètera au moment favorable, une action en crochet à gauche de deux corps d'armée partant de la Woëvre, entre Ornes et Étain. Faute de moyens suffisants pour alimenter la bataille de Verdun, à la fois sur les deux rives de la Meuse, l'attaque s'engagera seulement sur la rive droite, en s'appuyant sur les Hauts de Meuse, droit au sud.

Dès la mi-janvier 1916, le rassemblement d'une puissante aviation (250 appareils), la mise en place de l'artillerie lourde (650 pièces de 150 mm à 420 mm) débutent dans le secret que favorisent les couverts naturels de la région. Le camouflage des batteries est minutieux. De profonds abris spacieux à plusieurs étages sont aménagés le long des bases de départ pour les troupes d'assaut. À compter du 1er février 1916, sur les voies ferrées de l'arrière, circulent les trains à cadence accélérée, amenant troupes, munitions et matériel.

Le soldat allemand est coiffé du nouveau casque d'acier, modèle d'une exceptionnelle qualité protectrice, couvrant la tête, la nuque et une partie du visage avec sa visière. Admirablement étudié, il innove par sa conception rationnelle, confiée à un chercheur de l'Institut technique de Hanovre, Friedrich Schwerd. Ce casque peut être renforcé à l'avant par une plaque frontale, vite abandonnée car trop lourde. De cette plaque ne subsistent que les deux pitons de fixation sur les côtés, qui sont également des trous d'aération. La coiffe intérieure en cuir rembourré s'adapte parfaitement au crâne et renforce la protection du soldat. Ce casque, à la conception révolutionnaire, a fortement inspiré le modèle américain des années 1980, dont la forme idéale protectrice est confirmée sur un ordinateur, en croisant les données anatomiques, ergonomiques et anthropométriques. Il est aujourd'hui la référence de presque toutes les armées du monde, notamment des armées françaises et allemandes. En hommage au concepteur allemand des origines, l'armée américaine l'a surnommé casque « Fritz ».

Malgré les nombreux indices d'une puissante offensive allemande dans le secteur de Verdun, rapportés par diverses reconnaissances aériennes, ainsi que par les observations des troupes en première ligne, le général Joffre reste sceptique. Le général de Castelnau manifeste cependant son inquiétude et ordonne de renforcer les positions défensives. Le 10 février 1916, à la suite des déclarations précises de déserteurs allemands qui donnent le jour et l'heure de l'attaque, sans omettre de préciser les lieux menacés, le général Joffre fait acheminer sur place les premiers renforts. Les effets de cette reprise en mains sont cependant bien tardifs dans l'immédiat. On alerte les troupes qui doivent suivre et, dans le Nord, les Britanniques qui viennent de créer une 4e armée, aux ordres du général Rawlinson, se préparent à relever la 10e armée française sur le front d'Artois.

Le 21 février 1916, la 5ᵉ armée allemande, commandée par le Kronprinz impérial (Guillaume de Hohenzollern), fils de Guillaume II, se lance à l'assaut de Verdun, avec 10 divisions, appuyées par 1257 pièces d'artillerie. Dix autres divisions allemandes sont maintenues en réserve. Le choc est soutenu par 36 bataillons français contre 72 bataillons allemands : 30 000 soldats français contre 150 000 soldats allemands. L'armée française ne peut opposer que 3 divisions et 281 canons dans ce secteur.

Le 21 février, le jour se lève par un beau temps froid et sec, sur une campagne couverte de givre. À 7 heures 15, un véritable déluge de feu, sans précédent depuis le début du conflit, s'abat sur les tranchées françaises, sur un front d'environ 30 kilomètres. Perçu jusqu'à 150 kilomètres de là, dans les Vosges, le bombardement allemand se prolonge dans toute la profondeur du camp retranché de Verdun, battant les communications, les forts, les ponts de la Meuse, la ville elle-même.

« C'est un effroyable pilonnage de tous calibres, allant du 77 mm au 420 mm, écrit un témoin oculaire, dont la cadence ne fait que croître, pour atteindre une furieuse intensité vers 10 heures. À 16 h 30, les tirs s'allongent et l'infanterie allemande aborde au pas, par petits groupes, l'arme à la bretelle, la défense française bouleversée : l'artillerie conquiert, l'infanterie occupe. Formule nouvelle, mais qui aura encore besoin d'être approfondie, car, malgré les effets destructeurs de cette débauche d'artillerie lourde, le fantassin allemand voit surgir devant lui des sortes de fantômes ressuscités de l'enfer, éparpillés dans le chaos des trous d'obus, qui les reçoivent à coups de fusils, de grenades et parfois de mitrailleuses. »[6]

---

[6] Archives militaires françaises, Vincennes.

Le secteur du bois des Caures, défendu par le colonel Driant et ses 56e et 57e bataillons de chasseurs à pied, devient l'objet d'une lutte terrible, où les soldats français se battent comme des lions, malgré l'écrasante supériorité numérique et matérielle de l'adversaire : les deux bataillons français comptent en seulement quelques heures 1120 tués et 210 rescapés !

Le 22 février, l'offensive allemande prend toute son ampleur. Les soldats français, qui survivent par miracle au milieu des cratères d'obus, continuent à lutter avec une énergie stupéfiante et parviennent à freiner considérablement l'avance allemande. Le 23, le front semble se figer en une lutte stérile pour la conquête de quelques centaines de mètres de terrain nivelé par les obus. Le 24, la pression allemande se fait sentir de plus en plus, la deuxième ligne française est atteinte, les avant-gardes arrivent seulement à 10 kilomètres de Verdun. L'infanterie allemande attaque avec un mordant extraordinaire, sans tenir compte de l'importance des pertes. Le soir même, le général Joffre appelle le général Pétain, afin qu'il organise la défense de la ville avec sa 2e armée.

Philippe Pétain arrive le 25 février sur place, le jour même où le fort de Douaumont, le plus important du système fortifié français, est conquis par les soldats allemands. La situation devient critique, mais dès le lendemain, l'offensive allemande marque des signes de fatigue : 2 200 000 obus ont été tirés par l'artillerie allemande, si bien que l'approvisionnement a besoin d'être complété. Pétain installe son poste de commandement à Souilly, au sud de Verdun, et organise aussitôt la défense. Il annule les ordres de destruction des autres forts, défendant le secteur, renforce le front en première ligne, si bien que les effectifs français passe de 3 à 11 divisions contre 20 divisions ennemies.

Pétain met surtout en place le ravitaillement de son armée, en organisant judicieusement la relève des divisions par la Voie

Sacrée, l'unique route menant à Verdun, qu'il fait agrandir, afin de permettre à 3000 camions, 90 000 hommes et 50 000 tonnes de munitions d'y transiter par semaine. Les effets du système Pétain sont rapides sur le terrain : les troupes allemandes piétinent, notamment en raison de l'artillerie française habilement placée sur la rive gauche de la Meuse, qui les prend en enfilade. Le Kronprinz est obligé de porter l'offensive également dans ce secteur, élargissant ainsi sa ligne de front.

Le général Pétain renforce l'artillerie française, ce qui va lui permettre d'aligner 1727 canons le 28 mai 1916 contre 2200 canons allemands. Ainsi, nous sommes loin de la disparité du début en artillerie : 281 canons français contre 1257 canons allemands. La troupe française séjourne moins longuement en première ligne que sa rivale allemande, grâce au système Pétain de la relève régulière. Si bien que les soldats français, moins épuisés par les combats, se montrent souvent plus combatifs que les soldats allemands. Une attaque allemande est systématiquement repoussée par une contre-attaque française.

Le 9 mars 1916, l'armée allemande attaque en direction du Mort-Homme, une hauteur qui domine le champ de bataille. L'armée française s'y accroche et parvient à repousser l'assaillant. Le Kronprinz tente alors d'élargir le front vers l'ouest, à la cote 304, où les fantassins français parviennent également à enrayer les assauts de l'ennemi.

Le 9 avril 1916, une offensive allemande de grande envergure est brisée par les Français sur la rive gauche. Le général Pétain galvanise la résistance de ses troupes par son célèbre message : « Courage, on les aura ! »[7]

---

[7] Archives militaires françaises, Vincennes.

À la fin du mois, du fait de son rôle décisif dans la sauvegarde de Verdun, Pétain est promu au poste de commandant du groupe d'armées du Centre. Il est remplacé à Verdun par le général Nivelle, qui tente aussitôt de reprendre Douaumont, mais l'attaque française se heurte à une résistance acharnée des défenseurs allemands qui parviennent à stopper les assaillants.

Les bombardements allemands ont revêtu une effroyable intensité, sur la rive gauche de la Meuse, au moment des derniers efforts allemands pour conquérir la cote 304 et le Mort-Homme. Le lieutenant français Campana, qui se trouve sur la cote 304, le 7 mai 1916, donne un témoignage poignant :

« Sur toute la profondeur de nos défenses, ce jour-là, l'écrasement par l'artillerie, du 210 surtout, est total... Tranchées, abris, tout y passe... Près de moi, un blessé se meurt, le ventre ouvert ; il souffre atrocement et me supplie de l'achever : « Vite, une balle de votre revolver, mon lieutenant. » Je sortis mon arme et je vis dans le regard de mes hommes qu'ils m'approuvaient. J'approche de lui, mais une main me tordit le poignet, celle d'un Père missionnaire, caporal brancardier à la compagnie. « Vous n'avez pas le droit, dit-il, vous ignorez si Dieu ne fera pas un miracle. » Je décide de lui répondre : « Miracle ! Bien emmenez-le à l'arrière, mais je ne crois pas au miracle... »

« Quelques instants plus tard, deux hommes terrorisés se réfugient près de moi pour ne pas céder à la tentation de fuir. Le Père est là, lui aussi, lorsqu'un éclat d'obus le foudroie, et il tombe, un sourire de béatitude sur les lèvres. Puis c'est un crie déchirant, un appel d'un blessé venant de l'avant ! Avec mes deux compagnons, nous nous précipitons, obéissant à une force intérieure qui nous fait oublier le danger. C'est alors le drame : nous fîmes quelques mètres à découvert, puis j'eus la sensation que ma tête et mon corps éclataient ! Lorsque j'ouvris les yeux, des hommes s'empressaient autour de moi, ma capote déboutonnée était inondée de sang noir mélangé de sable. « Suis-je blessés ? » demandai-je. « Non, mon lieutenant, on vous a déterré ; c'est leur sang à eux », et me retournant, je vis les corps de mes deux compagnons affreusement mutilés. Le 210 qui nous avait atteints m'avait – par miracle – épargné. »[8]

En juin 1916, l'armée allemande, qui veut en finir au plus vite et dont les pertes s'accumulent, redouble d'activité sur la rive droite de la Meuse. Elle s'empare brillamment du fort de Vaux le 7 juin, malgré la résistance héroïque des poilus du commandant Raynald qui se rendent, épuisés en particulier par le supplice de la soif, après avoir repoussés de très nombreux assauts allemands. Les Allemands accordent à la garnison française les honneurs de la guerre. Depuis la fin mai, ce fort a encaissé 8000 obus allemands de tous calibres.

L'infanterie allemande tente ensuite son va-tout dans le secteur de Fleury, fin juin et début juillet. À bout de souffle, elle parvient à quelques centaines de mètres de la côte de Belleville, qui domine Verdun, mais ne peut progresser au-delà, en se heurtant à une résistance féroce des troupes françaises.

Le combat héroïque du 67e RI dans le bois de Fumin, secteur de Tavanes, illustre parfaitement le succès défensif des troupes françaises, à travers le témoignage du lieutenant Favier :

« 21 juin 1916, 16 heures. La 3e compagnie reçoit ordre de se porter en direction du fort de Vaux, qu'on aperçoit à 1200 ou 1300 mètres. Guidés par le lieutenant Colin, les deux pelotons avancent, par bonds courts et rapides, de trous en trous, mais sont bientôt bloqués par un tir de barrage. Notre ligne flotte et il nous

---

[8] Archives militaires françaises, Vincennes.

faut nous contenter de tenir sur place jusqu'à 19 heures, où la 7e compagnie vient nous appuyer.

« 22 juin. Les 150 et 210 allemands se mettent de la partie et leurs avions photographies notre ligne. Mauvais présage... Nous souffrons atrocement du manque de sommeil et surtout de la soif.

« 23 juin, 1 heure. Forte odeur de gaz sur nos arrières, indice qui annonce à coup sûr une attaque allemande. Pour isoler notre première ligne avant une attaque, les Allemands déclenchent souvent un tir d'obus toxiques sur nos arrières immédiats, afin d'interdire l'arrivée des renforts.

« 3 heures. L'aube pointe juste et la voici. Bientôt, à ma gauche les grenades pleuvent. Les Allemands attaquent en force. Nous résistions avec vigueur, en repoussant plusieurs assauts. Puis nos munitions s'épuisent... Une seule réaction possible : « En avant, à la baïonnette », et le miracle se produit ; mes hommes qui meurent de faim, de fatigue et de soif trouvent l'énergie de bondir hors de leurs d'obus et de courir sus à l'adversaire, qui, ahuri, fait demi-tour.

« 19 heures. Ordre de réoccuper nos tranchées de départ, où nous serons relevés ce soir par le 19e bataillon de chasseurs à pied (BCP). Quelques jours plus tard, le 67e régiment d'infanterie (RI) était cité à l'ordre de la 2e armée. »[9]

Dès la mi-août 1916, l'armée française passe à la contre-offensive pour dégager Souville et, après les poussées successives des divisions du général Mangin sur l'ouvrage de Thiaumont et la brillante reprise des ruines de Fleury par le régiment d'infanterie coloniale du Maroc (RICM), le régiment français le plus décoré

---

[9] Archives militaires françaises, Vincennes.

de la Grande Guerre, les Allemands ont définitivement perdu l'initiative des opérations devant Verdun. Leur opinion publique, naguère si enthousiaste, condamne désormais l'offensive sur Verdun.

Guillaume II, empereur d'Allemagne, remplace Falkenhayn, à la tête du commandement allemand du front occidental, par Hindenburg et Ludendorff, les vainqueurs du front russe, qui décident, le 2 septembre 1916, d'arrêter toute offensive spectaculaire sur Verdun : c'est avec un profond soulagement que, trois jours plus tard, lors de leur passage à Charleville, le Kronprinz, effondré par l'énormité de pertes allemandes à Verdun, vient les en remercier.

En septembre 1916, l'armée française améliore ses positions et se rapproche du fort de Douaumont, que Nivelle compte bien reprendre à la faveur d'une puissante offensive, qui débute en octobre 1916 et semble irrésistible.

Le fort de Douaumont est pilonné par des canons lourds français de 105 mm à 400 mm. Du 19 au 25 octobre, l'artillerie française tire 530 000 obus de 75 mm et 100 000 obus de 155 mm. Les trois divisions françaises du général Mangin – la 38e DI (général Guyot de Salins), la 133e DI (général Passaga) et la 74e DI (général de Lardemelle) – s'élancent avec une fougue extraordinaire et s'emparent de tous les objectifs, dont principalement le fort de Douaumont, pour des pertes légères et la capture de 6000 soldats allemands lors de l'unique journée du 24 octobre.

Le 2 novembre 1916, la victoire française est complétée par la reprise du fort de Vaux, abandonné par les Allemands. En décembre, un autre assaut permet de récupérer la plus grande partie du terrain perdu depuis février. La bataille de Verdun se termine par une incontestable victoire française. En l'espace de quelques jours, les troupes français reprennent un terrain que l'armée allemande avait mis des mois à conquérir.

Les pertes militaires de la bataille de Verdun sont sensiblement identiques dans les deux camps : 423 000 soldats français et 420 000 soldats allemands tués ou blessés.

« Verdun pour l'Allemagne a bien été une défaite, écrit Louis Cadars. Encore plus nette même que la Marne qu'elle avait expliquée en la présentant comme une méprise du haut commandement, une erreur d'appréciation stratégique de sa part. Car à Verdun l'armée allemande s'est employée à fond, en bourrant sur l'obstacle, sans manœuvres, en engageant tous ses moyens matériels pour forcer la décision. En définitive, nous avons reconquis en quelques jours de bataille presque tout le terrain que l'ennemi avait mis huit mois à conquérir. Donc victoire matérielle et victoire morale pour nous. »[10]

Pour dissimuler son échec, le général von Falkenhayn va chercher à faire croire, après la guerre, que l'offensive allemande ne visait pas essentiellement à gagner du terrain, mais recherchait la mise hors de combat de la France en réalisant la « saignée » de l'armée française, obtenue aux moindres pertes par la supériorité matérielle de l'attaquant. Or même à cet égard, le but capital de l'Allemagne n'a pas été atteint. La bataille d'usure qu'elle se flattait de gagner s'est retournée contre elle. Falkenhayn, en grande partie pour justifier sa stratégie aberrante, a prétendu que les pertes allemandes n'avaient pas dépassé le tiers des pertes françaises et qu'il avait broyé 90 de nos divisions sur la Meuse. Les chiffres condamnent cette

---

[10] Louis Cadars, *L'année sanglante de Verdun*, Les Cahiers de l'Histoire n°53, février 1966, Paris.

affirmation mensongère, pourtant reprise par de nombreux « historiens ».

L'armée française n'a engagé que 66 divisions dans la bataille de Verdun sur ses 106 divisions présentes sur le front occidental en 1916, en effectuant, selon la méthode Pétain, des relèves aussi rapides que possible, en évitant ainsi leur épuisement total, à la différence du commandement allemand qui rivait ses effectifs au secteur de Verdun jusqu'à l'extrême limite de leur capacité de combat.

Les Allemands ont engagé à Verdun 43 divisions, qui ont été décimées par l'artillerie et la résistance acharnée des troupes françaises. À mesure que se développe la bataille, les Allemands sont soumis à la même épreuve que les Français, sans aucun abri sur le terrain conquis et sans possibilité d'en construire sous notre feu. L'artillerie française, si démunie au début de la bataille, met par la suite en action 2000 pièces dont environ 1100 canons de 75 mm et déverse plus de 14 millions d'obus, dont plus de 10 millions d'obus de 75 mm.

Les calculs établis par le commandement allemand prévoyaient des pertes françaises cinq fois plus importantes que celles des troupes allemandes. Or, à la fin de la bataille de Verdun, les pertes s'équilibrent : 423 000 soldats français tués ou blessés sur 66 divisions engagées, contre 420 000 soldats allemands sur 43 divisions.

Verdun a, dans le monde entier, un retentissement moral immédiat et prodigieux. L'armée allemande, réputée invincible, est mise en échec par la vaillance des troupes françaises. Verdun symbolise aux yeux du monde la résistance héroïque de l'armée française, capable de tenir en échec l'armée la plus puissante du monde.

La bataille de la Somme 1916 : la solidarité franco-britannique

L'offensive de la Somme, décidée par le général Joffre dès décembre 1915, doit permettre de percer les défenses allemandes, quitter l'enfer des tranchées pour retrouver le terrain libre et la guerre de mouvement.

L'offensive allemande sur Verdun en février 1916 repousse l'opération sur la Somme pour un temps. L'objectif demeure cependant le même : la rupture du front et au minimum l'usure de l'adversaire, tout en soulageant les Français de la pression allemande sur Verdun.

Le général Douglas Haig, commandant des troupes britanniques sur le front français, ne cache pas sa préférence pour une offensive dans les Flandres, car elle offre, en la combinant avec l'appui de la flotte, la perspective de détruire la base sous-marine allemande d'Ostende et les batteries de la côte belge. Finalement, Haig finit par se rallier au choix de Joffre, qui lui démontre que les inondations rendent Ostende difficilement abordable. De plus, une orientation de l'offensive britanniques dans les Flandres aurait amoindri la présence française, absolument nécessaire pour la conquête du terrain, du fait de la grande expérience de son infanterie, sans parler de la puissance de son artillerie. Il est donc décidé que l'offensive se déroulera sur la Somme le 1er juillet 1916, date à laquelle Haig disposera d'effectifs suffisamment importants.

Le plan initial prévoit que l'opération doit avoir lieu sur un front de 70 kilomètres, de Foucaucourt à Thiepval : 43 kilomètres au sud de la ligne Curlu-Combles-Sailly-Saillisel seront à la charge du groupe d'armées Foch, avec 35 divisions françaises ; 27 kilomètres au nord du saillant de Maricourt incomberont aux armées britanniques avec 25 divisions.

Le secteur sur lequel doivent attaquer les 60 divisions alliées n'est pas facile. Le terrain est truffé de villages, érigés par les Allemands en autant de forteresses, avec quelques collines qui permettent aux défenseurs de surveiller le va-et-vient de l'adversaire. À cet aspect de cloisonnement inextricable des localités, où les Allemands tiennent toutes les positions dominantes, vient s'ajouter la forme défavorable du tracé de la position de départ, résultant du saillant de Maricourt, où se raccordent les deux armées alliées à angle droit, les Britanniques face au nord, les Français face au sud. Cette situation condamne les deux alliés à des efforts divergents. On tente de remédier à cette situation précaire en demandant aux Anglais de prendre à revers les défenses de Mametz.

Les puissantes défenses allemandes de la Somme représentent un ensemble extrêmement bien organisé en profondeur. La première position comprend de nombreuses lignes de barbelés, des tranchées, souvent bétonnées, un labyrinthe d'abris profonds comportant tout le confort moderne, des nids de mitrailleuses, des casemates. Une seconde ligne intermédiaire protège des batteries d'artillerie de campagne, capables d'appuyer rapidement l'infanterie de première ligne, tout en offrant une zone de replis éventuels pour les fantassins. Une troisième position offre des moyens défensifs aussi puissants que la première ligne. À l'arrière se trouvent des bois et des villages fortifiés, reliés par des boyaux, de façon à former une quatrième ligne de défense largement bétonnée. Les villages et les boqueteaux sont de puissants points d'appui qui se flanquent mutuellement.

Malgré l'offensive allemande sur Verdun en février 1916, Joffre maintient son projet d'attaque sur la Somme. Mais la nécessité de renforcer le front de Verdun l'oblige à réduire progressivement la participation française sur la Somme, en demandant à Haig de renforcer la sienne.

Cependant, même si l'armée britannique prend une part importante à cette offensive, nous sommes loin des affirmations tonitruantes de certains auteurs anglais qui passent sous silence la participation française à cette offensive. Le front d'attaque ramené à 41 kilomètres, comprend 14 divisions françaises sur 16 kilomètres et 26 divisions britanniques sur 25 kilomètres. L'artillerie française met en ligne 1571 canons, tandis que l'armée britannique en aligne 1335, soit un total de 40 divisions alliées et 2906 pièces d'artillerie. Non seulement l'armée française supporte la totalité du poids de la bataille de Verdun côté allié, mais elle engage la majorité de l'artillerie alliée sur la Somme et près de la moitié des divisions engagées en première ligne. Les troupes françaises maintiennent en réserve 8 divisions, ce qui porte la totalité des divisions françaises présentes sur la Somme à 22 divisions, soit presque autant que la totalité des 26 divisions britanniques.

De son côté, l'armée allemande défend le secteur menacé avec 8 divisions en première ligne, 13 divisions en réserve et 844 pièces d'artillerie. Si l'on prend en considération la totalité des forces engagées, on obtient 26 divisions britanniques, 22 divisions françaises et 21 divisions allemandes : la présence française est donc loin d'être négligeable. Autre fait important à noter, l'artillerie lourde alliée est très majoritairement française, avec 854 pièces, tandis que l'artillerie lourde britannique se limite à 467 canons. Les troupes françaises disposent également de 1100 mortiers de tranchées, alors que l'armée britannique en aligne nettement moins. Comme on peut alors le constater par les chiffres, la place française dans cette offensive, prétendument britannique, est considérable, aussi bien en infanterie qu'en puissance de feu.

Au centre, à cheval sur la Somme, la 6e armée française du général Fayolle est chargée de l'effort principal, au nord du fleuve, en direction de Bouchavesnes avec le 20e corps d'armée du général Balfourier et, au sud, en direction de Péronne avec le 1er corps d'armée colonial du général Berdoulat et le 35e corps d'armée du général Jacquot. Cette attaque est couverte au sud par la 10e armée française du général Micheler, agissant, dans le Santerre, vers Berny et Ablaincourt.

Au nord, l'action britannique est menée par la 4e armée du général Rawlinson qui, forte de 5 corps d'armée, attaquera en direction de Longueval. Elle sera appuyée au nord par la 5e armée du général Gough, qui s'engagera sur l'axe Pozières-Flers-Gueudecourt.

Parfaitement conscient de la puissance de la défense allemande, le commandement allié est bien décidé de ne pas commettre les mêmes erreurs tactiques qu'en 1915.

Le général français Foch, commandant le groupe d'armées du Nord, en accord avec le britannique Haig, met au point un nouvel ensemble de principes d'attaque :

« Pour faire brèche, écrit Foch, il s'agit d'abord, à coups d'artillerie aussi puissants que possible, d'abattre la défense ennemie par pans successifs. Ainsi, les attaques menées sur des fronts initiaux, étroits mais bénéficiant d'un appui maximal, se combinent et se complètent pour assurer le succès de l'ensemble.

« L'infanterie elle-même doit s'adapter à un mode de combat nouveau : il ne s'agit plus d'une ruée à travers les lignes ennemies, mais d'un combat organisé, conduit d'objectif en objectif, toujours avec une préparation d'artillerie exacte et par conséquent efficace. »[11]

Dans l'application de la tactique de Foch, on constate cependant d'importantes différences entre les deux armées alliées. À côté des dispositifs souples et légers des Français, le commandement anglais présente des formations figées et lourdes, qui forment des cibles magnifiques pour l'adversaire.

En 1916, l'armée britannique en France manque cruellement d'expérience. Les soldats professionnels de 1914 ont été en grande partie mis hors de combat, si bien que la majorité des effectifs se compose de volontaires des forces territoriales qui manquent de formation et d'expérience au feu. Les troupes françaises ont une maîtrise de la guerre inégalée du côté des Alliés sur le front occidental. L'artillerie française ajuste parfaitement le barrage roulant de ses tirs pour soutenir l'infanterie, alors que son homologue britannique manque également d'expérience dans ce domaine.

D'après l'écrivain allemand Ernst Jünger, combattant d'élite de la Grande Guerre au sein des troupes d'assaut, quatorze fois blessés et décoré de la croix pour le Mérite (la plus haute décoration militaire allemande), « l'armée française de 1916, forte de son expérience de plus de 17 mois de guerre, représentait la meilleure armée alliée du fait de la qualité exceptionnelle de ses combattants, aussi bien en infanterie qu'en artillerie. Le soldat britannique, malgré sa vaillance au feu, n'avait pas la même expérience que le soldat français, qui se battait en plus sur son sol pour défendre son territoire. Les assauts de l'infanterie françaises semblaient irrésistibles, malgré la puissance de feu de notre armement. Sur le plan défensif, le soldat français pouvait

---

[11] Archives militaires françaises, Vincennes.

conserver sa position jusqu'à la mort. Il avait également une endurance remarquable malgré les privations de toutes sortes et les terribles souffrances de la guerre de tranchée. L'armée française de l'époque se composait majoritairement de paysans, habitués à la vie rude de la campagne. Lors des combats à la baïonnette, le soldat français se révélait un redoutable combattant, un véritable tueur, de la même valeur que son ancêtre de l'armée napoléonienne du Premier Empire ».[12]

Dans le secteur britannique, au sud de Bapaume, la préparation d'artillerie, initialement prévue pour cinq jours, débute le 24 juin 1916, s'intensifie les jours suivants jusqu'au 1er juillet. À partir de 6 heures 25, ce 1er juillet, les tirs d'artillerie atteignent une cadence de 3500 coups par minute, produisant un bruit si intense qu'il est perçu jusqu'en Angleterre ! À 7 heures 30, au coup de sifflet, l'infanterie britannique franchit les parapets, baïonnette au canon, part lentement à l'assaut des tranchées allemandes.

Les fantassins britanniques sont lourdement chargés avec plus de 30 kg d'équipement. Face aux Britanniques, les défenses allemandes ont peu souffert du fait de la faiblesse de l'artillerie lourde anglaise, limitée à 467 canons de gros calibres. Les Allemands accueillent avec des tirs de mitrailleuses les Britanniques qui sont fauchés en masse. Les officiers, particulièrement repérables, sont particulièrement visés. On estime à 30 000 le nombre des victimes britanniques (tués ou blessés) durant les six premières minutes de la bataille ! Ce 1er juillet 1916 est le jour le plus meurtrier de toute l'histoire militaire britannique. Les Allemands sont stupéfaits de voir les

---

[12] Archives militaires allemandes, Fribourg-en-Brisgau.

Britanniques attaquer au pas lent, selon le règlement absurde de l'armée anglaise de l'époque.

Le commandement anglais craint que son infanterie perde le contact en courant et en se dispersant. Persuadés que les défenses allemandes sont anéantis par l'artillerie, les officiers britanniques exigent que leurs hommes avancent au pas de marche.

À midi, l'état-major annule cet ordre et retient les vagues d'assaut suivantes. On compte pour cette première journée 20 000 tués et 40 000 blessés, sur 100 000 soldats britanniques engagés, pour des gains territoriaux presque nuls ! Lorsque les rares soldats britanniques arrivent aux tranchées allemandes, ils sont trop peu nombreux pour résister à une contre-attaque. Certaines unités ont perdu 91 % de leurs effectifs ! Les jours suivants les troupes britanniques piétinent devant les tranchées allemandes, truffées de mitrailleuses qui fauchent par milliers les assaillants.

Quel contraste avec le brillant succès de l'armée française, au sud de Péronne. La bataille de la Somme a été préparée par les généraux français dans les moindres détails. Une imposante artillerie lourde est présente. Les fantassins français sont équipés légèrement pour progresser rapidement. La puissance de feu des unités d'assaut a été considérablement renforcée : fusils lance-grenades, fusils mitrailleurs, mise en place d'une compagnie de 8 mitrailleuses par bataillon, artillerie de soutien avec des canons de 37 mm et des mortiers de divers calibres. La liaison entre l'infanterie et l'artillerie est parfaite. L'aviation de chasse française doit également appuyer l'infanterie. Enfin, l'évacuation des blessés est considérablement améliorée.

« Alors que les Britanniques souffrent tant le 1er juillet 1916, écrit Yves Buffetaut, les Français enregistrent des pertes très légères. Ainsi, une division entière ne perd que 200 hommes le premier jour. Plusieurs villages sont capturés aisément et les hommes ont l'impression d'y « entrer comme dans du beurre ». En quelques jours de combat, la 6ᵉ armée française avance de 10 kilomètres sur un front de 20 kilomètres et capture 12 000 hommes, 255 officiers, 85 canons, 26 mortiers, plus de 100 mitrailleuses. »[13]

L'infanterie française est entièrement maîtresse du plateau de Flaucourt qui lui a été assigné comme objectif et qui constitue la principale défense allemande de Péronne. Devant la menace française d'une percée des positions ennemies, 35 divisions allemandes sont appelées en renfort sur le front de la Somme. Durant la même période, les Britanniques ne parviennent qu'à s'emparer des bois de Mametz, au nord de Contalmaison, où seulement 1000 soldats allemands sont capturés, pour une progression d'à peine 3 kilomètres.

Le commandement allemand reconnaît cependant la splendide bravoure des soldats britanniques. Le 1ᵉʳ juillet 1916, la 8e division anglaise du général Hudson a mission d'enlever l'éperon d'Ovillers, entre Thiepval et La Boiselle, et de poursuivre sur Pozières. Un officier allemand du 108e RI, qui lui fait face, raconte le combat en ces termes :

« Tous comprirent que le violent bombardement préludait à l'attaque, tant attendue, de l'infanterie anglaise. Dans les abris, les hommes, des grenades à la ceinture, le fusil à la main, sont prêts à bondir à leurs postes dès que le tir s'allongera. À 7 heures 30 l'ouragan de projectiles cesse brusquement ; nos hommes occupent en toute hâte les entonnoirs les plus proches, où les mitrailleuses sont mises en batterie. On voit de longues rangées d'hommes sortir des tranchées ennemies ; leur ligne continue et

---

[13] Yves Buffetaut, Atlas de la Première Guerre mondiale, éditions Autrement 2005.

suivie de quatre autres semblables. Lorsque les Anglais parvinrent à 100 mètres nous ouvrîmes le feu, tandis que notre barrage s'abattait sur les assaillants.

« Le soldat anglais ne manque pas de courage et quand il commence quelque chose on ne l'en détourne pas facilement. Sans arrêt, pendant des heures, les lignes d'infanterie vinrent battre contre nos défenses comme la mer contre une falaise... mais pour refluer, comme elle, vers son point de départ. »[14]

La brillante progression des troupes français ne dure pas en raison de l'échec de l'armée britannique. L'avance française ne peut se développer seule, si bien que le rythme ralentit. Les Allemands, constamment renforcés en effectifs, se ressaisissent et, à compter du 20 juillet 1916, une bataille d'usure commence. Elle va durer cinq mois, avec des pertes de plus en plus lourdes et des gains territoriaux de plus en plus réduits. La bataille s'enlise sous la pluie et dans la boue.

Cependant, fin juillet, les Britanniques se ressaisissent par endroits, après une nouvelle préparation d'artillerie. L'armée anglaise du général Rawlinson, soutenue par le 20e corps d'armée français (CA), s'empare sur 4 kilomètres de la deuxième position allemande : Ovillers, La Boiselle, Contalmaison, Bazentin-le-Grand et Longeval sont occupés, tandis que le 20e CA français enlève Hardecourt et se relie au 1er corps d'armée colonial français devant Cléry-sur-Somme.

Le 27 juillet, les troupes australiennes s'emparent du puissant point d'appui de Pozières. La bataille connaît ensuite une longue période de temps mort, afin de renforcer les effectifs décimés. Le 24 août, les Français du 1er CA enlèvent le village de Maurepas,

---

[14] Archives militaires allemandes, Fribourg-en-Brisgau.

lors d'une brillante action conduite par le bataillon du commandant Frère :

« La conquête du village de Maurepas, raconte un témoin, est confiée au 2e bataillon du 1er RI, aux ordres du commandant Frère, jeune chef de 35 ans, connu dans tout le corps d'armée comme un extraordinaire entraîneur d'hommes. Il aime à porter un légendaire calot de drap rouge offert par ses officiers, en souvenir de ses dix années de campagne dans le Sud-Ouranais.

« Le 24 août à 16 heures, les compagnies occupent leur base de départ et à 17 heures 45 Frère franchit le parapet. Les mitrailleuses allemandes se mettent à cracher, mais le commandant Frère, ôtant son casque et coiffant tranquillement son calot rouge, se retourne vers nous et nous crie dans le vacarme : « Maintenant, mes amis, en avant pour la France », et la 7e compagnie, d'un bond, surgit face à l'ennemi. L'affaire sera particulièrement rude ; les défenseurs combattront avec acharnement jusqu'au bout et ce n'est que dans la matinée du 25 que Maurepas restera aux mains des Français.

« Comme l'a rappelé plus tard le général Weygand dans un ouvrage consacré à sa mémoire, Frère, héros de l'infanterie française aux 10 citations, devenu en 1942 chef de l'Organisation de Résistance de l'Armée (ORA), finira comme martyr deux ans plus tard, au camp de concentration nazi du Struthof. »[15]

En septembre 1916, les troupes franco-britanniques repartent à l'assaut sur la Somme. Dans le secteur de Flers-Martinpuich, les tanks anglais Mark I sont utilisés pour la première fois. Il s'agit d'un monstre de 30 tonnes d'acier, roulant avec ses chenilles à 6 km/h et pouvant parcourir 20 kilomètres de terrain sans être

---

[15] Archives militaires françaises, Vincennes.

ravitaillé en carburant. L'équipage va de 4 à 7 hommes, de même que l'armement se compose de 5 mitrailleuses, ou de 2 canons de 57 mm et de 4 mitrailleuses.

À l'aube du 14 septembre 1916, l'objectif est une position ennemie établie en profondeur et renforcée par d'importants nids de mitrailleuses. Les tanks s'ébranlent, précédant les vagues de fantassins britanniques. Des 49 tanks prévus, 32 seulement parviennent à gagner leur emplacement de départ : les autres sont soit tombés en panne, soit enlisés dans la boue ou égarés dans l'obscurité. L'attaque à peine déclenchée, d'autres tanks tombent en panne ou restent bloqués dans des cratères d'obus. Finalement 9 blindés d'arrière-garde et 9 autres de première ligne prennent seuls une part active à l'assaut. L'effet psychologique chez les Allemands est cependant extraordinaire. C'est la panique dans les tranchées qu'abordent les monstres d'acier avec le feu dévastateur de leurs armes. Un tank attaque à lui seul une usine transformée en fortin et parvient à mettre hors de combat tous les défenseurs. La journée est un incontestable succès. L'effet produit sur le moral ennemi est extrêmement puissant. Les villages de Flers et de Martinpuich sont conquis, avec la capture de nombreux prisonniers.

Les jours suivants, les Allemands sont encore refoulés au-delà de la ligne Bouchavesne-Thiepval. La lutte se poursuit sans relâche jusqu'au 15 octobre 1916. Les Britanniques sont alors en possession des hauteurs de Barlencourt et de la ligne Gueudecourt-Lesboeufs-Morval. Les Français, qui, au cours de combats acharnés, ont réduits les défenses de Combles et de la ferme Saint-Priez, sont maîtres de Sailly-Saillisel et des abords de Saint-Pierre-Vaast.

L'offensive s'enlise par la suite dans la boue et le sang. Novembre ne voit plus que des attaques partielles pour conquérir des points d'appui ou des observatoires comme Le Sars,

Ablaincourt, Beaumont-Hamel. La boue fait arrêter toutes les opérations. Les soldats s'enlisent sans pouvoir en sortir. Le paysage devient un désert bourbeux que les combattants britanniques, les Tommies, qualifient de « porridge »...

En cinq mois, de juillet à novembre 1916, les Alliés ont progressé de 12 kilomètres sur le front de la Somme et conquis 25 villages, transformés en bastions. Les Britanniques ont fait 31 100 prisonniers, pris 131 canons, 111 mortiers et 453 mitrailleuses. Les Français ont capturé 42 000 soldats allemands, 172 canons, 104 mortiers et 535 mitrailleuses. Pour de tels résultats, les Britanniques comptent 453 000 soldats hors de combat, dont 207 000 tués. Les Français déplorent 202 600 soldats hors de combat, dont 67 000 tués. Avec des pertes nettement moins lourdes, l'armée française a obtenu des résultats supérieurs à l'armée britannique. Les Allemands ont perdu 537 000 soldats, dont 170 000 tués. Il convient de noter que 60 % des pertes allemandes sur la Somme l'ont été face aux troupes françaises : environ 322 000 soldats allemands tués ou blessés contre 202 600 soldats français.

L'offensive alliée sur la Somme soulage incontestablement l'armée française à Verdun. Le relâchement de l'étreinte allemande sur la Meuse permet aux Français de passer à la contre-offensive en octobre et en décembre à Verdun. Pour les Alliés, le résultat le plus important de la bataille de la Somme est de consacrer la reprise de l'initiative des opérations sur le front français. D'autre part, c'est sur la Somme que le soldat britannique s'aguerrit, finit par acquérir des qualités militaires qui lui permettront d'intervenir de façon efficace dans la victoire finale en 1918.

Cependant, il ne faut pas oublier que l'objectif final de cette offensive, à savoir la percée définitive des défenses allemandes, a échoué une fois de plus, malgré des gains territoriaux non négligeables.

Les batailles du Chemin-des-Dames et de La Malmaison 1917 : de Nivelle à Pétain

À en croire l'historiographie anglo-américaine, l'armée français n'aurait subi que des échecs en 1917. De nombreuses mutineries l'auraient même paralysée dans son ensemble... L'offensive française du Chemin-des-Dames d'avril 1917, sur 30 kilomètres de front entre Soissons et Reims, est souvent présentée comme un désastre sans précédent : boucherie inutile, marquant le déclin militaire français, sauvé in-extremis par l'intervention américaine en 1918. Or, ce sombre tableau médiatisé à l'extrême lors des commémorations télévisuelles ne correspond en rien à la réalité de faits.

Après ses succès à Verdun à la fin de l'année 1916, le général Nivelle devient commandant en chef de l'armée française, succédant ainsi à Joffre à ce poste primordial.

Au début de l'année 1917, sur 167 divisions alliés engagées sur le front occidental, 106 divisions sont françaises. Tout comme Joffre, Nivelle pense pouvoir enfoncer le front allemand, en utilisant massivement l'artillerie lourde, afin de pulvériser les défenses allemandes. L'infanterie française n'aura plus qu'à occuper les lignes allemandes dévastées par les obus de gros calibres. Tactique somme toute assez proche des Allemands à Verdun en février 1916. Pour Nivelle, l'échec offensif allemand à Verdun est lié à l'insuffisance des moyens en artillerie lourde. Désirant en finir avec la guerre des tranchées, il masse sur un front de 30 kilomètres, entre Soissons et Reims, 60 divisions françaises, appuyées par 2700 pièces d'artillerie lourde et 2300 canons de 75 mm, sans oublier 194 chars d'assaut. En face, l'armée allemande aligne 40 divisions et 2500 pièces d'artillerie de moyens et gros calibres.

L'infanterie française doit avancer sur le pas d'un barrage roulant d'artillerie au rythme élevé, ce qui suppose une avance rapide des fantassins. L'offensive est prévue pour le 16 avril 1917, précédée, le 9, d'une attaque britannique de diversion à Arras, afin d'attirer les réserves allemandes. Malgré les réticences de certains ministres français comme Painlevé, prêchant la prudence, Nivelle assure que la percée en profondeur sera assurée. Mangin est d'accord avec lui, alors que Pétain se montre hostile et va même jusqu'à prévoir un grave échec. Nivelle menace de donner sa démission, si bien qu'il obtient rapidement gain de cause : l'offensive aura lieu.

L'artillerie française tire 5 millions d'obus de 75 et 2 millions d'obus de gros calibres durant deux jours. Les tirs sont cependant très imprécis en raison du mauvais temps. De très nombreuses unités allemandes se trouvent abritées dans d'immenses et profondes galeries et carrières souterraines que l'artillerie française ne peut détruire. Le lieutenant français Ybarnegaray résume l'échec de l'offensive Nivelle en quelques mots : « À six heures, la bataille est engagée ; à sept heures, elle était perdue. »[16]

Les causes de l'échec, parfaitement analysées par Yves Buffetaut, sont multiples : « Tout d'abord, aucun effet de surprise n'a joué. Des bruits couraient dans Paris depuis des semaines, donnant à la fois le lieu et le jour. Les Allemands avaient découvert le plan d'attaque sur le corps d'un sous-officier français. Le jour de l'offensive, le temps est détestable, avec la pluie et de la neige fondue, ce qui gêne les tirs et paralyse les

---

[16] Archives militaires françaises, Vincennes.

troupes coloniales. Enfin, l'artillerie ne parvient pas à détruire les défenses allemandes. »[17]

Le 16 avril 1917, à l'aube, l'infanterie française se lance à l'assaut avec fougue. L'attaque démarre remarquablement, mais se heurte presque aussitôt aux feux de flanc des mitrailleuses allemandes sous abris bétonnés. En fin de journée, rien de décisif n'a été obtenu. Les fantassins français sont décimés par les mitrailleuses. L'ennemi a partout résisté, son artillerie reste puissante, son aviation très active et ses réserves peuvent entrer en jeu. Ainsi au soir de ce 16 avril, la percée tant escomptée n'a pas été réalisée. La division Marchand a bien enlevé la première position allemande et quelques compagnies descendent même dans la vallée de l'Ailette, pour être fauchées par les tirs d'enfilade des Allemands. Le 2e corps colonial subit un véritable massacre : 6300 tirailleurs sénégalais tués sur 10 000 engagés ! Dans le secteur de Laffaux, les progrès ne dépassent pas 500 mètres. Dans la plaine de Juvincourt, les chars français Schneider et Saint-Chamond enlèvent la première position, mais sont ensuite détruits par l'artillerie allemande. Le seul vrai succès obtenu est celui du groupe d'armée du général Pétain qui s'empare des monts de Champagne à l'est de Reims. La bataille se poursuit jusqu'au 5 mai en une lutte stérile pour la conquête de quelques centaines de mètres de terrain, où attaques et contre-attaques se succèdent dans les deux camps. La progression française ne dépasse pas cinq à dix kilomètres et se solde par la mise hors de combat 187 000 soldats français (tués ou blessés) contre 163 000 soldats allemands tués ou blessés. Les troupes françaises ont également capturé 22 000 soldats ennemis, 107 canons et 300 mitrailleuses.

---

[17] Yves Buffetaut, op.cit.

L'offensive française n'est en rien un désastre. Les pertes allemandes sont proches des pertes françaises. L'armée française n'a pas reculé et à même progressé de dix kilomètres par endroits. La 4e armée du général Anthoine, placée sous les ordres du général Pétain, a pu conquérir plusieurs hauteurs à l'est de Reims, comme les monts Cornillet (208 mètres), Haut (257 mètres), Le Casque (242 mètres), Téton, Blond, Sans Nom, ainsi que le village d'Auberive. La 5e armée du général Mangin s'est emparée de plusieurs localités à l'est de Soissons, comme Laffaut, Moulin, Jouy, Condé, Chavonne, Ostel, Braye et Cerny. Avec 187 000 soldats français tués ou blessés nous sommes loin des terribles pertes britanniques sur la Somme en 1916 (453 000 soldats hors de combat) pour des résultats territoriaux assez identiques. Les chiffres les plus fantaisistes au sujet des pertes françaises ont circulé. Or il n'y a jamais eu 250 000 soldats français tués au Chemin-des-Dames. Même si les pertes sont importantes, nous sommes loin des rumeurs les plus fantaisistes.

Dans le secteur d'Arras, lieu même de l'offensive britannique de diversion, les assauts sont arrêtés au bout de six jours (9-14 avril 1917) et aucune percée en profondeur n'est réussie, malgré la brillante conquête de la crête de Vimy par les Canadiens. La progression britannique est cependant marquée par une avance de 8 kilomètres par endroits et la capture de 13 000 soldats allemands. Les pertes britanniques, liées à un manque d'expérience de la guerre moderne, sont énormes pour des résultats limitées : 355 000 soldats tués ou blessés !

Bien entendu l'historiographie anglo-américaine se focalise sur la bataille du Chemin-des-Dames pour faire oublier celle du secteur d'Arras, afin de mieux souligner l'échec des troupes françaises. Or, à la lumière des faits présentés précédemment, cette offensive du général Nivelle est davantage un demi-succès tactique qu'une défaite retentissante. Certes, la percée n'est pas effectuée, mais les pertes sont sensiblement identiques dans les deux camps et la progression en divers endroits est avérée.

L'historiographie anglo-américaine se focalise ensuite sur les mutineries qui auraient frappé massivement l'armée française après la bataille du Chemin-des-Dames, au point de la rendre inopérante par la suite.

Lorsque le 10 mai 1917, le général Philippe Pétain est nommé commandant en chef de l'armée française à la place de Nivelle, la situation n'est pas aussi tragique que le prétendent nombre « d'historiens ». Pétain trouve certes son armée abattue par de terribles pertes (3 360 000 soldats tués ou blessés de 1914 à 1917) et dans un état de profond malaise : 46 divisions sur 106 ont été affectées par des actes collectifs de rébellion. Les poilus sont bien décidés à défendre le sol national mais ne veulent plus être lancés dans des offensives inutiles et suicidaires. Trop de tués et de blessés pour des résultats limités, trop de promesses de percées définitives jamais réalisées.

Les actes collectifs de rébellion en 1917 sont de 10 du 22 avril au 25 mars, 80 du 29 mai au 10 juin, 20 du 11 juin au 2 juillet, 5 du 3 au 24 juillet, 3 en août, 1 seul en septembre. Les cas graves de rébellion ont notamment affecté 79 régiments d'infanterie sur 318. Les condamnations prononcées par les tribunaux militaires ont touché 23 889 militaires sur environ 2 millions de soldats affectés aux 106 divisions françaises. Sur ce chiffre de militaires condamnés, le plus grand nombre, souvent des combattants chevronnés, a pu se réhabiliter au front.

Quant aux chiffres des mutins passés par les armes, il a donné lieu aux légendes les plus fantaisistes. Sur 412 peines de mort prononcées, seules 55 ont été suivies d'exécution pour crimes militaires, voire de droit commun, caractérisés.

Pétain ramène le calme en un mois, sans que les Allemands se rendent compte de quoi que ce soit. Il améliore considérablement le quotidien des soldats. En mettant fin aux attaques coûteuses en vies humaines, il rétablit la confiance de l'armée. Il constate que le poilu est souvent mal nourri, mal installé à l'arrière après ses séjours en ligne, que le système des permissions tant désirées fonctionne d'une façon irrégulière, et que l'échec de la dernière offensive du général Nivelle a d'autant plus brisé le ressort de la troupe qu'elle en a attendu, avec la victoire, la fin du cauchemar.

Les remèdes du général Pétain sont simples : « L'alimentation sera surveillée de très près, les cuisines roulantes rapprochées des premières lignes. Des cantonnements salubres seront partout aménagés à l'arrière et réservés en priorité aux unités descendant du front. La vente du vin sera rigoureusement contrôlée et les mercantis impitoyablement chassés des coopératives. Les permissions seront strictement réglées à raison de dix par jours tous les quatre mois, suivant un tour préétabli et connu de tous, et les gares où transitent les permissionnaires se feront plus accueillantes. La noria des divisions sera étudiée soigneusement, en vue d'une alternance régulière des séjours en ligne, au repos et à l'instruction. Il s'agit également de réapprendre à sa battre, suivant des méthodes nouvelles, à une troupe trop longtemps enlisée dans la routine comme dans la boue des tranchées. Il faut multiplier écoles et stages, organiser de courtes manœuvres pour les unités de corps. »[18]

Le général Pétain visite, de juin à juillet 1917, près de 90 divisions françaises, parle aux généraux, aux cadres et aux hommes. Tout en consacrant l'essentiel de son attention à la

---

[18] Archives militaires françaises, Vincennes

remise en condition de l'armée, Pétain n'entend pas la laisser dans l'oisiveté. L'ennemi se charge, d'ailleurs, de tenir les troupes françaises en éveil. Du 3 juin au 31 juillet 1917, les troupes allemandes lancent de nombreux assauts au mont Cornillet, sur le plateau de Californie, au Doit d'Hurtebise et autour de la grotte du Dragon. Les soldats français résistent opiniâtrement et conservent leurs positions.

Fidèle à son principe de redonner à l'armée française toute sa confiance, Pétain lance en août 1917, à Verdun, sa première offensive destinée à compléter les succès des 24 octobre et 15 décembre 1916. L'opération est menée d'Avocourt à Bezonvaux, sur un front de 18 kilomètres, par la 2e armée française du général Guillaumat. Après dix jours d'une puissante préparation d'artillerie (un canon tous les 6 mètres, soit 6 tonnes de munitions au mètre courant), l'attaque débouche, le 20 août, sur les positions de la 5e armée allemande du général von Gallwitz. Le 25, les côtes de l'Oie et du Talou, le village de Samogneux sont conquis. Les soldats français parviennent même aux lisières de Beaumont. C'est un succès complet, pour des pertes françaises limitées (3500 tués ou blessés) et la mise hors de combat de 22 000 soldats allemands.

La grande idée de Pétain est de revenir à ce Chemin-des-Dames, source de tant de maux dont le souvenir doit être effacé. La 6e armée française du général Maistre est chargée de l'opération, afin de refouler sur 12 kilomètres le front allemand au sud de l'Ailette : c'est la bataille de La Malmaison. Sur un front de 12 kilomètres, les troupes françaises engagent 8 divisions, 2000 pièces d'artillerie, trois groupes de chars d'assaut. Les Allemands opposent 9 divisions et 1000 canons ou mortiers. Organisée dans ses moindres détails, l'offensive de La Malmaison est le cas concret de la nouvelle tactique d'infanterie mise au point par Pétain et caractérisée par une adaptation systématique des objectifs aux moyens.

Le 23 octobre 1917, les divisions françaises attaquent chacune sur un front de l'ordre de 1500 mètres, avec leurs trois régiments accolés, dont les bataillons, en colonne, se relèveront sur chaque objectif intermédiaire. Ainsi, une véritable noria d'unités fraîches maintiendra la puissance du coup de boutoir. Les artilleries divisionnaires ayant été triplées, chaque bataillon d'attaque est précédé d'un barrage roulant alimenté par deux groupes d'artillerie. L'offensive se déroule remarquablement, avec des pertes extrêmement légères chez les Français.

Le 23 octobre 1917, à 6 heures, trois quart d'heure après le départ de l'attaque, le fort de La Malmaison est enlevé sans coup férir par un bataillon du 4e régiment de zouaves aux ordres du commandant et futur général Henri Giraud. Le 24, la 126e division d'infanterie occupe le plateau de Moizy jusqu'au mont des Singes. Le 25, les chasseurs alpins du général Brissaud-Desmaillet (66e DI) atteignent Pargny et patrouillent sur l'Ailette, où, le 2 novembre, les Allemands se replient après avoir abandonné aux troupes françaises victorieuses 12 000 prisonniers, dont 200 officiers, 750 mitrailleuses, 210 canons et 222 mortiers. Les pertes militaires françaises se limitent à 4000 tués ou blessés. Les Allemands déplorent également 8000 tués et 30 000 blessés. Un véritable triomphe par l'armée française, qui a progressé de 12 kilomètres : 4000 soldats français sont tués contre 50 000 soldats allemands hors de combat, en comptant les prisonniers.

Le Pétain de 1917 a incontestablement redonné à l'armée française ses lettres de noblesse. Un rapport militaire du 10 novembre 1917 dresse le constat suivant :

« *Pour la troupe comme pour le hommes politique, le général Pétain apparaît un « havre de grâce ». Face au problème de la guerre, il réévalue à froid ses moyens, réagit contre l'irréalisme de son prédécesseur et décide d'appliquer une nouvelle tactique offensive, plus puissante en artillerie et en chars d'assaut. Face au problème moral, il résiste à ceux qui veulent maintenir une autorité inhumaine. Il n'étouffe pas les cris, il les écoute, puis les assourdit peu à peu ; il sait éteindre directement et sans brutalité la pâte humaine. Par contre, il s'oppose à ceux qui contrarient l'action du commandement en acceptant des revendications anarchiques et il n'hésite pas à condamner certains articles excessifs de la presse « patriotarde » qui portent, eux aussi, atteinte au moral de l'armée. Lors de cette crise qui a secoué le pays, l'armée française a le rare bonheur d'être dirigée par un chef remarquable, qui sait comprendre sa souffrance et lui rendre la conscience de sa mission.*

« *Remarquable, Pétain l'est par son allure même : de haute stature, bâti en force, insensible à la fatigue, il s'impose par la majesté naturelle de son maintien comme par la froideur calculée de son accueil. Remarquable, il l'est par la somme des dons de l'esprit qui révèle dans un visage de marbre un regard intensément expressif. En fait, il y a alors chez lui une coexistence de facultés humaines, dont il joue avec le plus sûr instinct selon les circonstances. C'est essentiellement une énergie exempte de brutalité, une ténacité qui n'est pas entêtement, une sensibilité sans faiblesse et une doctrine d'action constamment orientée vers la protection de l'infanterie.*

« *Ce culte de l'infanterie qui l'a opposé aux fameuses théories de l'offensive à outrance, Pétain l'observe déjà en tout temps, et déjà en 1914 ses contre-attaques à la tête de la 4e brigade, puis de la 6e division comptent parmi les plus efficaces et les moins coûteuses. Lorsque, en 1915, il monte l'attaque du*

33ᵉ corps d'armée en Artois, il règle minutieusement le soutien de l'artillerie à ses fantassins, qui, après une action foudroyante, s'emparent de la crête de Vimy. En 1916, il sauve Verdun par une habile défense des positions, une mécanique parfaitement réglée de la relève de l'infanterie, un renforcement considérable de l'artillerie, un remarquable ravitaillement dans tous les domaines, une utilisation appropriée des voies de communication. Ses succès récents de 1917, témoignent également de sa parfaite adaptation à la guerre moderne, permettant à l'armée française d'atteindre ses objectifs, avec un minimum de casse, en affligeant à l'ennemi des pertes considérables. »[19]

La bataille de la Marne 1918 : la défaite définitive de l'Allemagne

Le général allemand Ludendorff estime que pour vaincre définitivement les Alliés sur le front occidental, il doit impérativement écraser l'armée française, sa principale rivale. L'armée britannique, assommée et décimée par deux précédentes offensives allemandes en mars et avril 1918 en Picardie et dans les Flandres, ne tient ses positions que grâce au soutien de 47 divisions françaises, ce qui a pour conséquence de dégarnir le front central du Chemin-des-Dames, où les troupes françaises sont moins nombreuses. Ludendorff compte frapper les Français dans ce secteur, marqué par de violents combats en 1917.

C'est au Kronprinz impérial qu'est confiée, le 17 avril 1918, la direction de la nouvelle offensive, sur les 90 kilomètres du front du Chemin-des-Dames. Deux armées allemandes, alignant 43

---

[19] Archives militaires françaises, Vincennes.

divisions et 4000 pièces d'artillerie, doivent passées à l'assaut le 27 mai. En face, la 6e armée française du général Duchêne ne dispose que de 15 divisions et 1500 pièces d'artillerie. À 1 heure du matin, le bombardement à obus toxiques et classiques s'abat sur les positions françaises. À 3 heures 40, l'infanterie allemande s'avance derrière le barrage roulant de son artillerie. Malgré l'alerte donnée le 26 mai par deux prisonniers allemands, la surprise est totale. Elle se double d'une mauvaise conduite de la défense. Malgré les ordres formels de Pétain, Duchêne, bien que disposant d'effectifs réduits, a bourré ses troupes en première ligne, sans effectuer de systèmes défensifs en profondeur, condamnant ainsi son infanterie au massacre en cas de barrage d'artillerie de l'ennemi. Il y a plus grave, les ponts du canal de l'Ailette et de l'Aisne n'ont pas été détruits. Si bien que dès le premier jour de l'offensive le front français est enfoncé.

Les Allemands abordent la Vesle à Fismes et ne s'arrêtent, après un bond de 20 kilomètres, que sur les plateaux au sud de cette rivière. Pétain mesure tout de suite l'ampleur du désastre. Il rameute la 5e armée françaises du général Micheler et décide de s'accrocher à tout prix sur les plateaux du Soissonnais comme sur la montagne de Reims, dont il pense déjà se servir comme basse de contre-attaque. Mais le 30 mai, les Allemands atteignent la Marne entre Dormans et Château-Thierry. Foch met à la disposition de Pétain la 10e armée française du général Maistre, rappelée de Picardie. L'offensive allemande se heurte à une résistance acharnée du côté de Soissons et de Reims. L'aviation française de bombardement s'acharne sur toutes les concentrations ennemies.

Le 1er juin 1918, la 10e armée française assure la défense de la forêt de Villers-Cotterêts, où les chars Renault FT 17 se distinguent particulièrement en refoulant l'infanterie allemande à Chaudun et à Berzy-le-Sec. Dans la soirée, les Allemands du groupement d'assaut von Conta parviennent cependant à s'emparer de Château-Thierry, défendu par les coloniaux de Marchand, soutenus par des mitrailleurs américains. Après avoir progressé de 50 kilomètres en trois jours, l'armée allemande, à bout de souffle, ne parvient pas à franchir la Marne, malgré l'engagement de 3 nouvelles divisions. Paris à 70 kilomètres redevient l'objectif principal de Ludendorff.

Le 9 juin 1918, à 4 heures, 13 division allemandes passent à l'attaque, sur 30 kilomètres, entre Noyon et Montdidier. La 3e armée française du général Humbert a pris ses dispositions pour recevoir l'assaillant. Les 5 divisions français parviennent à repousser les 13 divisions allemandes. Le 10, le général Fayolle, commandant le groupe français d'armées de réserve, décide de passer à l'action. Le lendemain, 5 divisions françaises, soutenues par 163 chars d'assaut et la 1ère division aérienne, contre-attaquent avec fougue. Le coup est si violent que Ludendorff ordonne à ses divisions maintenues en réserve d'appuyer au plus vite les troupes de première ligne. Les nombreux chars français Renault FT17, Saint-Chamond et Schneider refoulent partout les Allemands. L'infanterie française fait de nombreux prisonniers.

Du 27 mai au 14 juin 1918, Ludendorff a perdu 400 000 soldats contre l'armée française et, pour maintenir le nombre de ses bataillons, a dû en réduire l'effectif aux environs de 600 soldats sur les 1200 initiaux. Il a hâte de revenir à son objectif initial d'écraser définitivement l'armée britannique dans les Flandres. Mais il juge les réserves françaises insuffisamment consommées et décide de lancer une ultime offensive en Champagne avec 39 divisions. En face, 30 divisions françaises, 6 divisions américaines et 2 divisions italiennes s'apprêtent à riposter au plus vite. Pour éviter la déconvenue du Chemin des Dames du 27 mai, le général Pétain ordonne l'abandon temporaire de la première ligne de défense, réduite à de simples avant-postes, et exige une résistance à outrance sur la seconde position. L'artillerie allemande doit ainsi gaspiller ses munitions sur des positions dégarnies de troupes.

Le 15 juillet 1918, à 5 heures 30, après quatre heures de bombardement, les divisions allemandes passent à l'assaut et découvrent les tranchées françaises de première ligne vides de tout occupant. La seconde position françaises, intacte, oppose une résistance farouche qui décime les assaillants. Des combats acharnés se livrent notamment à Perthes. Les troupes françaises, américaines et italiennes contre-attaquent et repoussent avec succès l'armée allemande. Neuf nouvelles divisions françaises, conduites en partie par l'ardent général Gouraud, balayent les dernières troupes allemandes. L'offensive allemande est définitivement repoussée. Ludendorff a perdu l'initiative des opérations.

Le 18 juillet 1918, tournant de la guerre sur le front occidental, 19 divisions françaises, 6 divisions américaines et 2 divisions britanniques, appuyées 492 chars français, dont 250 excellents Renault FT17, 3000 pièces d'artillerie et 850 avions, contre-attaquent entre l'Aisne et la Marne.

Couvertes par les forêts de Villers-Cotterêts et de Compiègne, les troupes alliées débouchent, à 4 heures 35, quasiment sans préparation d'artillerie, afin de surprendre l'ennemi. Fantassins et chars alliés progressent rapidement et enfoncent le centre allemand entre Dammard, Villers-Hélon et Vierzy. L'armée française capture lors de cette unique journée 10 000 prisonniers allemands. Le soir même, l'avance dépasse 10 kilomètres sur 50. Elle se poursuit le lendemain et le surlendemain. Les Allemands abandonnent Château-Thierry le 21. Par une brillante action, le 67e régiment français d'infanterie chasse le 79e régiment prussien d'infanterie du village de Villemontaine, le 25.

Plus au sud, les Alliés arrivent sur Fère-en-Tardenois et Ville-en-Tardenois. Dans la nuit du 27 au 28, l'armée allemande s'éloigne de cette Marne qui, pour la seconde fois, lui est funeste. Le 2 août, des soldats français de la 11e division d'infanterie pénètrent dans Soissons. Les soldats des généraux français Mangin, Degoutte et Berthelot bordent l'Aisne, puis la Vesle, de Braine à Reims. La victoire française est totale. Les troupes françaises ont capturé 35 000 prisonniers allemands, 700 canons et libéré 200 villages. Du 18 juillet au 2 août 1918, on compte 125 000 tués ou blessés dans les rangs français et 168 000 chez les Allemands. L'action massive des chars français Renault FT17 a été décisive dans la défaite allemande. Une soixantaine de divisions françaises ont été engagées lors de ces opérations, ainsi que 6 divisions américaines, 2 divisions britanniques et 2 divisions italiennes. Une fois de plus, comme on peut le constater par les chiffres, l'armée française a joué un rôle essentiel dans cette victoire décisive.

Pour la perte de 558 000 soldats (tués, blessés, disparus et prisonniers) de son côté, l'armée française a mis hors de combat 856 000 soldats allemands, de mars à juillet 1918. En mai 1918, on comptait 204 divisions allemandes sur le front français, contre 180 divisions alliées, dont 110 divisions françaises. Le 6 août 1918, Foch est fait maréchal de France.

Assez curieusement, l'historiographie anglo-américaine attribue la seconde victoire de la Marne de juillet 1918 à l'engagement massif des troupes américaines. Or, sur 27 divisions américaines disponibles à ce moment, seulement 6 ont participé à cette bataille. Il faut attendre le 10 août 1918, pour que la 1ère armée américaine, du général Pershing, soit constituée avec 16 divisions, dont 8 ayant l'expérience du combat. La 1ère armée américaine se voit attribuer, le 26 août, le secteur de Saint-Mihiel, représentant 80 kilomètres de front. La France livre à ses *alliés américains 144 chars Renault FT17, 3000 canons et 500 avions. L'essentiel du matériel lourd américain est français. En août 1918, avec 110 divisions en ligne, l'armée française tient 720 kilomètres des 950 kilomètres du front occidental.*

D'août à novembre 1918, les puissantes offensives alliées refoulent partout les Allemands jusqu'à la frontière belge. L'Allemagne est contrainte de signer un armistice le 11 novembre 1918. La guerre est gagnée pour les Alliés sur le front occidental.

L'une des armes clefs de la victoire des Alliés en 1918 est le char français Renault FT17. Commandé par Louis Renault et conçu en partie par le colonel Jean- Baptiste Estienne, le char léger Renault FT17 devient le char le plus remarquable de la Première Guerre mondiale, dont la conception extrêmement moderne, avec sa tourelle pivotante, a inspiré tous les chars suivants. Il est l'ancêtre du char de combat moderne, dont sont issus les chars de la Seconde Guerre mondiale.

Le char Renault FT17 est remarquable sur plus d'un point, Louis Renault et le colonel Estienne ont fait œuvre de précurseurs du blindé moderne. Placé à l'arrière, le moteur de quatre cylindres Renault donne une vitesse de 9 km/h, satisfaisante pour un engin de 6,7 tonnes doté d'une autonomie de 40 kilomètres. Le blindage de 22 mm est plus épais que tous les autres chars de l'époque, même les plus lourds (15 mm). Deux hommes d'équipage suffisent, un tireur commandant de char et un conducteur. La tourelle, entièrement mobile sur son axe, peut recevoir un canon de 37 mm ou une mitrailleuse de 8 mm.

Ce type de char est engagé pour la première fois le 31 mai 1918 à Berzi-le-Sec et à Chaudun (forêt de Villers-Cotterêts). Il joue un rôle considérable lors des victorieuses contre-offensives et offensives alliées de l'été et de l'automne 1918. Les Renault sont groupés en bataillons de 63 chars articulés en trois compagnies de 21 chars. À la fin de 1918, la France a fabriqué 3177 chars Renault, dont 440 ont été détruits au combat.

VI

UN PAYS OUTRAGÉ, BRISÉ, MARTYRISÉ MAIS LIBÉRÉ

LES BATAILLES DE 39-45

La campagne de mai-juin 1940 voit l'affrontement de forces blindées et aériennes conséquentes, où, contrairement à une légende tenace, l'armée française tient à plusieurs reprise sa rivale allemande en échec. Les erreurs tactiques et stratégiques du haut-commandement français, de même que la plus grande mobilité des panzerdivisions et la supériorité numérique de la Luftwaffe ont cependant raison de la résistance acharnée des troupes tricolores.

L'armée française, tirant les leçons de la défaite de 1940, prend sa revanche par la suite en Afrique, en Italie, en France et en Allemagne de 1941 à 1945, grâce à des chefs militaires remarquables, comme les généraux et futurs maréchaux Koenig, Leclerc, Juin et de Lattre. La mobilité, la puissance de feu, la supériorité numérique et logistique sont les clefs essentielles de la victoire sur le terrain.

La bataille d'Hannut-Gembloux 1940 : la première grande bataille de chars

En septembre 1939, suite à l'offensive allemande contre la Pologne, la France et la Grande-Bretagne entrent guerre contre

Hitler. Il s'ensuit une longue période d'inaction sur le front occidental, où les deux armées en présence s'observent, tout en livrant des escarmouches aux avants postes de leurs fortifications respectives La France profite de ce délai inespéré pour se renforcer militairement.

Le 10 mai 1940, les forces armées allemandes passent à l'offensive à l'Ouest, en attaquant les Pays-Bas, la Belgique et le Luxembourg. Les divisions françaises et britanniques du front Nord volent au secours de la Belgique, tombant ainsi dans le piège tendu par Hitler et ses généraux. En effet, ces derniers massent leurs forces principales sur la Meuse et dans les Ardennes, alors que le meilleur des troupes franco-britanniques entend livrer la bataille principale sur la Dyle. Mais c'est au centre du front que la menace allemande est la plus forte, où 50 divisions allemandes d'élite affrontent une dizaine de divisions françaises sous-équipées. Cependant, l'effort allemand a également lieu à Hannut-Gembloux, afin de fixer les excellentes divisions légères mécaniques françaises.

À Hannut, en Belgique, du 12 au 13 mai 1940, le corps de cavalerie mécanisée du général français Prioux (2 et 3e divisions légères mécaniques), fort de 380 chars, affronte sans soutien aérien, le 16e panzerkorps du général Hoepner, totalisant 664 chars, appuyés par la Luftwaffe. C'est la première grande bataille de chars de la Seconde Guerre mondiale.

Les unités françaises ont quitté leurs cantonnements de la région de Valenciennes et de Maubeuge aux premières heures du jour le 10 mai. Elles ont 150 kilomètres à parcourir en territoire belge pour atteindre la région d'Hannut, au centre du triangle Louvain, Namur et Liège. Prioux doit y contenir l'offensive de deux panzerdivisions, afin de permettre ensuite aux autres divisions françaises et britanniques de s'établir sur la position Dyle-Gembloux, conformément au plan du général Gamelin.

La 3ᵉ division légère mécanique (DLM) du général Langlois va être directement au prise avec les deux panzerdivisions du général Hoepner. L'autre DLM sera moins soumise aux assauts de l'adversaire. Ce sont donc 664 chars allemands (dont 150 Panzer III et IV) qui vont assaillir les positions de la 3ᵉ DLM, qui dispose de 80 chars Somua S35 et 140 chars Hotchkiss, soit un total de 220 chars.

Un premier accrochage à lieu des 6 heures du matin, le 12 mai, lorsque des chars Hotchkiss H39 détruisent cinq panzers à Crehen. Les blindés français se mettent à l'abri des nombreuses haies, derrière les maisons, dans les jardins. Ils luttent avec courage. Plus-tard, on retrouvera l'adjudant-chef Geneste mort, les mains encastrées dans le volant de pointage de son arme, la tête reposée sur le canon muet. Les mitrailleuses du peloton Gilbert détruisent deux automitrailleuses allemandes.

Les unités motorisées françaises d'infanterie (dragons portés), qui subissent le premier choc, s'accrochent au terrain malgré de lourdes pertes. Les canons automatiques des Panzer II font des ravages dans les rangs des dragons portés. Puis les Somua contre-attaquent et parviennent à stopper la progression de l'ennemi.

L'inaptitude du canon court de 37 mm des Hotchkiss en combat char contre char est démontrée : les obus ricochent sur le blindage des Panzer III et IV. Seuls les Somua en imposent à leurs adversaires les plus puissants. Au soir du 12 mai, les Français ont infligé des pertes suffisamment importantes aux Allemands pour que le général Hoepner réalise que ses Panzer I et II, formant plus de la moitié de ses deux panzerdivisions, ne viendront jamais à bout des redoutables Somua, qui détruisent les blindés allemands en grande quantité. Certains Somua portent les traces d'une trentaine d'impacts d'obus de 20 ou 37 mm sur leur épais blindage.

Le lendemain, le 13 mai, un détachement de Somua, prenant de flanc la masse blindée de la 4ᵉ panzerdivision, fait une hécatombe de chars allemands : une cinquantaine de panzers sont détruits en quelques minutes ! Le véhicule de commandement du colonel allemand Eberach est en feu. Le général allemand Hoepner est tellement impressionné par la puissance de feu des Somua S35 comparé à celle des Hotchkiss H39, qu'il fait passer la consigne à tous ses équipages de panzers de s'engager à fond contre les H39, mais d'éviter le combat contre les S35, sauf à très courte portée ou avec les Panzer IV, armés d'un canon de 75 mm. Jusqu'à 1000 mètres, le canon de 47 mm des Somua surclasse presque tous les blindés allemands. En outre, le blindage du Somua le rend pratiquement invulnérable aux canons de 20 et 37 mm allemands et même le canon de 75 mm du Panzer IV rencontre de grandes difficultés à le percer aux distances habituelles de combat de l'époque.

Une section de Somua change de position et passe au travers des lignes allemandes avant de se heurter à un groupe de chars en cours de ravitaillement. Le combat qui s'en suit ne cause aucune perte du côté français mais coûte quatre panzers et une vingtaine de camions aux Allemands. Les Somua poursuivent leur route jusqu'à Thisnes où ils surprennent et neutralisent une batterie allemande.

La tactique allemande d'infiltration et de débordement se heurte à une farouche résistance des unités françaises formées le plus souvent en hérisson. Aux attaques allemandes, les Français répondent par d'habiles contre-attaques. La Luftwaffe, qui intervient à plusieurs reprises, soumet les DLM à des bombardements intensifs.

Quatorze Somua, gardés en réserve derrière le village Jandrenouille, mènent une contre-attaque afin de freiner la progression allemande. Un combat frontal les oppose, en rase campagne, à deux régiments de panzers. Les Somua prennent l'avantage en détruisant une cinquantaine de chars ennemis. Aucun Somua n'est détruit malgré la supériorité numérique de l'adversaire et l'intervention des Stukas.

Dans le village de Marilles une dizaine de Somua affrontent une quarantaine de panzers. Une vingtaine de chars allemands sont mis hors de combat, pour la perte minime de deux Somua. À Jandrain, les Hotchkiss détruisent une dizaine de blindés allemands.

« L'admirable ténacité des Français qui, malgré les pertes subies, ne cédèrent pas un pouce de terrain, fit que le combat resta indécis et que le général Hoepner continua d'ignorer où se trouvait le gros des forces blindées ennemies », écrit le colonel allemand Neumann.[20]

Durant deux jours, la 3e DLM parvient à contenir les assauts enragés des deux panzerdivisions. Succès tactique incontestable pour le général Prioux : 164 chars allemands sont hors de combat contre 105 chars français.

L'historien militaire allemand Karl-Heinz Frieser reconnaît implicitement la victoire française : « D'un point de vue tactique, le succès a été total pour le général Prioux. Sa seule mission avait été de fournir une résistance d'une durée limitée et de laisser du temps à la 1ère armée française, afin qu'elle s'installe dans la position de Gembloux. Les chars français avaient pu infliger des pertes sévères à ceux de l'ennemi. Les Allemands durent accepter des dégâts énormes non seulement à Hannut, mais aussi à Gembloux. Ce fut une bien mauvaise surprise pour les équipages des chars allemands de Panzer III, de s'apercevoir que les obus

---

[20] Archives militaires allemandes, Fribourg-en-Brisgau.

de leurs canons de 37 mm ricochaient, complètement inefficaces, sur les cuirasses des Somua. Les Français avaient un autre avantage : engagés dans des combats de retardement, ils pouvaient en permanence livrer bataille depuis des abris, qu'ils soient villages ou en pleine campagne. Pour les équipages des chars allemands légers, la situation s'avérait déplorable ; en témoigne l'action désespérée du commandant d'un char Panzer I (armé uniquement de deux mitrailleuses) à Jauche. « Armé » d'un marteau, il bondit sur le char Hotchkiss du lieutenant Le Bel, voulant apparemment en fracasser l'optique, mais il tomba du char en marche et fut écrasé par celui-ci.

« Dans cette bataille, l'équipement radio à grande portée offrit ses avantages aux Allemands. Grâce à lui, les commandement allemands avaient constamment la possibilité de déplacer par surprise leur axe d'effort. Comme, par ailleurs, les chars français disposant d'un appareil de radio en état de marche étaient bien rares, des officiers eurent parfois à quitter leur véhicule et à courir d'un char à l'autre pour transmettre leurs ordres – et ils se firent surprendre par une attaque allemande alors qu'ils étaient à l'extérieur de leur véhicule de combat. C'est justement lors de ce premier affrontement des deux armes cuirassées qu'émergea une autre différence entre les modèles français : il s'agissait d'une caractéristique de la construction des chars, la conception des tourelles. Dans les chars français de combat, elles étaient conçues pour un seul homme. Ce qui signifiait que le commandant, à qui revenait en fait la conduite tactique, devait en même temps faire fonction de chargeur et de tireur. Les commandants de chars allemands, en revanche, pouvaient se concentrer sur leur fonction de direction.

« Ce qui s'est produit à Hannut, c'est la première et, en même temps, la plus grande bataille de chars de la campagne de l'Ouest, mais pas seulement : ce fut aussi une formidable « bataille chars contre avions ». Sous les ordres du général de brigade von Richtofen, le 8ᵉ corps aérien, qui, en tant que « corps aérien de combat rapproché », était spécialisé dans l'appui de l'armée de terre, intervint massivement dans les combats au sol. Les Stukas, surtout, ouvrant la voie aux chars allemands, mirent hors de combat un bon nombre de chars français. »[21]

Ainsi, malgré sa supériorité numérique en chars, le puissant soutien de l'aviation d'assaut, l'avantage de l'équipement radio, le panzerkorps du général Hoepner a été tenu en échec par le corps de cavalerie mécanisée du général Prioux, totalement dépourvu de l'appui de l'armée de l'air. Des 105 chars français perdus, la moitié est à mettre à l'actif des bombardiers en piqué de la Luftwaffe. Ce qui veut dire que lors de l'affrontement chars contre chars, les blindés français, principalement les Somua, ont démontré leur redoutable efficacité en mettant hors de combat la plus grande partie des 164 chars ennemis perdus.

Le général Prioux reconnaîtra également le rôle prépondérant joué par l'artillerie dans l'arrêt de l'action allemande. En effet, les tirs de barrage du 76ᵉ régiment d'artillerie de la 3ᵉ DLM vont se révéler d'une grande efficacité. Les principaux officiers allemands, engagés dans cette bataille, ont souligné l'exceptionnelle qualité tactique de l'artillerie française.

L'adjudant Georges Hillion, tankiste au sein de la 3ᵉ DLM, raconte l'incroyable combat qu'il a livré le 12 mai 1940, à Tishnes, près d'Hannut :

« Vers 20 heures 05 j'entends sur ma droite quelques rafales de mitrailleuses ; j'oriente ma tourelle, les armes prêtes, mais ne

---

[21] Karl-Heinz Frieser, *Le Mythe de la guerre éclair, la campagne de l'Ouest de 1940*, éditions Belin 2003.

distingue rien encore. Pendant environ cinq minutes, je fouille le terrain, en vain, et pourtant le bruit s'est amplifié… Il est environ 20 heures 10 quand j'ai la joie de voir déboucher deux chars ennemis progressant lentement sur ma position. Ils ne semblent pas m'avoir vu. Je prends mon temps, ne voulant pas rater un si bel objectif, mon premier ! Je tire et je touche au but. Le char s'arrête. J'aperçois une vive lueur et une fumée épaisse sort du véhicule. Je ne m'en soucie plus. Je pointe le deuxième, le premier coup semble ricocher sur la tourelle. Je tire une deuxième fois en pointant légèrement plus bas ; le coup porte sous la tourelle à la partie avant. Le char reste sur place.

« À travers l'épiscope de gauche j'aperçois quelques fantassins et quatre autres chars débouchant à droite des deux que je viens de stopper. Je me tourne vers eux mais les branches de l'arbre derrière lequel je me trouve m'empêchent de faire une visée précise. Je donne donc ordre à mon conducteur, le brigadier Phiz, de se porter sur le petit chemin en bordure duquel nous nous trouvons. Nous traversons la haie de clôture et je prends à partie à la mitrailleuse les fantassins aperçus quelques instants plus tôt. Je vide en une seule rafale la moitié de mon chargeur. Les Allemands sont touchés ou se couchent, en tous cas je ne les revois plus.

« À peine arrivé sur le chemin, la riposte ennemie se fait durement sentir. Je reçois un premier obus à l'arrière du char dont le moteur s'arrête. Phiz tente de le remettre en marche mais le démarreur n'accroche plus. Nous sommes cloués au sol à 300 mètres environ de l'ennemi pour qui nous formons une cible parfaite. Un obus traverse la tourelle. Des éclats me blessent à la tête et au bras gauche. J'ai le visage inondé de sang et je ne vois plus que de l'œil droit. Je pointe mon arme, visant l'ennemi qui progresse rapidement à moins de 200 mètres. Au moment où je vais presser la détente, un autre choc violent se produit derrière moi. Je ressens une douleur très vive dans le dos et une sensation de brûlure sur tout le côté gauche du visage. Une épaisse fumée envahit le char. Je tire mais je ne peux dire avoir atteint mon but…

« Je suffoque et je pense alors à prendre mon écharpe pour me l'enrouler autour de la tête et de la bouche. Je quitte donc mon épaulière mais, à peine mon épaule a-t-elle perdu le contact, qu'un choc violent frappe la tourelle. Le canon pivote violemment sur la gauche… Je me redresse et par la culasse ouverte je constate que l'extrémité de mon tube est déchiquetée. La lunette de visée est détruite mais la mitrailleuse semble intacte. Je décide de continuer la lutte à terre. Je demande à Phiz de se porter avec des chargeurs derrière l'arbre où nous nous trouvions précédemment tandis que je sortirai avec la mitrailleuse.

« Deux nouveaux coups ébranlent encore le char. L'atmosphère est devenue irrespirable, on étouffe. Je sens mes forces diminuer. Je sors péniblement par la tourelle, tenant la mitrailleuse, quand un éclat d'obus m'arrache littéralement mon casque de la tête et je tombe lourdement sur le sol. Je rassemble le peu de force qui me restent et je parviens à gagner l'arbre en rampant ; je perds connaissance.

« Combien de temps mon évanouissement a-t-il duré, je ne peux le dire. Je ressens tout à coup une douleur épouvantable aux jambes, j'ouvre les yeux et j'aperçois un char allemand qui me passe sur les deux jambes. Craignant un coup de grâce, je m'efforce de ne pas crier sous la douleur… Le char continue sa route en se collant à la haie. Après son passage, des obus tombent sur le terrain et les gerbes de terre me recouvrent partiellement. Deux éclats me frappent à la main gauche… Je suis à bout et je sombre de nouveau dans le néant.

« Quand je reviens à moi, il fait nuit noire. J'appelle Phiz à plusieurs reprises mais je n'obtiens aucune réponse. Ma jambe gauche ne réagit plus et me paraît broyée, la droite est douloureuse mais semble fonctionner encore. Je réussis à me mettre sur le ventre et je me traîne tant bien que mal sur le chemin qui conduit au village. J'ai parcouru cinquante mètres environ quand deux Allemands armés de mitraillettes surgissent de derrière la haie et me demandent : êtes-vous Français ou Anglais ? Ils m'examinent, parlent entre eux et veulent me porter. En raison de l'état de ma jambe je leur demande de me traîner, ce qu'ils acceptent de faire. »[22]

Un peloton de chars Somua, aux ordres du sous-lieutenant Lotsisky, opère un raid meurtrier dans les lignes adverses, à Crehen, en détruisant une dizaine de camions, une batterie d'artillerie et quatre panzers.

Comme le souligne justement l'historien Erik Barbanson, l'apparition du char français Somua S35 sur le champ de bataille a été ressentie comme un rude choc par les Allemands. Ce char, considéré comme le meilleur blindé de ce début de conflit mondial, est un parfait compromis entre puissance de tir, vitesse, autonomie et protection. Il surpasse ses adversaires allemands en de nombreux points. Son blindage le met à l'abri de la majorité des chars allemands de l'époque. Seul le canon de 75 mm des Panzer IV et le canon de 88 mm parviennent à le percer, alors que les obus de 20 et 37 mm, équipant respectivement les Panzer II et III, ricochent sur les Somua équipés d'un puissant canon de 47 mm capable de percer tous les chars allemands de l'époque. Par contre, le Somua souffre, comme la quasi-totalité des chars français, de sa tourelle monoplace comme le rappelle le sous-lieutenant Baillou : « Exiger d'un homme unique qu'il assume le service des armes, qu'il observe autour de lui, qu'il dirige son

---

[22] Archives militaires françaises, Vincennes.

pilote, qu'il approvisionne ses armes, et qu'en plus, s'il est chef de peloton, qu'il commande à sa petite unité est tout simplement une gageure. Debout dans son habitacle et ayant découvert un objectif, il ne peut atteindre de sa place aucune des commandes de manœuvre de tourelle permettant d'aligner ses armes dans la direction convenable. Il lui faut alors s'asseoir sur sa sangle, perdre de vue l'objectif repéré, essayer de le retrouver dans le champ étroit de sa lunette de tir sans y parvenir une fois sur deux surtout si l'objectif est mobile. Enfin ayant tiré, il lui faut aller rechercher un nouvel obus dans l'obscurité de son habitacle de combat. Durant ce temps personne n'observe ou tire. »[23]

Côté allemand, l'équipage des Panzer III ou IV, composé de cinq hommes, offre une excellente répartition des tâches. Le tireur est aidé par un coéquipier ce qui permet au char allemand de tirer plus vite, tandis que le chef de section peut diriger la manœuvre d'ensemble de ses chars grâce aux moyens radios dont il dispose.

« À la 3ᵉ DLM, écrit Erik Barbanson, l'immobilisme des chars légers Hotchkiss placés en soutien des dragons a tourné au massacre, mais le principe des contre-attaques, lancées principalement à base de chars Somua, a été bon, même si le manque de coordination entre les actions, faute de transmission, n'a pas permis aux chars de faire pleinement usage de leur puissance et de leur nombre (…). Le fait qu'une seule DLM est pu tenir la dragée haute à deux panzerdivisions est en soit un exploit exceptionnel. »[24]

---

[23] Archives militaires françaises, Vincennes.

[24] Erik Barbanson, *Somua contre Panzer, Hannut, la première bataille de chars de l'histoire*, Histoires de Guerre n°68, avril 2006.

En retardant aussi longtemps que possible le 16e panzerkorps avec son corps de cavalerie mécanisée à Hannut, le général Prioux permet à la 1ère division marocaine (DM) du général Mellier et à la 15e division d'infanterie motorisée (DIM) du général Juin de prendre position à Gembloux, sur un front de douze kilomètres de long.

La 15e DIM occupe le secteur vital allant de Beuzet au sud de Gembloux. Ses 2500 véhicules lui permettent de gagner ses positions suffisamment à temps pour y installer ses plans de feux et y poser des mines antichars. Bien équipée en artillerie de campagnes et en pièces antichars, la 15e DIM est une des meilleures divisions de l'armée française. Quant à la 1ère division marocaine (DM), elle prend en charge la zone s'étendant du nord de Gembloux jusqu'à Ernage, où le 16e panzerkoprs allemand du général Hoepner va exercer ses efforts principaux. L'essentiel de la 1ère DM est composé de Marocains, engagés pour quatre ans, originaires des régions de Meknès et de Marrakech, qui ont été renforcés par des réservistes de Bordeaux.

« Aux yeux du commandement, écrit Claude Paillat, les soldats marocains forment une troupe impressionnable et nerveuse, apte à l'attaque surtout, grâce à ses éléments berbères, plus qu'à la défense. Si, dans les coups durs, les Marocains suivent les chefs qu'ils connaissent et ont su s'imposer à eux, ils sont aussi susceptibles de les abandonner et de se débander dans le cas contraire. Or, la 1ère DM bénéficie d'un encadrement de valeur. Malgré les protestations du général Mellier, la 1ère DM ne possède que 27 canons antichars de 25 mm au lieu des 48 prévus dans la dotation théorique. Le matériel auto est hétéroclite et incomplet ; le déficit en motocyclette est considérable. Il manque aussi 400 chevaux. Considérée comme une division de premier plan, envoyée dans un secteur démuni de défenses naturelles de valeur, chargée d'une mission redoutable, la 1ère DM n'échappe pourtant pas aux carences d'armement et aux pénuries de matériel. En gros, cette division d'infanterie du type « Grande Guerre » aura donc à affronter deux grandes unités blindées allemandes modernes et disposant d'appui aérien. »[25]

La 1ère division marocaine a parcouru 130 kilomètres à pied en trois étapes pour atteindre ses positions. Avec 34 000 hommes au total, la 1ère DM et la 15e DIM doivent barrer la route à 500 panzers et 40 000 soldats allemands, appuyés par le 8e corps aérien de la Luftwaffe.

La région de Gembloux est une plaine parsemée de nombreux villages assez étendus, de grosses fermes et quelques boqueteaux. Au centre se trouve Gembloux, petite ville industrielle de cinq mille habitants, nœud de communication important où se croisent deux grandes routes et deux voies ferrées, dont l'une, reliant Bruxelles à Namur, va jouer un rôle important dans les combats, car perpendiculaire à la direction d'attaque, elle offre un obstacle inégal mais utilisable qui sera choisi comme ligne principale de résistance par les Français. Le terrain se prête admirablement à une attaque de blindés, un « véritable charodrome » ainsi que le baptisera le général Mellier.

Le ciel est libre pour les escadrilles de Stukas qui, sirènes hurlantes, vont piquer sur les défenseurs de Gembloux pour tenter de les terroriser et pour combiner leurs bombardements à ceux de l'artillerie allemande.

« Quant à la DCA, écrit le colonel Jean Delmas, c'est une des faiblesses de l'armement français. Ce n'est qu'en 1938 que le budget accorde une priorité à la fabrication de ces matériels ; c'est

---

[25] Claude Paillat, *Le Désastre de 1940, la guerre éclair, 10 mai-24 juin 1940*, éditions Robert Laffont 1985.

trop tard pour que les divisions puissent être dotées d'un matériel moderne. L'infanterie à Gembloux tirera avec ses mitrailleuses et même ses fusils mitrailleurs. Elle abattra toutefois l'avion d'observation Henschel He 126 ; il sera remplacé dans la demi-heure suivante et doublé, le 15, d'une « saucisse » qui narguera les combattants au sol. »[26]

Dès l'aube du 14 mai, aviation et artillerie allemandes commencent le pilonnage de la ligne française. Puis les chars et l'infanterie donnent l'assaut. Les armes antichars françaises, bien disposées, touchent de nombreux blindés. Louis Brindejonc, chef de pièce antichars au 2e régiment de tirailleurs marocains, se distingue particulièrement avec son canon de 25 mm, face à l'assaut de la 4e panzerdivision, en mettant hors de combat 7 chars allemands, dont celui d'un colonel. Le général Juin, qui a retardé au maximum le tir de son artillerie, afin d'éviter de détruire les derniers éléments de la 2e division légère mécanique menant le combat retardateur, applique tous ses feux sur les concentrations de tanks ennemis. En quelques minutes, six batteries du 1er régiment d'artillerie tirent 432 coups sur le bois des Buis, poste de commandement (PC) de la 3e panzerdivision. Le général Stever, chef de la 4e panzerdivison, est blessé par un éclat d'obus alors qu'il arrivait au PC pour prendre des ordres. Au même moment où on l'évacue vers l'arrière, le général Breith, commandant d'une des unités blindées allemandes, est blessé lorsque son char de commandement est atteint de plein fouet par un obus de 47 mm. Les tirs d'arrêt du 64e régiment d'artillerie obtiennent le même effet dans le secteur de la 1ère division marocaine : les unités blindées allemandes sont obligées de

---

[26] Colonel Jean Delmas, colonel Paul Devautour, Eric Lefèvre, *Mai-juin 1940, les combattants de l'honneur*, éditions Copernic 1980.

rompre le combat pour se mettre à l'abri de ce déluge de feu d'une précision fulgurante.

L'attaque allemande du 15 mai se heurte à une résistance aussi opiniâtre. Ce sera une très longue journée, où l'effort allemand se porte sur la 1ère division marocaine. À sa droite, la 15e division d'infanterie motorisée, plus favorisée par un terrain qui autorise moins les déboulés des tanks, empêche les approches de sa position. Et si les chars allemands se risquent dans l'après-midi à pénétrer dans le front tenu par le 4e régiment d'infanterie, vers Beuzet, ils sont détruits aux canons de 47 mm et 25 mm. Par contre, entre Gembloux et Perbais, une lutte acharnée oppose de l'aube à la nuit deux adversaires qui en sortent aussi meurtris l'un que l'autre, sans que la rupture ait pu être obtenue par les Allemands. En fin de journée, après une dernière tentative, l'attaque allemande s'essouffle. L'ennemi se retire sur sa ligne départ, refoulé par la résistance héroïque des soldats français et marocains.

Le groupe 515 de bataillons de chars, formé des 13e et 35e bataillons de chars de combat (BCC), équipés respectivement de Hotchkiss H35 et Renault R35, intervient sur la voie ferrée Gembloux-Ernage. Cette contre-attaque des bataillons de chars organiques de la 1ère armée est peu connue, mais elle n'a sans doute pas été pour rien dans l'arrêt définitif de l'attaque allemande. On assiste même à une assaut furibond à la baïonnette des 1er et 7e régiments de tirailleurs marocains (RTM) qui refoulent l'infanterie allemande.

Gabriel Cardona, chef de section au 1er bataillon du 1er RTM, raconte : « Après un assaut à la baïonnette, je fis ouvrir le feu sur des soldats allemands en fuite. Malheureusement les chars allemands débouchèrent de chaque côté du mamelon où nous étions postés et nous mitraillèrent. Je fus blessés à la jambe gauche. Lorsque le lieutenant-colonel Boca, commandant le régiment, ordonna le repli, je roulais jusqu'au bas de la butte. Je fus relevé par le sergent François Cegarra. M'appuyant sur son épaule et sautillant sur ma jambe droite, nous réussîmes à rejoindre la route de Charleroi. Ce parcours d'environ 500 mètres, peut-être plus, fut bien entendu, effectué debout. C'était donc une cible parfaite pour l'ennemi. Les balles traçantes tirées par les chars allemands soulevaient la terre autour de nous. Il y avait de nombreux morts et blessés. Cependant, Cegarra n'a pas voulu m'abandonner ; pourtant il aurait pu se replier par bons successifs avec beaucoup de risque. Je pense souvent à cet acte de bravoure et d'abnégation. »[27]

Durant ces deux jours, la Luftwaffe tente, sans y parvenir, de neutraliser l'artillerie française. Les généraux Mellier et Juin n'hésitent pas à se porter à la pointe des combats pour soutenir le moral des troupes. Les tirailleurs marocains font preuve d'un courage extraordinaire.

Lorsque le calme revient sur le champs de bataille, les deux adversaires peuvent compter leurs pertes. Elles sont terribles de part et d'autre. En deux jours, 62 chars et 250 autres véhicules allemands ont été mis hors de combat, ainsi que 2432 soldats allemands (tués, blessés et disparus). Le 1er bataillon allemand du 12e régiment de chasseurs, fort au début de 900 hommes, est réduit à 35 survivants ! Dix avions allemands ont été abattus par les armes automatiques françaises. Les pertes militaires française se montent 2250 soldats hors de combat (tués, blessés et disparus). Chaque bataillon des régiments de tirailleurs marocains (RTM) aligne en moyenne 700 hommes : à la fin de cette bataille, le 1er bataillon du 2e RTM ne compte plus que 74 soldats valides, 80 au 2e bataillon du 2e RTM et 150 au 2e bataillon du 7e RTM !

---

[27] Archives militaires françaises, Vincennes.

L'artillerie française a été d'une grande efficacité en détruisant une grande partie des véhicules et blindés ennemis.

En quatre jours de combat, à Hannut et Gembloux du 12 au 15 mai, le 16e panzerkorps, fort au début de 664 chars, déplore la perte de 226 panzers. En outre, 500 autres véhicules de ce panzerkorps ont été détruits. Le général Hoepner estime que ses unités, décimées, ne sont pas en mesure de reprendre le combat le lendemain. Le 15 mai au soir, la 4e panzerdivision, forte à l'origine de 323 chars, ne compte plus que 137 chars opérationnels !

« La bataille de Gembloux, écrit l'historien militaire Yves Buffetaut, est donc un incontestable succès français. L'assaut de deux divisions blindées a été arrêté sur une ligne de défense à peine ébauchée, par des unités d'infanterie seules, soutenues seulement en fin de journée par deux bataillons de chars. Nulle part la ligne d'arrêt n'a été franchie par les Allemands, dont les pertes ont été terribles. »[28]

Le caporal-chef allemand Matthias, rattaché au 12e régiment de chasseurs de la 4e panzerdivision, offre un récit précis de la violence des combats à Gembloux, qui met en évidence l'héroïque résistance des troupes franco-marocaines :

« Tout est prêt pour le lancement de l'attaque. Brusquement l'artillerie déclenche un tir hurlant sur Gembloux. Sous sa protection, nous nous mettons en marche. Nous atteignons bientôt la ligne de crête et nous sommes immédiatement reçus par les tirs de mitrailleuses. Sur la droite, une batterie française de lourd calibre démolit un pâté de maisons.

---

[28] Yves Buffetaut, *Blitzkrieg à l'Ouest, Belgique et Nord 1940*, collection hors-série Militaria n°8, éditions Histoire et Collections 1993.

« Devant nous, le terrain descend en pente douce en direction de Gembloux, puis remonte en pente plus raide jusqu'aux lisières de la localité. Ce terrain n'offre guère de protection ; l'ennemi peu sans doute observer tous nos mouvements et réagir en conséquence. Plus nous approchons, plus les tirs gagnent en intensité. À notre hauteur, des pièces antichars et des canons d'infanterie sont pointés, les chars quant à eux restent embossés à l'arrière.

« Vu le terrain, il faut nécessairement que notre bataillon prenne la formation au milieu de la zone d'attaque et l'ennemi l'a sans doute prévu, car il nous assène un tir d'artillerie qui d'après les anciens de 14-18 peut se comparer aux barrages roulants de la Grande Guerre. Le feu de l'artillerie française est particulièrement nourri sur notre droite qui bloque notre infanterie. Pour nous, l'aile gauche, il s'agit de tirer parti de notre position moins désavantageuse pour foncer. Les panzers sont poussés vers l'avant et, sous leur protection, nous parvenons à progresser jusqu'à 300 mètres des lisières. Mais là, les obstacles antichars, garnis de nombreux nids de mitrailleuses et de fantassins, se multiplient. Les Français ouvrent sur nous un tir bien ajusté et, malheureusement, très efficace. Les Français sont si bien camouflés qu'on ne peut les distinguer.

« Nos panzers tirent rageusement, mais les Français, drôlement gonflés, ripostent toujours. Le feu devient si intense que nous sommes bloqués sur un terrain fraîchement labouré, sans aucun couvert. Tout mouvement de notre part est ponctué d'une rafale de mitrailleuse française. Nous nous enterrons comme des poules dans la poussière.

« Voilà plus de dix heures que nous sommes sous cette grêle de feu et nous n'avons progressé que de 50 mètres dans les positions ennemies. Le chef de notre groupe radio a été tué, un sous-officier et un agent de liaison sont grièvement blessés. J'ai mis les quatre mitrailleuses en position, mais il n'est pas question de tirer, le terrain dénudé n'offre aucune protection efficace.

« Des éléments de notre compagnie, notre lieutenant à leur tête, ont réussi à progresser sous la protection des chars : cela déclenche un violent tir de la 15e division française d'infanterie motorisée qui tire depuis Corroy, au profit de la 1ère division marocaine. On avait l'impression d'avoir réussi une percée, mais ce n'était qu'une illusion, car les panzers, concentrés sur un petit espace, offrent une cible facile à la défense antichar française, installée sur un petit tertre à 600 mètres de là et elle fait mouche à de nombreuses reprises. La tentative de percée a bien été repérée et maintenant tout le secteur est soumis à un feu meurtrier. Au demeurant, il était impossible à nos chars de passer à cet endroit ! Ils doivent se replier, ainsi que nos camarades.

« Nous voilà maintenant entre les premières maisons, collés aux murs et sous une grêle de tuiles et de pierres. La fumée des incendies nous brûle les yeux. Les fils téléphoniques pendent en perruque aux poteaux descellés.

« Il faut attendre. Ce ne sont pas les abris qui manquent : les trous d'obus se touchent les uns les autres et il s'en ajoute d'autres à chaque instant. Les Français concentrent leurs tirs de tous calibres sur notre coin. Nos pertes se multiplient. L'avalanche a une violence insoupçonnée. Nous mettons nos armes en batterie. Chaque mètre de terrain qu'il faut céder maintenant a été si chèrement conquis. Nos pertes sont lourdes et nous voudrions venger nos camarades sur le champs. Je creuse un trou à la pelle à côté du chef de section. Il faut que je m'y reprenne à plusieurs reprises : à chaque fois les obus arrivant me détruisent le travail commencé.

« Soudain, un hurlement de douleur là à droite, je saute de mon trou et j'aide le caporal infirmier à panser le blessé ; il faut même que je donne mon paquet de pansements. Nous ne pouvons nous expliquer qu'en criant tant les sifflements et les explosions emplissent l'air. Puis nous évacuons le camarade, grièvement blessé à la cuisse. La terre jaillit à côté de nous, derrières nous, mais nous passons.

« D'instinct je regagne ensuite mon trou. Il ne peut y avoir de feu d'artillerie plus dense et il nous paraît affreux de devoir rester là. Deux fois, trois fois, le nuage noir de l'éclatement est juste devant moi. Un obus tombe à mes pieds et n'explose pas. Cette fois cela aurait pu être mon tour. Je m'étonne moi-même. La violence de cet interminable bombardement m'a complètement assommé. Je rampe vers mon trou, l'ayant à nouveau identifié et j'en retire deux poignées d'éclats brûlants.

« Le lieutenant vient d'être appelé près du capitaine. Reprise de l'attaque ! Cet éternel grondement met les nerfs à vif. Au coup de sifflet la compagnie repart à l'assaut, mais plus d'un reste au sol : la mort a encore fait son abominable moisson. Nous atteignons l'usine et sa rampe de chargement. L'artillerie française tambourine sur l'usine cette fois ; des pierres, des éclats de verre, de bouts de ferraille tourbillonnent de toutes parts. Il y a de nombreux morts et blessés, mais il faut passer : c'est maintenant ou jamais. Nous sommes de la rage. Notre chef de bataillon, le major Popp, a été tué. Nous mettons une mitrailleuse MG 34 en batterie dans le hall de l'usine et, d'un bond, nous sautons sur le ballast en tirant à la mitraillette et au fusil pour neutraliser le versant d'en face.

« Des éléments de tête d'autres unités ont rejoint notre compagnie. Des éclats de rails et de traverses fauchent en miaulant. Il y a beaucoup de morts et de blessés : c'est inévitable dans un assaut frontal, sans couverture et sous un tel déluge de feu. Pas moyen d'aller plus loin devant la résistance féroce des Français. Notre lieutenant a reçu son compte : balle dans la poitrine en haut à gauche. Il se mord les lèvres, sa vie est brisée, déjà les yeux deviennent vitreux. Sur la gauche, les tirailleurs marocains passent à l'assaut à la baïonnette et bousculent nos avants gardes. Des chars français, bien camouflés, sont en position sur la hauteur et tirent avec une grande efficacité. Jamais nous ne pourrons percer.

« Je rampe jusqu'à un chemin creux qui croise la voie ferrée en direction de l'ennemi. Le haut remblai offre une bonne protection, mais impossible de lever la tête. Les positions françaises sont au plus à 100 mètres. Voilà que l'artillerie française transfère son tir sur nous. Le premier obus de la seconde salve tombe en plein sur le rebord du remblai. Fumée, terre, poussière, éclats ! on n'ose pas regarder devant soi : sept camardes sont tués et deux autres blessés en quelques secondes.

« C'est alors que nous arrive la nouvelle à la tombée de la nuit : repli sur toute la ligne d'attaque, vers nos bases. Les batteries françaises se sont tues. Seules quelques rafales de mitrailleuses passent encore au-dessus de nos têtes. On recense armes et outils et on se les repartit, car il faut tout emporter. En une heure, c'est fait. Nous nous replions en silence avec armes et bagages pour nous mettre en position plus loin à droite, toujours sur la voie ferrée. Nous sommes à bout : les meilleurs d'entre nous sont tombés à Gembloux. Les Français et les Marocains avec une bravoure extraordinaire. »[29]

Ce brillant succès tactique français est cependant sans lendemain. L'effort principal de l'offensive allemande se porte sur la Meuse et dans les Ardennes, afin de prendre à revers les troupes franco-britanniques imprudemment engagées en Belgique, où se livre notamment la bataille d'Hannut-Gembloux.

---

[29] Archives militaires allemandes, Fribourg-en-Brisgau.

Cependant, contrairement à une légende tenace, les combats dans les Ardennes et sur la Meuse sont acharnés. Les Allemands doivent livrer plusieurs batailles pour enfoncer les troupes françaises et sécuriser leur flanc sud lors de la progression vers Dunkerque. La bataille de Stonne va être l'une des plus terribles de la campagne des Ardennes.

La bataille de Stonne : le Verdun de 1940

Le général allemand Heinz Guderian, commandant du 19e corps d'armée, souhaite sécuriser et agrandir à tout prix la tête de pont de Sedan, afin que la progression des panzerdivisions vers l'Ouest ne soit pas entravée par une vaste contre-offensive français, partant de Stonne. Aux première heures du 15 mai 1940, il ordonne aux 1ère et 2e panzerdivisions de commencer leur progression vers l'Ouest, tandis que la 10e panzerdivision, soutenue par le régiment motorisé Grossdeutschland et le 43e bataillon de pionniers sont chargés d'occuper le village de Stonne, au sud du dispositif allemand.

Depuis des siècles, l'intérêt stratégique de Stonne est connu. Ce village se situe au sommet d'une chaîne de collines de 300 mètres de hauteur, véritable observatoire naturel des alentours, au sud de Sedan. Pour les Français, la position de Stonne offre un excellent débouché pour une contre-offensive, afin de couper les moyens de ravitaillement de l'offensive allemande à l'Ouest, en direction de la mer du Nord. Stonne se double d'un intérêt défensif de première importance, car l'ensemble du massif représente une ligne de défense naturelle, empêchant l'accès à une attaque allemande destinée à prendre à revers la ligne Maginot. Le village devient un objectif capital pour les deux armées.

Les soldats français de la 3e divisions d'infanterie motorisées (DIM) du général Bertin-Boussu établissent rapidement une ligne de défense cohérente. Les chars de la 3ᵉ division cuirassée (DCR) se mettent en position légèrement en retrait de la position atteinte par la 3ᵉ DIM.

Créée seulement il y a deux mois, la 3ᵉ DCR n'a pas encore terminé sa mise sur pied et son instruction reste incomplète. Les bataillons de chars ont subi un prélèvement pour renforcer d'autres unités, si bien que la 3ᵉ DCR aligne 130 chars au lieu des 160 prévus. Les moyens radio, de dépannage et de ravitaillement en essence sont très insuffisants. Il manque une batterie antichars, une compagnie du génie et une escadrille de reconnaissance. L'infanterie de soutien ne possède que 50 % de ses véhicules de combat tous terrains. Il n'y a pas de peloton d'automitrailleuses, ni de peloton d'éclaireurs motocyclistes. Le 319ᵉ régiment d'artillerie est en voie de constitution. Les munitions sont transportées dans des camionnettes. Cette artillerie « tout terrain » est donc, en réalité, liée à la route. Il manque 28 voitures de liaison ordinaire, 69 tracteurs ravitailleurs et 15 tracteurs de dépannage font défaut. Il faudra donc quatre heures pour faire le plein des réservoirs de toute une section de chars, au lieu des vingt minutes réglementaires.

La 3ᵉ DIM est une solide unité d'active, bien entraînée et correctement équipée, à trois régiments d'infanterie (51ᵉ, 67ᵉ et 91ᵉ RI), composés en grande partie de Picards solides et pugnaces. Elle est complétée à la mobilisation par des soldats de Normandie, d'Artois, des Flandres, des Ardennes et d'Ile de France. Outre ses trois régiments d'infanterie, la 3ᵉ DIM dispose également des 42ᵉ et 242ᵉ régiments d'artillerie.

Aux premières heures du 15 mai, le général Guderian ordonne à divers éléments de la 10ᵉ panzerdivision, de la 2ᵉ division d'infanterie motorisée et du régiment motorisé Grossdeutschland de percer les positions françaises à Stonne. Les soldats français opposent une résistance acharnée, contraignant les assaillants à se replier. Ces derniers laissent sur place de nombreux tués et blessés. Les officiers allemands demandent une trêve de trois heures, par l'intermédiaire d'un aumônier, afin de ramasser leurs soldats hors de combat. Les Français donnent leur accord.

Après une courte préparation d'artillerie, une nouvelle attaque allemande débute vers 5 heures du matin, toujours le 15 mai. Dix chars allemands progressent en colonne par l'unique voie d'accès possible pour les véhicule, à savoir la route passant à l'entrée est de Stonne. Le détachement allemand comprend cinq puissants Panzer IV suivis par cinq Panzer II. Les blindés progressent lentement du fait de la forte dénivelée marquant la route à cet endroit. Le régiment Grossdeutschland accompagne en partie les panzers. La résistance française est efficace : quatre chars allemands sont détruits en quelques minutes. Les panzers parviennent à contourner les positions françaises, forçant ainsi les défenseurs à se replier.

À 5 heures 45, 13 chars français Hotchkiss H39 du 46e BCC de la 3e DCR se lancent à l'assaut afin de reconquérir Stonne. L'action n'est précédée d'aucune préparation d'artillerie et n'est soutenue par aucune infanterie. Quatre H39 sont touchés par les pièces antichars et les blindés adverses, mais courageusement le lieutenant Chambert poursuit sa progression à bord de son tank, qui est pris à partie par des canons de 37 mm de la 14e compagnie antichar du régiment Grossdeutschland. Le blindage de 40 mm du H39 résiste bien aux obus de 37 mm. Équipé d'un rare d'un canon long de 37 mm modèle 1938, le H39 du lieutenant Chambert peut affronter les panzers les plus puissants. Il parvient ainsi à détruire deux Panzer IV. L'infanterie allemande, enterrée dans des trous de combat, encercle bientôt le char. Mais ce dernier fait face en mitraillant et canonnant les positions adverses. Pris de paniques, les soldats allemands survivants s'enfuient, poursuivis par le H39 crachant de toutes ses armes. Constatant qu'il n'est appuyé par aucune infanterie, le lieutenant Chambert quitte Stonne et rejoint le reste de son unité qui vient de se replier. Les Allemands en profitent alors pour occuper Stonne à Nouveau.

À 7 heure 30, toujours le 15 mai, dix chars lourds B1 bis du 49e BCC de la 3e DCR passent à l'action en vue de s'emparer de Stonne. L'attaque française, conduite par le lieutenant Caraveo, se développe une fois de plus sans infanterie d'accompagnement, car aucun ordre n'a été donné dans ce sens, malgré la présence d'unités disponibles de la 3e DIM. Le 42e régiment d'artillerie est cependant en place et tire pas moins de 4000 obus de 75 mm sur le triangle Maisoncelle, Chémery et Artaise. Les chars français brisent toute résistance allemande. À 9 heures 30 Stonne est complètement dégagé. Stonne change à nouveau de mains.

Le régiment Grossdeutschland réagit avec promptitude à la première surprise causée par les chars lourds français. Profitant de l'absence d'infanterie française d'accompagnement dans Stonne, il déploie des armes antichars de part et d'autre de cette localité, en prenant soin de placer ses canons de 37 mm hors de vue des redoutables B1 bis. La section de l'adjudant Hindelang installe ses trois pièces près du château d'eau. De leur côté, les tankistes français ne peuvent espérer occuper longtemps Stonne sans infanterie. Ordre est finalement donné de décrocher. Alors que les B1 bis s'éloignent du village, une mitrailleuse allemande se dévoile en ouvrant le feu. Le lieutenant Caraveo décide de revenir en arrière pour passer de nouveau à l'assaut. Les Allemands, vaincus, doivent de nouveau se replier, mais après un nouveau départ des chars français, le régiment Grossdeutschland réinvestit Stonne. Il est 10 heures 30, le village change de mains de nouveau.

La nouvelle occupation de Stonne par les Allemands entraîne un nouvel assaut des troupes françaises, reposant sur un millier d'hommes et une quinzaine de chars. Un combat au corps à corps dans le village même. L'artillerie française, d'une grande précision, décime les arrières de la Wehrmacht.

Le colonel allemand von Schwerin, commandant du régiment Grossdeutschland, rend hommage à l'efficacité de l'artillerie française :

« Il y avait le 69e régiment de chasseurs qui s'installait et défendait âprement la localité. Un violent combat a commencé. L'artillerie française a ouvert le feu avec beaucoup de précision. Elle avait établi ses positions, ce qu'elle n'avait pas pu faire les jours précédents vu la rapidité de l'avance allemande. Il y avait de nombreuses batteries et nos soldats ont fait la connaissance avec cette artillerie que je connaissais de la Première Guerre mondiale. Nous avons subi de lourdes pertes. »[30]

Dans Stonne la lutte fait rage et tourne rapidement à l'avantage des Français, qui nettoient une à une les maisons à la grenade et à la baïonnette. Les Allemands se replient en catastrophe, poursuivis par les tirs des armes françaises. Le village est jonché de nombreux cadavres. Le régiment Grossdeutschland vient de subir un terrible revers. « Il vient de perdre sa première bataille depuis le début de la guerre, écrit Eric Denis, en laissant ses morts, une partie de ses blessés et beaucoup de matériel sur le terrain. »[31] En parlant de ce combat, le colonel

---

[30] Archives militaires allemandes, Fribourg-en-Brisgau.

[31] Eric Denis, *La Bataille de Stonne, campagne de France 1940*, thématique n°2 l'histoire militaire du XXe siècle, éditions Histoire et Collections 2008.

Buisson, nouveau commandant de la 3ᵉ DCR, déclare « qu'on s'y tue à la grenade, on s'y égorge à la baïonnette, au couteau ».[32]

Lors de ce dernier combat, une réunion se déroule au carrefour situé à quelques centaines de mètres au nord-ouest de Stonne. Elle regroupe trois officiers allemands de tout premier plan : le général Schall (commandant de la 10ᵉ panzerdivision), le général von Wietersheim (commandant du 14ᵉ corps d'armée), ainsi que le général Guderian (commandant du 19ᵉ corps d'armée). C'est alors qu'une section française du 51ᵉ RI manque de peu de mettre fin à cette réunion au sommet. Les soldats français arrivent sans le savoir jusqu'au virage en épingle où se trouvent les trois généraux allemands. Un fusil mitrailleur française commence à se mettre en position, lorsque les trois généraux allemands, apercevant la présence des soldats français, courent se mettre à l'abri. De longues rafales d'armes automatiques s'abattent sur les véhicules allemands qui refluent de Stonne. Plusieurs d'entre eux, criblés de balles, se renversent dans les fossés.

Sous l'effet de l'assaut furibond des troupes françaises, le régiment Grossdeutschland reçoit vers 11 heures l'ordre de se replier sur ses positions de départ, près des Huttes d'Ogny, où se situe le PC régimentaire, et autour d'Artaise le Vivier. Les éléments présents de la 10ᵉ panzerdivision se regroupent au bois de Raucourt.

Environ 300 soldats allemands de diverses unités ont été tués ou blessés par les tirs de l'artillerie française ou lors des combats contre les chars et l'infanterie, sans oublier une vingtaine de panzers détruits. Les pertes françaises se limitent à une dizaine de

---

[32] Archives militaires françaises, Vincennes.

tanks hors de combat, dont certains provisoirement endommagés, sans oublier une centaine de soldats tués ou blessés.

À 11 heures, le 15 mai, Stonne est perdu une nouvelle fois par les Allemands. Signe de la dureté des combats, le régiment Grossdeutschland a épuisé toutes ses munitions et se voit contraint d'en demander d'urgence en renforts.

Les chars français rejoignent leurs positions de départ pour s'y réapprovisionner, ainsi que les éléments du 51e RI. Les B1 bis, immobilisés lors des combats, sont remorqués vers l'arrière. Un bataillon du 67e RI reste sur place pour assurer la défense de Stonne. Bientôt arrivent trois vagues successives de Stukas qui font tomber des tapis de bombes. L'artillerie allemande se déchaîne à son tour, causant ainsi de nouvelles pertes dans les rangs français. À 12 heures 30, devant l'intensité du pilonnage, les soldats français décrochent légèrement en retrait de Stonne, réduit en ruines. La régiment Grossdeutschland et la 10e panzerdivision sont trop affaiblis pour réoccuper le village. Si bien que vers 15 heures 30, quelques chars B1 bis et le 1er bataillon du 67e RI réinvestissent la localité, en y chassant les quelques soldats allemands isolés qui s'y trouvent.

À 18 heures, après une solide préparation d'artillerie, le 69e régiment allemand de chasseurs s'élancent à l'assaut de Stonne, défendu par un unique bataillon français du 67e RI : 3000 soldats allemands contre 1000 soldats français. Malgré l'écrasante supériorité numérique de l'assaillant, les défenseurs opposent une résistance particulièrement acharnée. Dans les deux camps les pertes s'accumulent et les combats au corps à corps se multiplient. La lutte se poursuit jusqu'à 21 heures. Submergés par le poids du nombre, les Français se replient à 400 mètres des limites sud de Stonne et arrêtent définitivement l'attaque ennemie. Stonne vient de changer de mains une nouvelle fois. La nuit tombe.

La lutte pour Stonne se poursuit le 16 mai 1940 avec le même acharnement. Les 84 pièces françaises d'artillerie des 42ᵉ, 242ᵉ et 319ᵉ RA des 3ᵉ DIM et 3ᵉ DCR ouvrent un feu d'enfer sur Stonne, dès 5 heures 05. Le village disparaît sous les explosions d'obus durant 45 minutes.

Peu après ce déluge de feu, le 3ᵉ bataillon du 51ᵉ RI (commandant Daudre), deux compagnies du 41ᵉ BCC (commandant Malaguti) et une compagnie du 45ᵉ BCC (lieutenant Arthaud) contre-attaquent. L'ensemble représente 15 chars lourds B1 bis, 13 chars légers Hotchkiss H39 et un millier d'hommes. Cette opération malmène sérieusement le régiment Grossdeutschland et la 10ᵉ panzerdivision. Le général Billote raconte dans son livre *Le Temps des armes*, comment le jeune capitaine qu'il était alors, à la tête d'une compagnie du 41ᵉ BCC, a accompli un des plus étonnants faits d'armes de la campagne de 1940. Le capitaine Billotte, piaffant d'impatience, en tête de sa compagnie de chars lourds, débouche à 7 heures d'ouest en est dans la rue principale de Stonne, où se sont imprudemment engagés en file indienne 13 chars du 8ᵉ régiment de la 10ᵉ panzerdivision. Combinant les tirs des canons de 47 mm et de 75 mm de son char B1 bis « l'Eure », Billotte foudroie le char de tête et celui de queue de la colonne adverse, puis détruit les onze autres chars, ainsi que par la suite deux canons antichars de 37 :

« Je pénètre dans Stonne sans opposition ; je fonce vers la place du village ; à peine suis-je arrivé à son entrée qu'une colonne de chars allemands apparaît à la sortie à moins de cinquante mètres. J'ai l'œil à ma lunette de tir, tous les épiscopes ayant été détruits auparavant. Un obus perforant dans le canon de 47, je n'ai qu'à tirer, sans même avoir à pointer sur le char de tête, un Panzer IV. Les chars qui sont derrière lui et s'échelonnent dans une montée de deux cents mètres environ sont très gênés par ceux qui les précèdent et qui me les masquent en partie. Par contre, mon char est beaucoup plus haut que les leurs et je peux les tirer de haut en bas. Canonnade intense : nous compterons 140 impacts dans la cuirasse de mon char B1 bis. Nous pourrons bénir l'alliage d'acier au chrome-molybdène-cadmium. En une dizaine de minutes, les chars de la colonne ennemie se taisent à tour de rôle... J'avance encore et me trouve nez à nez avec deux armes antichars que mon pilote exécute à dix pas avec le canon de 75. »[33]

De son côté le commandant Malaguti, à bord du char B1 bis « Vienne », tombe face à un Panzer III, qui ouvre le feu immédiatement et sans effet sur l'épais blindage du tank français. La riposte de Malaguti est expéditive, le Panzer III est détruit en deux coups de canon de 47 mm. Malaguti mitraille ensuite une vingtaine de fantassins allemands. Les autres B1 bis prennent à partie des canons de 37 mm, qu'ils détruisent rapidement.

Pénétrant à son tour dans Stonne, le commandant Malaguti débouche dans la rue principale et découvre la colonne de 13 panzers détruit par le capitaine Billotte :

« J'entrais à mon tour dans Stonne et subitement, après le premier virage, je me trouvais nez à nez à 30 mètres avec une colonne de chars allemands. Je tirais aussitôt le plus vite possible, sans comprendre ce qui se passait, mon pilote fit de même. Notre char avançait toujours en tirant, les Allemands ne réagissaient plus. J'en aperçus qui s'enfuyaient des appareils de queue, et je vis qu'il y avait 13 tanks, dont les premiers étaient des Panzer IV, les autres m'ont semblé être des Panzer III. Billotte, passant en vitesse bord à bord avec eux, les avait déjà sérieusement sonnés,

---

[33] Paul Billotte, *Le Temps des armes*, éditions Plon 1972.

et les Allemands étaient gênés, car ils étaient en colonne, serrés sans aucune distance entre les chars. »[34]

De son côté, la 3e compagnie du 45e BCC mitraille et canonne les défenses allemandes du Pain de Sucre. Les rares survivants allemands s'enfuient. Malgré le passage des B1 bis, Stonne grouille encore de soldats allemands, retranchés dans les maisons. Soutenu efficacement par les chars Hotchkiss H39, le 3e bataillon du 51e RI s'empare de Stonne, après une lutte acharnée. L'infanterie française poursuit son avance jusqu'aux limites nord du bois de la Grande Côte. La victoire française est complète, Stonne est totalement repris.

Chez les Français, les pertes sont légères, ce qui n'est pas le cas chez les Allemands. Le régiment Grossdeutchland a perdu 39 officiers et 533 soldats. La 10e panzerdivision déplore la perte d'une cinquantaine de blindés. Le coup est rude pour ces deux unités d'élite, ainsi qu'en témoigne le colonel allemand von Schwerin, commandant du régiment Grossdeutchland :

« Stonne nous arrête, bien que ce fut imprévisible. Pour la première fois, nous sommes stoppés et cependant l'attaque a été conduite avec tous les moyens. C'est ainsi que l'on peut dire qu'à Stonne tombera la plus grosse partie des pertes du régiment Grossdeutchland. Le régiment n'est d'ailleurs plus en état de combattre, et va être relevé quelques heures plus tard. Il a amplement mérité une période de repos et en profitera pour se réorganiser dans la région de Bulson. La 10e panzerdivision, fortement éprouvée avec de lourdes pertes, est également retirée du front de Stonne.

---

[34] Archives militaires françaises, Vincennes.

« Après deux jours de combat, on s'est demandé comment faire pour prendre le village. On a alors donné l'ordre de se retirer et de faire intervenir les Stukas. On espérait bien que cela allait permettre de prendre Stonne. Le bombardement a eu lieu, mais la suite n'a pas été aussi facile que prévue. C'est à ce moment que le régiment a été relevé par la 16e division d'infanterie. Nous nous sommes donc mis au repos à l'arrière du front. À Stonne, nous nous sommes heurtés à deux régiments de la 3e division d'infanterie motorisée : les 67e et 51e. Pendant ce temps, nos divisions blindées ont commencé leur marche vers l'Ouest et les côtes de la manche. Notre mission consistait à protéger le flanc de ce mouvement. Nous y sommes parvenus, mais au prix de lourdes pertes. La bataille de Stonne et du Mont Dieu a été l'une des plus sérieuses de cette guerre pour notre régiment. Le 67e RI français a assuré la défense de Stonne d'une manière parfaite. »[35]

À l'exception de deux B1 bis restés en couverture, les blindés français se retirent et regagnent leur position de départ pour refaire un plein de carburant et de munitions. Les fantassins français du 51e RI tiennent solidement Stonne. De nombreux soldats allemands se rendent.

Vers 8 heures 50, le 1er bataillon allemand d'infanterie du 79e RI de la 29e DI attaque le village de Stonne à travers le bois de la Grande Côte. La défense acharnées des soldats français, soutenus par les chars B1 bis encore présents, repousse l'assaut ennemi. Vers 10 heures, les Stukas accomplissent une demi-heure de bombardement, suivis ensuite par un pilonnage d'artillerie, obligeant les fantassins français à se terrer dans leurs trous de combat jusqu'à midi. Puis une seconde attaque allemande est lancée par divers éléments de la 2e division d'infanterie

---

[35] Archives militaires allemandes, Fribourg-en-Brisgau.

motorisée, envoyés en renfort. De nouveau, les soldats français se battent comme des lions : les assaillants, repoussés, laissent de nombreux tués et blessés sur le terrain. Une action allemande est enrayée par un bataillon du 67ᵉ RI dans le bois de l'Etang Fourchu.

En raison de l'intensité du bombardement allemand, le capitaine français Martel, commandant la 10ᵉ compagnie du 51ᵉ RI, installe ses soldats aux lisières sud-est de Stonne en prévision d'une contre-attaque possible, tandis que la 9ᵉ compagnie prend position aux limites sud du village et la 11ᵉ compagnie face au bois de la Grande Côte. Stonne se trouve donc inoccupé, car il est désormais impossible de s'y maintenir, comme le signale le général Bertin-Boussu :

« Stonne, soumis depuis deux jours aux feux de l'artillerie, des blindés et de l'infanterie des deux camps ainsi qu'aux bombardements de l'aviation allemande, est devenu un nid à bombes dont la conservation s'avère extrêmement meurtrière pour l'un et l'autre des adversaires. »[36]

Des renforts français sont dirigés sur le secteur de Stonne. Il s'agit du 3ᵉ bataillons du 5ᵉ régiment d'infanterie coloniale mixte sénégalais (RICMS) de la 6ᵉ division d'infanterie (DIC) du général Carles. Dans le camp allemand, le régiment Grossdeutschland, la 2ᵉ division d'infanterie motorisée et la 10ᵉ panzerdivision sont intégralement relevées par le 6ᵉ corps d'armée du général Förster, composé des 16ᵉ et 24ᵉ divisions d'infanterie, commandées respectivement par les généraux Hube et von Tettenau. Les 16ᵉ et 24ᵉ DI sont jugées par le haut

---

[36] Archives militaires françaises, Vincennes.

commandement allemand comme étant des unités excellentes. La 24ᵉ DI a combattu en Pologne en 1939.

À 18 heures, le 16 mai, la 16ᵉ DI attaque Stonne pour tâter les positions françaises. Les assaillants sont de nouveau repoussés par le 51ᵉ RI, soutenu par la 8ᵉ batterie du 42ᵉ RA, qui tire plusieurs centaines d'obus.

« Cette capacité de résistance, écrit Eric Denis, est à l'honneur des hommes de la 3ᵉ DIM, puisqu'ils sont au front depuis le début de la bataille et ne peuvent être relevés, faute de troupes disponibles. »[37]

Le colonel allemand Wagner, commandant le 79ᵉ RI de la 16ᵉ DI, signale la solide capacité de résistance des soldats français à Stonne :

« La position ennemie était très bien camouflée et difficilement repérable. Les Français faisaient feu sans arrêt avec des mitrailleuses et de l'artillerie, ce qui compliquait la mise en place de nos armes lourdes. Au début de la matinée, il y eut les premières victimes. Les soldats français apparurent très actifs et vifs dans leurs observations. »[38]

Lors de l'unique journée du 16 mai, un seul groupe d'artillerie du 42ᵉ RA aura tiré 9000 obus sur les positions allemandes. Désormais seule en première ligne, la 3ᵉ DIM, qui a déjà subi de lourdes pertes, va devoir affronter les 16ᵉ et 24ᵉ DI allemandes, soutenues par une puissante artillerie et une Luftwaffe omniprésente. La 3ᵉ DIM peut cependant compter sur le soutien éventuel d'une partie des chars de la 3ᵉ DCR.

---

[37] Eric Denis, op.cit.

[38] Archives militaires allemandes, Fribourg-en-Brisgau.

Le 17 mai 1940, vers 9 heures, six compagnies allemandes du 67ᵉ RI de la 16ᵉ DI s'élancent à l'assaut et se heurtent rapidement à une résistance acharnée d'un bataillon du 51ᵉ RI et un autre du 67 RI. L'artillerie française se déchaîne, si bien que l'assaillant allemand doit une fois de plus reculer, tout en laissant de nombreux tués, blessés et prisonniers sur le terrain. Suite à cet échec, le commandement allemand décide de lancer les 16ᵉ et 24ᵉ DI à l'assaut des positions françaises, défendues par la 3ᵉ DIM et le 5ᵉ RICMS : 36 000 soldats allemands contre 16 000 soldats français.

Les soldats français ripostent de toutes leurs armes, dont des grenades lancées en nombre. Pris de panique devant la résistance féroce des Français, les Allemands refluent vers leur ligne de départ. Plus à l'Ouest, au Mont Damion, l'attaque allemande du 79ᵉ RI est également repoussée par les soldats français des 10ᵉ et 11ᵉ compagnie du 67ᵉ RI, soutenus par des éléments du 5ᵉ RICMS. Les Français contre-attaquent même à la baïonnette. Les Allemands subissent de très lourdes pertes.

Le colonel allemand Wagner raconte l'échec de l'assaut de son régiment :

« À 14 heures 20, heure allemande, le régiment attaque. Les bataillons de premières lignes avancent en criant vers les positions françaises. Les Français, parfaitement installés, les reçoivent avec un feu nourri d'armes lourdes et de mitrailleuses. Puis leur artillerie entre en action et des pertes sensibles en hommes comme en matériel sont rapidement à déplorer dans nos rangs. Le PC de l'état-major régimentaire est lui aussi soumis à un bombardement d'artillerie, rendant difficile l'exercice du commandement. Toutes les communications sont coupées avec notre artillerie située à l'est de la Besace.

« Le 2ᵉ bataillon du 79ᵉ RI a atteint et encerclé la ferme des Cendrières après de très rudes combats parfois livrés au corps à corps. Ensuite le bataillon progresse jusqu'au Mont Damion par le Nord avant d'être stoppé par la puissance des tirs de l'infanterie française. Nos pertes s'aggravent. Les Français, installés dans la forêt touffue, sont invisibles. Leur artillerie, parfaitement renseignée sur nos mouvements, provoque une véritable hécatombe. Malgré cela, les hommes du 2ᵉ bataillon tiennent les positions acquises pendant une heure. Puis, le commandant de l'unité est blessé et transporté à l'arrière, son successeur ordonne vers 16 heures l'évacuation du Mont Damion. Le mouvement provoque d'autres pertes et oblige les hommes à abandonner une partie de leur matériel. Ils reculent jusqu'à la ferme des Cendrières et se regroupent. Puis les Français contre-attaquent et nous repoussent jusqu'au sud de la Besace, mais nous parvenons à les arrêter, vers 17 heures 30, à l'aide du 1ᵉʳ bataillon arrivé en renfort.

« Ainsi le 79ᵉ RI n'eut aucun succès malgré sa bravoure. Son premier combat fut sanglant. L'idée d'une seconde attaque dans la journée fut abandonnée devant l'ampleur des pertes et la résistance héroïque des soldats français. Toutes les unités avaient rejoint leurs lignes de départ, à l'exception du 3ᵉ bataillon qui gagna un point avancé à l'ouest de la ferme des Cendrières de sa propre initiative.

« Les raisons de l'échec de notre attaque sont multiples : le soldat français était parfaitement installé en défense et était expert en combat de forêt. Certains de ses tireurs étaient dissimulés dans les arbres. L'artillerie française était supérieure à la nôtre en précision et en observation. Nos pièces n'étaient pas prêtes au début de l'attaque. La préparation des bataillons en première ligne et les armes lourdes étaient insuffisamment préparées. »[39]

Toujours présentes dans Stonne, les troupes allemandes du 64e RI ne sont pas au bout de leurs peines. Une contre-attaque française s'organise autour d'une section de trois chars lourds B1 bis du 49e BCC, en soutien du 51e RI.

Lors de cet assaut, le char B1 bis « Ricquewihr » du lieutenant Domecq sème la terreur dans les rangs de la Wehrmacht. Ce char reçoit des fantassins ennemis le surnom de « boucher de Stonne ». Parti à l'attaque vers 17 heures en direction du village, le B1 bis « Ricquewihr » tombe sur une importante colonne de fantassins allemands cherchant à se couvrir dans un bout de fossé, le long du chemin. Les Allemands ayant inconsidérément ouvert le feu avec leurs armes légères, le « Ricquewirh » écrase toute la colonne sous ses chenilles. Puis, tirant sauvagement autour de lui, le char pénètre dans Stonne que défendent des soldats du 64e RI. Lorsque ceux-ci découvrent le monstre d'acier « crachant du feu », ses chenilles couvertes de sang, ils sont pris de panique et s'enfuient, en abandonnant le village. Il est 17 heures 30, les Allemands ont été une fois de plus chassés de Stonne.

Une autre section de chars B1 bis refoule l'infanterie allemande près du bois du Mont Dieu. L'arrivée des monstres d'acier de 32 tonnes provoque une nouvelle panique dans les rangs ennemis, où l'on assiste à des replis massifs d'unités allemandes. Près de la côte 299, des dizaines de canons antichars allemands sont détruits ou abandonnés, tandis que 200 soldats de la Wehrmacht sont tués ou blessés et 200 autres capturés.

---

[39] Archives militaires allemandes, Fribourg-en-Brisgau.

La journée du 17 mai se termine victorieusement pour la 3e DIM, qui est parvenue à contenir quasiment seule, mise à part le soutien du 5e RICMS et de quelques chars de la 3e DCR, les attaques de deux divisions allemandes d'infanterie (16e et 24e DI).

Le colonel allemand Wagner rend hommage à la bravoure des soldats français sur le front de Stonne :

« La défense acharnée de l'infanterie française est à signalée. Elle fut surtout remarquable le 17 mai, au Pain de Sucre, à la ferme des Cendrières et au Mont Damion. Cette défense était agressive et s'accompagnait de contre-attaques. Les positions françaises étaient camouflées, établies en profondeur et très difficiles à déceler. La troupe française avait l'expérience des combats en forêt. L'artillerie française se signala par son feu rapide et bien réglé. Grâce à d'excellents observatoires, l'artillerie française prenait sous son feu tous nos mouvements de troupes. Les avantages des armes furent utilisés au maximum. Enfin, la liaison entre l'infanterie et l'artillerie fut impeccable. La volonté de combattre de la troupe française était très forte, comparable à celle de Verdun en 1916. »[40]

Le 18 mai 1940, dans la matinée, la 24e DI allemande lance une nouvelle attaque pour conquérir le bois du Mont Dieu et les limites ouest de Stonne. Stoppés par la résistance acharnée de la 3e DIM, les soldats allemands sont repoussés sur leur base de départ. Les 61e et 51e RI contre-attaquent et nettoient de toute présence allemande le bois de l'Étang Fourchu, tout en renforçant les liaisons entre les diverses unités.

À 14 heures, une section de chars lourds B1 bis et une autre de chars légers H39 viennent soutenir l'assaut du 51e RI.

---

[40] Archives militaires allemandes, Fribourg-en-Brisgau.

L'artillerie allemande déclenche un puissant tir de barrage, afin d'enrayer l'attaque française. La 11ᵉ compagnie du 51ᵉ RI parvient cependant à s'installer dans Stonne, après une lutte féroce. Sous un véritable déluge de feu et d'acier, les soldats français ne peuvent s'y maintenir longtemps. Les munitions épuisés, les chars B1 bis doivent se retirer vers 18 heures, tandis que les fantassins et les tanks H39 font de même vers 19 heures 20. L'infanterie regagne sa position de départ sous la protection des chars Hotchkiss H39. À 20 heures, Stonne est vide de soldats français et allemands.

Les officiers et soldats allemands combattant dans ce secteur surnomment Stonne le « Verdun de 1940 ».

Le 23 mai 1940, après une courte période d'accalmie, les 16ᵉ, 24ᵉ et 26ᵉ DI allemandes lancent une puissante offensive sur le front de Stonne, afin d'encercler la 3ᵉ DIM française. L'offensive va bénéficier de l'appui de la Luftwaffe et de 36 batteries d'artillerie de tous calibres. L'ensemble du dispositif offensif allemand repose sur 54 000 soldats, 144 pièces d'artillerie, 30 blindés divers et une centaine d'avions.

Durant cette offensive, la 3ᵉ DIM est renforcée par le 5ᵉ régiment d'infanterie coloniale mixte sénégalais (RICMS), la 1ᵉʳᵉ brigade de spahis, le 1ᵉʳ régiment de hussards, le 16ᵉ bataillon de chasseurs portés, les 6ᵉ et 93ᵉ GRDI, le 14ᵉ groupement de reconnaissance de corps d'armée (GRCA), ainsi qu'une poignée de chars de la 3ᵉ DCR. L'ensemble des forces françaises représente environ 32 000 soldats, 84 pièces d'artillerie et une vingtaine de chars.

Les Français, prévenus de l'offensive allemande, ripostent par une contre-préparation d'artillerie à 2 heures 14, le 23 mai 1940. Toute l'artillerie française ouvre ainsi le feu sur les concentrations allemandes durant trois quarts d'heure. Puis les

144 pièces allemandes d'artillerie commencent à déverser les 30 000 obus prévus pour l'unique journée du 23 mai. C'est un véritable déluge de feu et d'acier qui s'abat sur les positions françaises. Les soldats français se terrent dans leurs abris.

Après le pilonnage des canons allemands, l'artillerie française reprend ses tirs. Elle va jouer un rôle important dans l'échec de la tentative d'encerclement de la 3e DIM. Les régiments allemands d'infanterie sont rapidement taillés en pièces par l'artillerie française.

La 3e DIM reçoit en renforts la 1ère brigade de spahis (colonel Jouffrault), composée du 6e régiment de spahis algériens et du 4e régiment de spahis marocains. Ces Nord-africains sont de redoutables guerriers, bien encadrés et entraînés. Les spahis parviennent à enrayer l'offensive allemande en plusieurs endroits, ainsi que les tirailleurs sénégalais du 5e RICMS. Vers 18 heures, l'offensive allemande est définitivement brisée par une contre-attaque de deux compagnies de chars H39 du 42e BCC, commandées par le capitaine de La Hitte et le lieutenant Lannefranque.

Le 23 mai 1940, l'offensive allemande se déclenche également sur le canal des Ardennes, à l'ouest de Stonne. Le 16e BCP et le 1er régiment de hussards opposent une admirable résistance. Puis le 24 mai, les Français contre-attaquent avec des éléments des 6e, 93e GRDI et du 14e GRCA, appuyés par des chars du 49e BCC. Ils causent de lourdes pertes aux Allemands et les chassent jusqu'à la nationale reliant Tannay au bois du Mont Dieu. La tête de pont allemande, au-delà du canal des Ardennes, ne forme plus qu'un saillant dont la profondeur ne dépasse pas 2500 mètres et la largeur 1500 mètres.

Ainsi l'offensive allemande visant à encercler la 3e DIM a échoué. Les assaillants ont été partout repoussés. Les pertes des deux camps sont considérables. En deux jours de combats acharnés (23 et 24 mai 1940), on compte 2200 soldats français hors de combat (tués et blessés) et 4500 soldats allemands.

La résistance acharnée de la 3ᵉ DIM permet à l'armée française de constituer une solide position au sud de Stonne, qui va être en mesure d'opposer une résistance efficace à la Wehrmacht.

Du 14 au 24 mai 1940, la bataille de Stonne et ses environs cause de lourdes pertes dans les deux camps : 7500 soldats français hors de combat (tués, disparus et blessés) sur un total de 32 000 soldats engagés ; 26 500 soldats allemands hors de combat (tués, disparus et blessés) sur 90 000 soldats engagés. L'unique 3ᵉ DIM française compte à elle seule 3210 soldats hors de combat du 15 au 24 mai, tandis la 24ᵉ DI allemande déplore la perte de 1490 soldats (tués, disparus, blessés) du 17 au 24 mai. Le 6ᵉ bataillon français de chasseurs portés (BCP) perd 600 hommes sur un effectif de 850 soldats. Le 1ᵉʳ bataillon allemand du 64ᵉ RI ne compte plus que 48 soldats valides sur 1000 hommes. On pourrait multiplier les exemples.

Cette bataille permet à l'armée française de constituer un front solide au sud de Sedan, qui va tenir durant plusieurs semaines. Mais l'apport stratégique de cet affrontement ne renverse en rien le court de la situation, marqué par l'encerclement des meilleurs divisions françaises et britanniques dans la poche de Dunkerque.

La bataille d'Amiens 1940 : les panzers décimés

La résistance héroïque de l'armée française dans les Flandres, dont notamment à Lille et à Dunkerque, en mai 1940, couvre le rembarquement de l'armée britannique, représentant la quasi-totalité de ce que dispose la Grande-Bretagne en Occident. La capture de cette importante armée, après la perte de plus la moitié de son aviation (1029 avions sur 1900 disponibles) en mai-juin 1940, sans oublier d'importantes pertes navales à Dunkerque et en Norvège, aurait plongé la Grande-Bretagne dans un état de faiblesse extrême, la contraignant à signer peut-être un armistice avec l'Allemagne.

Le général Brooke, chef d'état-major de l'armée britannique, replace la bataille de Dunkerque dans une vision stratégique essentielle pour la survie de la Grande-Bretagne et du monde libre : « Si le corps expéditionnaire britannique ne retournait pas en Angleterre, il serait difficile de concevoir comment l'armée reprendrait souffle. La Grande-Bretagne pourrait remplacer le matériel perdu ; nos soldats professionnels seraient par contre irremplaçables. La Grande-Bretagne ne possédait que les troupes entraînées qui avaient combattu en France. Plus tard, celles-ci formeraient le noyau des grandes armées alliées qui devaient reconquérir le Continent. Leurs chefs – Alexander et Montgomery, pour ne citer que ces deux-là – s'étaient faits les dents à Dunkerque. » (Archives militaires britanniques, Londres).

L'historien américain Walter Lord, spécialiste de la Seconde Guerre mondiale, écrit avec justesse : « Nombre de généraux allemands considèrent la bataille de Dunkerque comme un tournant de la guerre : si le corps expéditionnaire britannique avait été fait prisonnier, la Grande-Bretagne aurait été vaincue ; si cela était arrivé, l'Allemagne aurait pu concentrer toutes ses forces sur la Russie ; Stalingrad n'aurait pas eu lieu. » (Walter Lord, Le Miracle de Dunkerque, éditions Robert Laffont, 1983).

Hitler décide d'engager qu'une seule panzerdivision contre la poche de Dunkerque. En effet, du 10 au 23 mai 1940, 50 % de ses panzers ont été mis hors de combat (détruits ou endommagés) contre l'armée française. Il sait qu'il lui reste à affronter en juin encore 60 % de cette même armée française, qu'il ne cesse de redouter. Il tient donc à préserver ses précieuses unités blindées pour engager la seconde phase de la campagne de 1940 dans de bonnes conditions. En ne parvenant pas à s'emparer du puissant corps expéditionnaire britannique, il permet à la Grande-Bretagne de poursuivre la guerre, condamnant ainsi l'Allemagne à la guerre sur deux fronts, cause principale de sa défaite militaire.

Au prix de très lourdes pertes, les 30 000 soldats français et 2000 à 6000 soldats britanniques contiennent autour de Dunkerque, durant une dizaine de jours (26 mai au 4 juin 1940), 160 000 soldats allemands, soutenus par une centaine de chars et 800 avions : 347 781 soldats alliés sur 400 000 sont évacués par mer au total, dont 224 686 soldats britanniques et 123 095 soldats français. Un incroyable succès, lorsque l'on sait que Churchill ne pensait sauver que 30 000 à 40 000 hommes au total. En quelques jours, les amirautés britanniques et françaises sont parvenues à réunir 848 navires civils et militaires : 235 navires alliés sont coulés, 18 219 soldats alliés sont tués ou portés disparus, dont 16 000 soldats français et 2219 soldats britanniques ; 34 000 soldats alliés sont capturés, principalement Français. Les pertes militaires allemandes s'élèvent à 20 000 tués ou blessés lors de l'unique bataille de Dunkerque, sans oublier 318 avions hors de combat (détruits ou endommagés).

Le général Georg von Küchler, commandant la 18e armée allemande engagée contre la poche de Dunkerque, a tenu à souligner :

« En résistant une dizaine de jours à nos forces nettement supérieures en effectifs et en moyens, l'armée française a accompli, à Dunkerque, un superbe exploit qu'il convient de saluer. Elle a certainement sauvé la Grande-Bretagne de la

défaite, en permettant à son armée professionnelle de rejoindre les côtes anglaises. »(Archives militaires allemandes, Fribourg-en-Brisgau).

Le général Maxime Weygand, nouveau commandant en chef de l'armée française à compter du 19 mai 1940, tire les leçons de la bataille des Flandres et de celle de la Meuse. La nouvelle ligne de front qu'il constitue sur la Somme et l'Aisne repose sur un système défensif en profondeur, constitué par des groupes de combat dispersés dans les localités et les bois, capables de résister à des attaques venant de tous côtés. Il s'agit ainsi de dissocier les panzers de l'infanterie d'accompagnement, afin de rendre les blindés plus vulnérables aux armes antichars et à l'artillerie de campagne. Des groupements et bataillons blindés sont maintenus en réserve pour contre-attaquer les éventuelles percées allemandes.

Pour que ce dispositif défensif soit efficace sur l'ensemble du front, il faudrait maintenir une réserve d'unités blindées en grand nombre. Or Weygand a inutilement sacrifié trois divisions blindées pour essayer de reprendre, fin mai et début juin, la tête de pont d'Abbeville, solidement tenue par l'armée allemande. Les 4ᵉ et 2e divisions cuirassées françaises et la division blindée britannique Evans y ont subi de très lourdes pertes, sans oublier l'engagement d'autres unités blindées françaises contre d'autres têtes de pont établis également sur la Somme : environ 600 précieux chars alliés y ont été vainement sacrifiés lors d'opérations inutiles et décousues.

La force blindée de réserve sérieusement entamée, le général Weygand ne peut prétendre défendre le front Somme-Aisne avec un maximum d'efficacité, devant une armée allemande disposant d'une supériorité numérique de deux à trois contre un. Or, malgré une situation encore plus désavantageuse que le 10 mai, l'armée française parvient à tenir en échec la puissante Wehrmacht (armée allemande) en plusieurs endroits sur la Somme et l'Aisne, du 5 au 12 juin, démontrant ainsi l'efficacité du système défensif en « hérisson » prôné par le général Weygand.

Sur la Somme et l'Aisne, 40 divisions françaises, soutenues par 1200 chars et 600 avions, affrontent 80 à 120 divisions allemandes, appuyées par 2000 chars et 2500 avions.

Au sud d'Amiens, sur le front de la Somme, la 16e division française d'infanterie (DI) couvre un front de 14 à 20 kilomètres. Ses soldats sont en majorité Bourguignons, Morvandieux, Bressans, d'un âge compris entre 29 et 32 ans. Commandée par le général Mordant, cette unité vient d'être transférée d'Alsace sur le front de la Somme. La 16e DI relève, dans la nuit du 31 mai au 1er juin 1940, la 7e division d'infanterie coloniale (général Noiret) qui s'est efforcée, en vain, de réduire la tête de pont d'Amiens. Elle ne dispose que de quatre jours pour s'installer sur la position que certains Allemands baptisent pompeusement « Ligne Weygand ». Le secteur est jalonné par de nombreux villages : Vers-sur-Selles, Dury, Saint-Fruscien, Cagny, Longueau, Rumigny, Saint-Sauflieu, Grattepanche, Estrées... Les trois régiments d'infanterie (29e, 56e, 89e RI) de la division sont dispersés en divers points d'appui dans les bois et dans les villages. Il manque à la 16e DI une vingtaine de canons antichars pour avoir sa dotation normale. Ils sont remplacés par une dizaine de canons de 75. L'artillerie (six groupes de 75 et cinq batteries de 155) est répartie sur les arrières des points d'appui des régiments. Plusieurs 75 viennent renforcer les points d'appui manquant de canons de 25 ou 47 antichars. Ainsi la 16e DI a scrupuleusement appliqué les directives du général Weygand, reposant sur la défense en hérisson en profondeur.

Cette division, forte de 18 000 hommes, va subir le choc du 14e panzerkorps du général von Wietersheim, qui aligne les 9e et 10e panzerdivisions, la 13e division d'infanterie motorisée, la 9e division d'infanterie et le régiment motorisé Grossdeutschland ; soit un total de 428 chars et 68 000 soldats. Malgré l'écrasante supériorité des assaillants, la 16ᵉ DI, uniquement soutenue par deux compagnies du 12ᵉ bataillon de chars de combat (30 chars Renault R35), va opposer une résistance héroïque au 14ᵉ panzerkorps en lui causant des pertes énormes.

Il n'est pas surprenant que les Allemands aient abordé avec quelque appréhension cette « Ligne Weygand » établie en une profondeur qui dépasse souvent dix kilomètres. Du succès de l'offensive de cette position ou de son échec dépend l'issue de la guerre, d'où l'importance des effectifs allemands engagés.

Dans la nuit du 4 au 5 juin 1940, l'artillerie allemande se déchaîne sur les positions françaises. Vers 3 h 45, le tir de l'artillerie ennemie devient plus intense et prend une allure de préparation d'attaque. Les Allemands cherchent tout particulièrement à atteindre les batteries françaises.

« Nos sommes éveillés par le vacarme épouvantable des canons, raconte un fantassin du 26ᵉ RI qui se trouve à Vers-sur-Selle, on se lève dans le demi-jour, on voit les formes qui s'agitent, chacun va à son poste... »[41]

À Dury, dans le secteur du 56ᵉ RI, les obus tombent sur le village et la région avoisinante. Un combattant de la guerre précédente remarque : « Cela ressemble à Verdun en 1916. »[42] Pilonné par les 105 et 150 allemands, Saint-Fruscien disparaît dans la fumée et Cagny à l'extrémité du secteur de la 16ᵉ DI, reçoit également un déluge de feu et d'acier.

---

[41] Archives militaires françaises, Vincennes.

[42] Archives militaires françaises, Vincennes.

« Les batteries allemandes, raconte Pierre Vasselle, qui sont pour la plupart en position sur la rive nord de la Somme, derrière les faubourgs d'Amiens, allongent ensuite le tir. Des centaines de projectiles s'abattent sur Sains-en-Amiénois et Rumigny, et cherchent à atteindre les batteries, autour de ces villages. Les rafales de trois batteries ennemies, au moins, balaient le terrain presque sans interruption, entre le bois Impérial et Rumigny, où le 2e groupe du 361e régiment d'artillerie est en position. Ces tirs en bonne direction sont heureusement trop courts. »[43]

Cette intense préparation d'artillerie n'occasionne que des pertes légères et de faibles dégâts matériels. Les projectiles employés sont surtout des fusants ou des percutants instantanés qui éclatent au ras du sol. Les Allemands font également usage d'obus fumigènes pour aveugler les observatoires français. Au lever du jour, à l'action de l'artillerie vient s'ajouter celle de l'aviation. Une trentaine de bombardiers allemands lâchent leurs bombes dans la zone arrière de la position, sur les points d'appui de Grattepanche, Oresmaux, Saint-Sauflieu, jusqu'aux abords de la route Conty-Ally-sur-Noye. Le général Mordant, commandant de la 16e DI, dont le PC se trouve à Essertaux, demande en vain l'intervention de la chasse alliée. Un peu après 4 heures, le 5 juin, une courte accalmie se produit. Au fracas des canons succède le crépitement des armes automatiques. C'est l'indice de l'arrivée de l'infanterie et des chars au contact de positions françaises avancées.

Le 14e panzerkorps fait porter son effort principal sur le plateau, au nord-est de Vers-sur-Selle, devant le front tenu par le bataillon Vastra du 29e RI. Une cinquantaine de panzers

---

[43] Pierre Vasselle, *La Bataille au sud d'Amiens, 28 mai-8 juin 1940*, imprimerie F. Paillart 1947.

s'avancent à travers d'épais nuage de fumée. Aucun indice ne leur a révélé l'existence d'un barrage de mines placé devant le dispositif du bataillon, la veille à 22 heures. Six panzers sautent et brûlent sur place, deux autres parviennent à passer entre deux bois, où ils sont détruits par un canon de 25. Un neuvième char allemand est stoppé à 30 mètres par un autre canon de 25. L'ennemi réussi cependant à ouvrir des brèches dans le barrage antichars. Une vague de blindés suivie d'infanterie attaque la position. Le capitaine Greffet, commandant la 9e compagnie, est tué alors qu'il s'efforçait de repousser l'assaut ennemi. Le lieutenant Garnung tombe également à ses côtés, le lieutenant Guillot est grièvement blessé. Les trois sections de voltigeurs et la section de mitrailleuses subissent de lourdes pertes. Cependant l'ennemi ne peut exploiter son succès. Le commandant Vastra maintient la cohésion de son bataillon, avec l'aide des lieutenants Deschaux et Larnac et de l'adjudant Taranne. Sur la droite, entre la route Beauvais-Amiens et Dury, les 25 antichars du lieutenant Maigret détruisent une dizaine de panzers. Lors de cette action Maigret trouve la mort. Le soldat Dessauge reste sur place et met encore hors de combat, avec son canon de 25, neuf chars ennemis ! Devant une résistance aussi acharnée, les Allemands renoncent à toute action dans ce secteur.

Dès 3 heures du matin, devant Dury, tenu par divers éléments du 56e RI, les chars allemand surgissent devant un point d'appui. La pièce de 47 du maréchal des logis Dock en détruit deux. D'autres panzers s'efforcent de contourner Dury par l'Est, mais se heurtent au 47 du maréchal des logis Boulley : cinq blindés sont immobilisés, un sixième saute sur une mine. L'infanterie allemande tente alors d'investir Dury. Le lieutenant Gruère et ses hommes ont eu le sang-froid de lasser approcher les assaillants et de n'ouvrir le feu qu'à trois cents mètres. Décimé par la violence des tirs français, l'ennemi reflue en laissant de nombreux morts sur le terrain. L'effort allemand porte à la sortie nord de Dury et sur le parc du château. Le choc est rude, car l'assaut est mené avec des effectifs considérables. La résistance acharnée des français bloque pour un temps l'ennemi, mais la section du lieutenant Bertrand est anéantie. Malgré leur supériorité numérique, les Allemands ne parviennent pas à entamer les positions adverses. Leurs pertes sont lourdes. Vers 11 heures, le 5 juin, ils renoncent à poursuivre leurs attaques, se replient progressivement en laissant leurs morts sur le terrain.

À l'est de Dury, dans les bois qui avoisinent le Petit Cagny, le 1er bataillon du 56e RI est également engagé dans une lutte sévère. Le sergent Viallate a retracé dans ses notes personnelles ce combat :

« Vers 6 h 45, branle-bas de combat, chaque homme prend son poste, les chars débouchent de la lisière d'en face, chars légers mais en grand nombre, capot rabattu, chefs de chars en bras de chemise assis sur les tourelles. Je fais tirer sur les chars par le fusil mitrailleur avec des balles perforantes, puis ne pouvant faire mieux, nous nous planquons au fond de nos trous pour laisser passer les chars, bien décidés à stopper l'infanterie qui sans doute va suivre. Les chars arrosent nos trous avec des obus de petit calibre et tuent une dizaine de nos hommes. À 7 h 30, les fantassins allemands quittent leur base de départ et marchent à l'attaque de nos lignes. Nous faisons feu de toutes nos armes, en tuons et en blessons pas mal, mais surtout, nous les stoppons. »[44]

Succès de courte durée… Les chars ne se sentant pas suivis par l'infanterie reviennent attaquer la position française. Deux sections sont anéanties par les panzers. Cependant deux autres sections poursuivent la lutte. La compagnie du capitaine Dastillung, tenant la partie ouest du bois Renard-Payen, détruit

---

[44] Archives militaires françaises, Vincennes.

sept chars allemands et cloue au sol l'infanterie d'accompagnement. Au Petit-Cagny, la section du sous-lieutenant Guignard met hors de combat un panzer. Toutes les assauts allemands sont brisés.

Les Allemands attaquent le secteur de Saint-Fruscien, défendu par le 89ᵉ RI. Les points d'appui du sous-lieutenant Pradat et du sergent-chef Fabry, appuyés par un canon de 25 et un de 47, détruisent une dizaine de blindés ennemis. Puis les 75 se démasquent et tirent à vue sur les panzers qui contournent les positions. Trois d'entre eux prennent feu. Un tir de mortier de 60 mm, bien réglé par le sous-lieutenant Lechaire, achève la déroute de l'ennemi qui reflue en laissant de nombreux morts sur le terrain.

« Ainsi, écrit Pierre Vasselle, sur l'ensemble de notre position avancée, partout les Allemands sont arrêtés. C'est un succès défensif incontestable qui permettrait d'envisager le développement de la bataille avec confiance si les blindés ennemis partant en flèche devant l'infanterie n'avaient réalisé une percée profonde à la droite de notre dispositif. »[45]

En effet, des chars allemands, évitant les villages et les bois, s'infiltrent autour de Rumigny et engagent le combat contre les batteries d'artillerie. Le 2ᵉ groupe du 351ᵉ RA subit le choc des monstres d'acier. Avec un remarquable sang-froid le capitaine Varille fait faire demi-tour à ses pièces et commande un tir à volonté. Les chars, se trouvant à environ 400 mètres, reculent et s'enfuient. Quatre d'entre eux sont touchés et s'enflamment. Un cinquième est détruit par une batterie du 306ᵉ RA.

---

[45] Pierre Vasselle, op.cit.

Contournant Saint-Fuscien par l'Est, les panzers progressent entre Bon-Air et Sains et détruisent deux batteries du 306ᵉ RA. Cependant, une douzaine de blindés allemands sont détruits ou endommagés. Dans le même secteur, les chars attaquent la ferme du Cambos, défendue par deux canons de 47 qui mettent onze panzers hors de combat, mais les deux pièces sont finalement détruites par l'ennemi. La 5ᵉ batterie du 306ᵉ RA touche cinq panzers. La 6ᵉ batterie perd une grande partie de ses effectifs, mitraillés par les blindés. Lors de cette action, cinq panzers sont également détruits. Mitraillant et canonnant au passage les batteries de 155 du 237ᵉ RA, les panzers passent devant le bois Camon.

Les 7ᵉ et 8ᵉ batteries du 37ᵉ RA, en position entre Rumigny et Grattepanche sont détruites par les chars allemands. Le capitaine Reichel, qui s'est porté en avant, dans un verger un peu surélevé d'où il peut suivre l'évolution des blindés ennemis, ne tarde pas à apercevoir une quarantaine de tanks progressant à 400 mètres devant Grattepanche. Sa 4ᵉ pièce, qui vient juste d'être sortie de la position pour avoir plus d'aisance de manœuvre, tire sur l'un des chars qui est touché et incendié ; les autres aussitôt foncent sur la batterie. Elle exécute un tir à 300 mètres à cadence accélérée ; plusieurs chars sont encore atteints, d'autres abordent les canons et les bousculent.

Aux lisières de Grattepanche, la situation est également critique. Un 75 antichars du 315ᵉ RA et les mortiers de 81 du lieutenant Dedieu effectuent des tirs ininterrompus sur les panzers jusqu'à l'épuisement des munitions, puis des fantassins du 56ᵉ RI s'enferment dans les maisons du village où sont livrés des combats au corps à corps. Le lieutenant Feuillet, le sergent Riebert et quelques hommes se trouvent encerclés par une unité ennemie. Le lieutenant Feuillet abat un Allemand, s'empare de sa mitraillette et met le reste du détachement en fuite.

Les chars allemands attaquent Saint-Sauflieu et Oresmaux, défendus par des éléments du 56ᵉ RI et la 2ᵉ batterie du 37ᵉ RA. Les pièces de 75 mettent en fuite les panzers et en détruisent plusieurs. Environ 150 panzers menacent à nouveau les batteries du 237ᵉ RA du Bon Air et du bois Camon. Six tanks sont immobilisés et brûlent devant les positions françaises.

À ces 400 panzers que l'ennemi vient de faire pénétrer profondément dans les lignes françaises, la 16ᵉ DI ne peut opposer que les 30 chars R35 des 2ᵉ et 3ᵉ compagnies du 12ᵉ bataillon (BCC). La 2ᵉ compagnie entre en action dès 9 h 30 et refoule plusieurs compagnies allemandes.

Dans l'après-midi, du 5 juin, les batteries du Bon Air et du bois Camon sont attaquées pour la troisième fois par les panzers. Environ 150 chars débouchent en terrain libre. Les artilleurs français tirent méthodiquement dans la masse des engins. Plusieurs obus les atteignent de plein fouet. Les autres tanks progressent malgré tout et parviennent à 200 mètres des batteries de 155 qu'ils couvrent de projectiles. Sans s'approcher davantage des canons, les panzers poursuivent le mitraillage durant une demi-heure. Les artilleurs s'abritent derrière les barrages de sacs de terre. On compte de nombreux tués ou blessés parmi eux, dont le canonnier Maillot qui, depuis le début de la journée, avait toujours été volontaire pour les missions périlleuses. Atteint mortellement, exsangue, il trouve encore la force de murmurer : « Mon lieutenant, êtes-vous content de moi, ai-je bien fait mon devoir ? »[46]

Malgré les attaques des chars sur les batteries, malgré quelques bombardements et actions locales sur les centres de résistance, l'ennemi ne fait pas de progrès notables au cours de

---

[46] Archives militaires françaises, Vincennes.

l'après-midi du 5 juin. Les défenseurs de Dury, dont les munitions s'épuisent, repoussent tous les assauts. À 18 h 30, sur Orsemaux, une nouvelle contre-attaque d'une compagnie de chars du 12e BCC et du 9e groupement de reconnaissance d'infanterie refoule plusieurs détachements ennemis. Les chars allemands qui se sont avancés dans la plaine sont pris sous le feu de la 24e division d'infanterie (DI), établie en seconde position derrière la 16e DI. Plusieurs panzers sont atteints. Le retour des blindés allemands vers l'arrière, au soir du 5 juin, est la preuve incontestable de l'efficace résistance de la 16e DI.

Alors qu'à Gembloux et Stonne, l'infanterie française a été remarquablement soutenue par l'artillerie, au sud d'Amiens, le 5 juin, cet appui va, en partie, lui manquer à des moments critiques, parce que les artilleurs se défendent contre les blindés. La journée s'écoule en combat d'une rare violence. « Dans ces villages ruinés, les Français résistèrent jusqu'au dernier », écrit l'Allemand Karl von Stackelberg.[47]

Face aux hérissons français, les fantassins allemands sont littéralement cloués au sol. Après huit heures de lutte, ils n'ont pas réussi à entamer les lignes françaises en profondeur. Les panzers se sont enfoncés entre les points d'appui, de telle sorte qu'ils se trouvent coupés de l'infanterie, ce qui n'est pas une position enviable, comme l'écrit le commandant allemand von Jugenfeld :

« Nos chars sont accueillis par un feu vraiment infernal. En un clin d'œil, les premiers d'entre eux, pris sous des feux de flanc, sont en flammes. La situation n'a rien de réjouissant. Maintenant, ce serait à notre artillerie de s'entretenir avec les Français ; leur défense est vraiment trop forte et nous avons trop peu de

---

[47] Archives militaires allemandes, Fribourg-en-Brisgau.

munitions pour les canons de nos chars. Il est exactement midi. La journée sera encore longue et personne ne sait combien de temps les tirs d'arrêt ennemis nous sépareront encore de nos lignes de ravitaillement. Nous devons donc, de bonne heure, songer à économiser les munitions, car aujourd'hui, journée décisive, il faut compter avec tout, même une contre-attaque de chars français. »[48]

Il se trouve que les défenseurs français, isolés dans leurs points d'appui, se trouvent confrontés aux mêmes difficultés, comme le souligne le colonel de Bardies :

« Nos troupes, s'accrochent au terrain, ne lâchent pas pied. Contournant les villages et les bois, qui sont autant de bastions, les chars allemands s'infiltrent dans les intervalles, pris de flanc par l'artillerie et parfois culbutés et mis en flammes. L'infanterie allemande, stoppée par notre feu, ne suit pas. Mais nous sommes engagés ; les chars arrivent jusqu'à la deuxième position de nos armées ; la ligne français n'est bientôt plus qu'une série de petites forteresses, dont chacune se bat pour son compte. Faut-il espérer ? La ligne n'a pas bronché, mais demain, le bombardement par avions recommencera. Tout poste assiégé, et qui n'est pas dégagé, finit par être pris. Qui nous dégagera ? De nouvelles divisions ? Des divisions cuirassées ? Lesquelles ? »[49]

Le 6 juin, deuxième journée de l'offensive, l'ennemi se renforce sur l'axe Saint-Fruscien-Rumigny et renouvelle partout ses attaques. Le 89e RI tient toujours la ligne des hauteurs bordant la Noye, Cagny à Estrées, mais Cagny va tomber au début de la matinée. À Rumigny, au cours de la matinée, les Allemands

---

[48] Archives militaires allemandes, Fribourg-en-Brisgau.

[49] Archives militaires françaises, Vincennes.

parviennent à pénétrer dans la partie ouest du village, où ils anéantissent le dispositif antichars réalisé par les 75 de la 9ᵉ batterie du 37ᵉ RA. Cependant autour du PC du colonel Bourquin, dans la partie est de Rumigny, la résistance se poursuit. Vers midi, les panzers passent à l'assaut. Les 75 antichars du 37ᵉ RA, soutenus par des fantassins du 56ᵉ RI, font échouer cette attaque. Cependant, un peu partout, les fantassins et les panzers parviennent à progresser un peu partout. Dans l'après-midi du 6, le commandement français estime que la 16ᵉ DI a rempli sa mission. Il fait envoyer aux centres de résistance qui tiennent encore des ordres de repli. Les défenseurs de Saint-Sauflieu, comme ceux d'Hébécourt parviennent à se dégager. Dury et Rumigny, encerclés, résistent héroïquement jusqu'à l'épuisement total des munitions. L'aspirant Calvet retrace dans ses notes cette dernière phase de la résistance :

« Il est environ 16 heures… tout le monde se défend avec acharnement, nous résistons tant que nous pouvons, cependant nous n'avons plus de grenades, presque plus de cartouches de fusil et de fusil mitrailleur, plus de fusées pour les obus de mortiers. Nous n'avons plus de contact ni de liaison avec les éléments amis. Notre capitaine décide d'envoyer un coureur pour essayer de rejoindre le bataillon et lui indiquer notre situation difficile ; il demande un volontaire ; le soldat Barbet, de la 4ᵉ section, 10ᵉ compagnie, se présente. Le capitaine lui remet le pli, lui indique l'itinéraire ; ce brave gars quitte nos positions, fait 100 mètres en bondissant de trous d'obus en trous d'obus, puis il est repéré, une pluie de balles s'abat autour de lui ; nous le voyons faire deux ou trois bonds, toujours en utilisant les mêmes abris, l'ennemi tire encore dans sa direction, nous le voyons plus sortir du trou dans lequel il vient de disparaître et qui a dû devenir sa tombe provisoire.

« De toutes nos forces, nous continuons de résister, cependant progressivement l'ennemi devient maître de la situation… Nous sommes à bout, nous n'avons vu pendant ces 48 heures, ni char, ni avion ami ; nous n'avons reçu aucun renfort, aucun ravitaillement. »[50]

À 17 h 45, le combat se poursuit avec acharnement dans les dernières maisons de Dury. Puis les derniers survivants doivent se rendre, ayant épuisé leurs dernières munitions. Le capitaine allemand menant l'assaut félicite le capitaine Canet pour sa résistance. À 17 h 30, à Rumigny, le colonel Bourquin se rend compte de l'encerclement complet du village. Cependant, à chacune de ses tentatives, l'infanterie ennemie est repoussée, mais vers 18 h 30, on entend le bruit des chenilles. Des groupes de chars ouvrent le feu sur le village. C'est un véritable enfer, cependant, malgré les pertes, le moral des défenseurs ne faiblit pas. Menant un assaut concentré, les panzers abordent la localité par les vergers et coiffent les positions tandis que l'infanterie tourne par le sud et surgit dans le dos des défenseurs. L'adjudant Darbon debout sous la mitraille, un fusil mitrailleur à la main, vide les derniers chargeurs. Toute résistance devient impossible. Il est 19 heures, on se bat depuis la veille 5 heures du matin.

« La nuit commence à tomber, écrit Pierre Vasselle. Deux immenses brasiers éclairent le paysage. Ce sont les incendies de Dury et Rumigny, localités martyres, durement touchées dans cette grande épreuve. »[51]

La résistance française se poursuit à Estrées-sur-Noye, le 6, jusqu'à 22 heures. Le régiment Grossdeutschland, soutenu par

---

[50] Archives militaires françaises, Vincennes.

[51] Pierre Vasselle, op.cit.

des chars, y enregistre des pertes importantes. Oresmaux subit de son côté, en dix minutes, un déluge d'artillerie de 300 obus. Le village résiste tard dans la nuit. Plusieurs panzers sont encore détruits. Le 7 juin à 2 heures du matin, le général Mordant, commandant de la 16ᵉ DI, quitte son PC d'Essertaux pour se porter à Maisoncelles près de Breteuil. La 24ᵉ DI, établie derrière la route transversale Conty-Ailly-sur-Noye, se trouve au contact de l'ennemi. Déjà les panzers viennent battre les lisières du bois de Berny. Les débris de la 16ᵉ DI poursuivent le combat aux côtés de la 24ᵉ DI ou des unités voisines.

Le 7 juin 1940, à l'aube de cette troisième journée de combats, la 24ᵉ division d'infanterie, sous le commandement du général Voirin, a établi un système de centres de résistance en profondeur dans les villages et les bois. Les garnisons des centres de résistance ne dépassent pas une ou deux compagnies renforcées par quelques canons antichars et mitrailleuses. Dans chaque centre, il existe le plus souvent quatre points d'appui et la défense de chacun d'eux est assurée par une section de fantassins. Dans les villages des barricades ont été établies. Les routes sont coupées par des abatis. Le 78ᵉ RI (lieutenant-colonel Pujol) barre la direction Estrées-sur-Noye-Épagny. Le 63ᵉ RI (colonel Jaubert) occupe le secteur central Essertaux, Flers, bois de Berny. Le 50ᵉ RI (colonel Leclerc) barre la route Amiens-Beauvais, entre Tilloy-les-Conty et Croissy. L'artillerie (21ᵉ et 221ᵉ RA) disperse ses canons de 75 et 155 en divers secteurs à l'arrière. Elle a pour mission de tirer à vue sur les chars qui pénétreraient à l'intérieur des positions. Les moyens organiques de la 24ᵉ DI n'ont été que faiblement renforcés par quelques batteries de la 16ᵉ DI et par des éléments du 29ᵉ RI.

« Division de série A, signale Pierre Vasselle, composée presque exclusivement de réservistes, la 24ᵉ DI a reçu en derniers renforts, dans les régiments, des hommes des vieilles classes et des malingres ou des récupérés du service auxiliaire, sans instruction militaire. L'encadrement a souffert de nombreux prélèvements : des affectés spéciaux, des pères de famille nombreuse, des officiers rappelés pour les services du territoire, ont quitté la division. Quant au matériel, souvent il n'atteint pas les dotations réglementaires : les régiments n'ont que 9 canons de 25 au lieu de 12. »[52]

Malgré la faiblesse de ses moyens, la 24e DI oppose une résistance acharnée au 14e panzerkorps, lui-même affaibli par les combats contre la 16e DI. Dès la matinée du 7, les 63e et 78e RI repoussent les assauts allemands à Essertaux, Flers et au bois de Berny. Le régiment Grossdeutschland, soutenu par les panzers, ne peut déboucher. Une dizaine de blindés sont détruits devant les positions françaises. Les Allemands abordent le bois de Perdriamont, mais y rencontrent également une résistance solide. Une compagnie du 12e BCC, réduite à dix chars R35, chasse les Allemands du bois de Perdriamont. Un nouvel assaut ennemi à Flers parvient à rompre la défense mais ne peut progresser au-delà. Un canon de 47 et un de 75, placés à la sortie de Flers, détruisent de nombreux panzers. Un canon de 25 attaqué par quatre chars, en détruit un et met les autres en fuite. Cependant, l'infanterie allemande attaque avec un mordant remarquable. Des sections entières, en rangs serrés, se précipitent à l'assaut en chantant. Les armes automatiques françaises leurs causent de lourdes pertes, mais sont les unes après les autres neutralisées par le tir de chars. Vers 18 heures, à la sortie de Flers, dernier réduit de la défense, le commandant Laffont n'a plus à ses côtés que l'adjudant Laurent, le chef de groupe Lalanne, deux médecins et une soixantaine d'hommes. Encerclé de toutes parts, le commandant Laffont, dans un ultime effort, tente une percée. On

---

[52] Pierre Vasselle, op.cit.

le voit s'élancer dans les ruines fumantes en s'écriant : « Allez les gars, en avant pour la France ! » Mais presque aussitôt il tombe grièvement blessé et c'est la fin de la résistance de Flers. Au Bois de Quennetot, les fantassins du 50ᵉ RI ne se laissent pas entamer. Les assauts ennemis sont brisés puis rejetés par une contre-attaque de quelques chars R35.

Les 8 et 9 juin, la 24ᵉ DI poursuit le combat avec le même acharnement. Le 14ᵉ panzerkorps, décimé, ne peut enfoncer les positions, malgré quelques succès locaux. Le commandement allemand décide d'arrêter l'offensive dans ce secteur.

Le général allemand von Bock, commandant du groupe d'armées B, engagé sur la Somme, s'inquiète fortement de cette situation :

« Dures journées avec de nombreuses crises. Il me semble que nous sommes bloqués. Je me rends à nouveau au 14ᵉ panzerkorps et à la 9ᵉ panzerdivision pour avoir une image exacte. Il est remarquable de constater que les 16ᵉ et 24ᵉ divisions françaises d'infanterie, qui nous sont opposées, ont pu bloquer tout un corps blindé durant cinq jours. Je me décide, le cœur lourd, à retirer le 14ᵉ panzerkorps au sud d'Amiens et à l'engager derrière le 16ᵉ panzerkorps près de Péronne pour percer ainsi avec une pointe blindée massive en direction de Creil-Compiègne. Kleist prendra le commandement des deux panzerkorps. Ainsi une forte masse blindée entraînera l'armée vers l'avant, entre Amiens et Péronne. »[53]

C'est donc un constat d'échec pour le 14ᵉ panzerkorps, qui s'est trouvé bloqué par deux divisions d'infanterie et quelques batteries d'artillerie, bien disposées sur le terrain et décidées à se

---

[53] Archives militaires allemandes, Fribourg-en-Brisgau.

battre. Constat d'échec également avec le bilan des pertes. On a parlé de cimetières de chars allemands sur le plateau de Dury. Le général von Bock doit avouer que le 14ᵉ panzerkorps a perdu 235 chars au sud d'Amiens contre les 16ᵉ et 24ᵉ DI ! La 10ᵉ panzerdivision n'a plus que 60 chars sur 180. Le potentiel du 14ᵉ panzerkorps se trouve réduit à 45 % pour les chars et à 60 % pour l'infanterie (27 200 soldats tués ou blessés) !

Le général allemand von Reicheneau, commandant de la 6ᵉ armée allemande, déclare que « les troupes françaises, engagées sur la somme en juin 1940, se sont battues comme des lions ! »[54] Des lions ensanglantés quand on sait que la 16ᵉ DI a perdu 70 % de ses effectifs dans cette bataille et la 24ᵉ DI environ 40 %.

Ce brillant succès défensif français, qui se répète sur l'Aisne, notamment à Rethel et Voncq, ne peut renverser le cours de la campagne de 1940. L'écrasante supériorité numérique et matérielle des forces allemandes fait la différence, où le front français est percé en plusieurs endroits, lorsque les panzerdivisions massent des blindés dix fois supérieurs en nombre, notamment au Juniville et Perthes, où le groupement blindé français Bussion, réduit à 160 chars, affronte 954 panzers !

La bataille des Alpes 1940 : combats acrobatiques sur les sommets

En déclarant la guerre à la France le 10 juin 1940, Mussolini, allié à Hitler, frappe un pays ayant déjà les genoux à terre. Il ouvre également le front d'Europe le plus difficile. La bataille qui s'annonce va être livrée dans des conditions très

---

[54] Archives militaires allemandes, Fribourg-en-Brisgau.

éprouvantes pour les troupes engagées dans les deux camps. Le front des Alpes n'a rien de comparable avec le théâtre de guerre du nord de la France. L'armée italienne va devoir franchir une formidable barrière rocheuse où les montagnes font suite aux montagnes, couronnées de glace et séparées par des vallées qui s'ouvrent entre des murs à pics, où la bourrasque éclate souvent à l'improviste. Certains sommets dépassent 3500 mètres d'altitude et, en ce début de juin, le froid y est toujours très vif, puisque par endroits la température tombe à – 25° !

Les divisions italiennes vont devoir escalader des montagnes exposées à toutes les intempéries. Fait plus grave pour l'Italie, si la France n'a pas poursuivi sa ligne Maginot face à la frontière belge, un important système fortifiée existe dans les Alpes. Sur une longueur de 400 kilomètres, la Maginot alpine comporte de nombreux ouvrages en béton. D'abord des casemates ou des forts modernes, bien aménagés, ayant un armement mixte mitrailleuses-canons. Ensuite des blockhaus plus légers, renfermant des armes automatiques qui peuvent prendre en enfilade les vallées, les routes ou les sentiers. Enfin, quelques ouvrages plus anciens qui sont surtout utilisés comme refuges.

L'armée française des Alpes n'a cessé d'être ponctionnée depuis le début de la guerre, afin de renforcer le front du nord-est. Forte de 550 000 hommes en octobre 1939, elle n'en compte plus que 185 000 en juin 1940, dont 85 000 combattants en premier échelon. L'ensemble représente 3 divisions d'infanterie (64e, 65e et 66e DI), 86 sections d'éclaireurs-skieurs, 49 bataillons alpins de forteresse et 68 groupes d'artillerie (816 canons), sous le commandement d'un chef énergique, le général Olry. Les sections d'éclaireurs-skieurs, composées uniquement de volontaires et de sportifs, représentent l'élite des troupes alpines françaises.

Les forces italiennes sur le front des Alpes, placées sous les ordres du prince Umberto de Piémont, sont réparties en deux armées, la 4ᵉ du général Guzzoni, forte de 127 000 hommes, la 1ère armée du général Pintor comprenant 185 000 hommes, soit un total de 312 000 soldats, répartis en 42 bataillons alpins (3 divisions et 3 groupements), 23 divisions d'infanterie et 3 divisions motorisées. L'artillerie aligne 2349 tubes divers. Si les excellentes unités alpines se trouvent en premier échelon, les divisions d'infanterie sont positionnées dans les vallées italiennes les unes derrière les autres, sans espace suffisant pour leur déploiement.

Dès le début des hostilités entre les deux pays, les Italiens installent des postes d'observation en territoire français. Il en est ainsi dans la nuit du 10 au 11 juin, où une section italienne s'est positionnée au Grand Cocor à 3200 mètres Le groupe franc de la compagnie d'éclaireurs-skieurs du 97ᵉ régiment d'infanterie alpine (RIA) est envoyé la nuit suivante pour déloger les observateurs italiens. « À 5 h 30, raconte le colonel Vergézac, une salve de fusils mitrailleurs, tirée à 1000 mètres de là, réveille les alpini (chasseurs alpins italiens) qui, complètement surpris, affolés, sortent précipitamment de leurs tentes, de leurs abris et se débandent sous la grêle de balles qui s'abat sur eux et dévalent précipitamment la pente très abrupte du côté italien poursuivis par les tirs de la base de feux, laissant sur le terrain 5 cadavres et 9 blessés. Pas de perte du côté français. »[55]

Le 16 juin, le prince Umberto de Piémont reçoit l'ordre de Mussolini de monter une offensive. Jusqu'alors, tout son dispositif était essentiellement défensif. On lui donne dix jours, le lendemain on ne lui laisse plus que six jours ! Il se rend compte que cela est impossible sur un front montagneux. Le

---

[55] Archives militaires françaises, Vincennes.

ravitaillement ne sera pas en mesure de suivre, l'artillerie ne pourra pas se mettre en place à temps dans sa totalité.

Le 17 juin, les alpini attaquent le col de la Seigne où les éclaireurs-skieurs du 7e bataillon de chasseurs alpins (BCA) parviennent à les repousser. Trois heures plus tard, au même col, l'artillerie italienne déverse sur la section du lieutenant Bulle 400 obus de 75 ou 81 mm en une demi-heure. Heureusement, la disposition en contre-pente des emplacements de combat protège les Français : les obus tombent dans la vallée, les autres éclatent en avant et au-dessus des emplacements. Dès l'arrêt des tirs, plusieurs sections italiennes débouchent. Aussitôt, trois fusils mitrailleurs croisent leurs feux sur elles. Les Italiens s'arrêtent, mais ne se replient pas. Tout la journée, c'est un duel au fusil mitrailleur entre assaillants et défenseurs. Ceux-ci rendent comptent que les Italiens ne cessent d'envoyer des renforts, qu'ils entendent donc occuper le col, et qu'il faut s'attendre à une attaque encore plus puissante les jours suivants.

L'armée italienne, attaquant avec une folle bravoure du 21 au 24 juin, est massacrée par les troupes françaises bien abritées, tenant les hauteurs. En Tarentaise, la division alpine Tridentina traverse la frontière sous une tempête de neige, monte à plus de 3500 mètres sur des glaciers par −18°, descend, sous le feu de l'artillerie française, dans la vallée, en direction du fort de Seloges. Le 80e bataillon alpin de forteresse (BAF) lui oppose une farouche résistance. Les alpini du bataillon Tirano s'emparent du point d'appui de Bellaval, après un assaut acrobatique, mais ne peuvent déboucher. Le lieutenant Jean Bulle, suspendu dans le vide par une corde de rappel, bloque avec un fusil mitrailleur, l'attaque italienne au col d'Enclave. Cet exploit lui vaudra une citation à l'ordre de l'armée, signée du général Weygand, ainsi que la croix de chevalier de la Légion d'honneur.

L'exploit du lieutenant Bulle nous est raconté sur le vif par le général Plan et Eric Lefèvre :

« La neige est sale, boueuse et jaunâtre. Les 75 aboient avec acharnement devant le col de l'Enclave que menace directement une compagnie italienne. Elle est repérée par le lieutenant Bulle (qui commande la section d'éclaireurs-skieurs du 80e BAF). Il suit de ses jumelles un groupe qui atteint l'angle mort de la barrière rocheuse située à 100 mètres au-dessous de l'un de ses groupes de combat. Bien qu'il ait reçu l'ordre de se replier derrière la position principale de résistance, il décide qu'il arrêtera les Italiens devant le col d'Enclave. Il donne l'ordre à sa section : « Dans dix minutes, encadrez-les avec les VB (il s'agit de grenades à fusil tirées grâce au tromblon Vivien-Bessières). Il fonce ensuite, seul avec une corde de rappel dans une main et un fusil mitrailleur dans l'autre, des chargeurs plein les poches, pour gagner l'arête rocheuse qui va vers l'est, prenant ainsi les Italiens à revers. Après 100 mètres de course, il installe son rappel et descend de 20 mètres, se bloque contre le paroi et attend les Italiens qui vont déboucher. Encadrés soudain par le feu des grenades à fusil VB qui se déclenche, ces derniers se resserrent le long de la paroi et se découvrent. Bulle leur envoie alors un chargeur entier de son fusil mitrailleur à 300 mètres, en enfilade et en plein dans la masse. Trois hommes seulement réussissent à s'échapper et Bulle regagne l'arête où il est à l'abri. Les Italiens ne comprennent pas ce qui leur arrive, c'est la débandade. Ils refluent de près de 800 mètres et n'insisteront plus… Le sergent Anxionnaz, de la section d'éclaireurs skieurs, les accompagne à coups de grenades à fusil. « En dix secondes, dit-il, la place était nette, ils laissaient de nombreux corps allongés. » Épuisé, Bulle parvient en haut de son rappel, il abandonne sa corde sur la paroi, la laissant comme témoin de ce coup d'audace qui bloque les alpini devant le col d'Enclave et arrête tout débouché du mont Tondu. Il faudra, pour sa section d'éclaireurs-skieurs, plus de huit heures pour redescendre dans la vallée, car il neige toujours et le brouillard est maître. »[56]

Le 22 juin, une attaque est montée par la division motorisée Trieste par le col du Petit-Saint-Bernard. Les tirs des gros ouvrages, ceinturant Bourg-Saint-Maurice, dispersent l'assaut des bersaglieri (chasseurs italiens à pied) et dix chars légers Fiat-Ansaldo L3 restent sur le terrain. Le 70e bataillon alpin de forteresse (BAF) bloque les assaillants qui descendent du mont Cenis. Le fort de la Redoute-Ruinée, tenu par la section du Lieutenant Dessertaux, résiste à tous les assauts. La garnison ne sort que le 3 juillet, alors que l'armistice franco-italien a été signé le 24 juin, une compagnie italienne lui rendant les honneurs !

Le journal des défenseurs de la Redoute-Ruinée relate le 21 juin les faits suivants :

« 10 heures, bientôt de petites colonnes italiens d'infanterie apparaissent descendant de l'arête frontière vers la Combe des Moulins, d'autres apparaissent sur le névé 2714. Ça grouille partout. Rien cependant au col du Petit-Saint-Bernard. À la levée du tir, les hommes vont occuper leurs emplacements de combat. Les colonnes ennemies descendant vers la Combe des Moulins sont de plus en plus nombreuses. Il y en a partout. Ils paraissent peu chargés. Ils sont dans la tenue suivante : casque, arme, masque et une musette. Cependant certains tirent derrière eux de gros ballots. Le feu est ouvert à la limite de portée. Il se révèle très efficace. Le tir d'arrêt est déclenché sur la Redoute Sarde au moment où elle est atteinte par les premiers éléments italiens qui

---

[56] Général Etienne Plan, Eric Lefèvre, *La Bataille des Alpes, 10-25 juin 1940*, éditions Lavauzelle 1982.

refluent aussitôt. Ce tir d'arrêt se montre particulièrement efficace.

« 11 heures, nouveau tir d'artillerie italienne. L'alpin Romanet qui servait un fusil mitrailleur à l'emplacement du pont-levis est couché par le souffle d'un obus qui tombe devant la chambre du docteur (quatre mètres du mur extérieur sont enlevés). Deux obus tombent encore sur les WC et le couloir qui y conduit. La partie ouest de la Redoute est beaucoup plus touchée que la partie est.

« À 12 heures exactement, de mon poste d'observation, j'aperçois subitement des motocyclistes italiens qui débouchent du col du Petit-Saint-Bernard. Je demande aussitôt le tir de l'artillerie. Bientôt la route est couverte par une longue colonne d'engins motorisés (motos, blindés, automitrailleuses). Notre mitrailleuse et nos fusils mitrailleurs entrent en action ainsi que notre artillerie qui se déchaîne littéralement. Le but recherché est atteint. L'ennemi abandonne motos et autos sous notre tir précis et va se tapir dans les abris à proximité. La situation au col est alors la suivante : 3 motos gisent près de la gendarmerie. Une colonne d'engins blindés gît entre la gendarmerie et le tournant suivant. De l'hôtel de Lancebranlette à l'Hospice, 60 à 80 engins sont immobilisés sur la route. Au-delà, on compte également 3 colonnes de 60 à 80 véhicules immobilisés sous nos obus. Nous remarquons également une progression ennemie par les pentes de Lancebranlette vers le Roc de Belleface et la Combe.

« À 15 heures, le bombardement de la Redoute reprend. Il dure une demi-heure puis est suivi d'une attaque italienne qui est clouée instantanément au sol par le fameux tir d'arrêt, qui s'abat chaque fois sur le col de Traversette et ses abords avec une précision et une rapidité remarquable. La nuit vient, très sombre. On dort peu. »[57]

En Tarentaise, après quatre jours de combat, les troupes italiennes, forte de 52 000 hommes, ont progressé seulement de quelques kilomètres, face à 8550 soldats français. Dans ce secteur, les Français comptent 47 soldats hors de combat (tués ou blessés) contre 792 italiens ! La position principale de résistance tient toujours.

Le capitaine italien Pasini, officier au bataillon alpin Tirano, a rendu hommage à ses adversaires français :

« Magnifiques troupes. Magnifiques officiers, tous de vieux montagnards et alpins intrépides. Bataille inimaginable, menée avec un égal acharnement de part et d'autre pendant quatre jours, disputée sur des glaciers et sur des cimes de plus de 3000 mètres de haut dans des neiges éternelles, sur des parois à pic. Sous le feu incessant des batteries françaises, dans des conditions atmosphériques atroces, un froid glacial et une tourmente qui n'a pas cessé durant toute cette bataille. »[58]

En Maurienne, 40 000 soldats italiens affrontent 13 000 français. L'attaque débute le 21 juin par des violents tirs d'artillerie. Certaines positions avancées sont enfoncées, des casemates encerclées, mais la position principale résiste. La riposte des batteries françaises ne se fait pas attendre : des bataillons entiers doivent se replier, des colonnes muletières sont anéanties, des batteries dispersées avant d'avoir pu s'installer. Le 1er régiment de chars Fiat-Ansaldo L3, mis à la disposition de la

---

[57] Archives militaires françaises, Vincennes.

[58] Archives militaires italiennes, Rome.

division Brenerro, débouche aux abords des ouvrages des Revets et de la Turra. Une des deux pièces de 75 du second ouvrage les prend sous son feu. Ces tanks légers, faiblement blindés (14 mm) et très mal armés (une mitrailleuse), présentent des cibles idéales. Là encore, le décalage des pertes est grand : 88 soldats français hors de combat contre 1183 italiens en quatre jours !

« Les Français constatent que leur artillerie fait merveille, écrit Henri Azeau, tandis que les pauvres fantassins italiens luttent désespérément contre le froid, la neige, la pluie et le brouillard. Les Français ont pu faire sur cette armée un certain nombre de constatations : l'alpin italien est en général un remarquable montagnard, courageux et endurant, assez bien équipé pour ce qui concerne la montagne. Le fantassin, lui, souffre d'un équipement douteux : tissu de qualité médiocre, beaucoup de soldats marchent sans chaussettes, l'armement individuel est jugé quelconque par les spécialistes et les armes ne sont pas graissées ! Une constatation général : les prisonniers se jettent sur la nourriture ; au début, cette boulimie surprend, puis on s'étonne de voir des hommes pleurer de joie devant les macaronis ou du riz. Et l'on finit par se rendre compte que la nourriture du soldat ne préoccupait pas outre mesure le commandement italien de l'époque. Il est vrai que si le Duce cherchait dans sa guerre un nombre minimum de tués italiens utiles à sa politique, le problème de l'intendance demeurait secondaire : un homme mort ne mange pas (…).

« Les assaillants italiens doivent être persuadés qu'ils ne rencontreront pas de résistance, car les premiers d'entre eux arrivent en colonne par un, l'arme à la bretelle. Cette attitude que le commandement français juge « inconscience » - entendons : inconsciente du danger – se renouvellera en de nombreux points du front (…). Le même scénario tragique se déroule ; les défenseurs laissent venir l'assaillant, et lorsqu'ils trouvent, groupés devant eux, quelques centaines d'hommes, ils les écrasent sous les obus. À cet instant, les soldats italiens à qui l'on n'a pas appris à se terrer et à rester immobiles, s'élancent dans tous les sens, y compris vers les lignes françaises et les mitrailleuses et les fusils mitrailleurs les atteignent aisément pendant leur course. Les isolés sont ensuite cueillis au fusil Lebel ou au mousqueton. »[59]

Dans le Briançonnais, 30 000 soldats italiens attaquent 8500 français qui repoussent tous les assauts. Une batterie de 280 mm réduit au silence les huit tourelles italiennes de 149 mm du fort italien de Chaberton. La division italienne Sforzesca se fait littéralement hacher par les armes automatiques du 91ᵉ bataillon de chasseurs alpins. Pour 45 Français hors de combat, on compte 714 Italiens tués, blessés, prisonniers ou disparus !

Le rapport du lieutenant Miguet raconte le duel qui opposa la batterie française de mortiers de 280 mm au fort italien de Chaberton :

« Mes mortiers de 280 se trouvent à environ 2000 mètres d'altitude et doivent atteindre un objectif, le fort italien de Chaberton, situé à 9 kilomètres de là et 1100 mètres plus haut, en lui expédiant des obus d'un poids moyen de 250 kilogrammes.

« C'est le 21 juin 1940 au matin, que, de mon observatoire situé sur les pentes de l'Infernet, je constatai l'entrée en action du Chaberton. Cette activité m'est d'ailleurs signalée par le fort Janus qui, non seulement note les départs des coups, mais reçoit des projectiles.

---

[59] Henri Azeau, *La Guerre franco-italienne, juin 1940*, éditions Les Presses de la Cité 1967.

« Le commandement, alerté, me demande aussitôt de tirer. Malheureusement, le Chaberton est dans la brume. D'autre part, les mortiers de 280 n'ont jamais tiré. Ce matériel, très précis, mais dont on ne connaît pas la dérivation, ne peut faire que des tirs observés. Impossible de tirer dans ces conditions sans observation et sans réglage préalable. Le commandement, prévenu des difficultés, me demande, pour tirer, de profiter de la première éclaircie. Cette éclaircie se produit vers 10 heures. J'alerte aussitôt la section de Poët Morond, dont les pelotons n'attendent que le commandement « Feu » pour tirer. J'éprouve une certaine émotion au départ du premier coup. Pour beaucoup de canonniers, c'est véritablement le premier coup. Mais j'entends le bruit sourd du départ et, 60 secondes après, j'observe un superbe éclatement sur les pentes du Chaberton. Le premier coup est tombé où je l'attendais. Désormais, il ne reste plus qu'à les déplacer et à les amener au bon endroit. Le deuxième et troisième coups se rapprochent de plus en plus des tourelles. Malheureusement, la brume revient et je dois attendre 15 h 30 pour reprendre le tir. Enfin, je vois. Il n'y a plus une seconde à perdre. Les deux sections de mortiers : celle de Poët-Morand et celle de l'Eyrette entrent immédiatement en jeu, les éclatements apparaissent, un petit nombre sur le glacis, le plus grand nombre sur la plateforme supérieure du Chaberton au voisinage des tourelles. Un observatoire, auquel je suis relié, m'indique les coups longs qui, pour mon observatoire, sont visibles. D'autre part, le Janus avec lequel je suis en liaison m'indique le résultat de ses observations. Aux chiffres brutaux : « À droite, tant. Site plus bas », s'ajoutent les appréciations plus concrètes : « La cinquième tourelle en prend un bon coup. » De mon côté, je peux juger ainsi que mon observateur les résultats des premiers tirs.

« Au milieu des éclatements des 280, on aperçoit toujours la lueur des départs des 149 italiens. Les 280 seraient-ils donc impuissants ? J'améliore mes éléments déjà très approchés et je multiplie les coups. Alors, c'est un véritable duel que se livre les deux adversaires, un duel poignant et grandiose. Manifestement, le Chaberton n'a pas repéré cet adversaire qui l'inquiète, car il tire sur le fort des Têtes. Ce duel va devenir de plus en plus acharné.

« À 17 h 30, un éclatement apparaît au niveau de la troisième tourelle et provoque une immense fumée d'une hauteur démesurée qui apparaît malgré la brume et persiste une vingtaine de secondes. Il s'agit sans doute d'une explosion de munitions. Les tourelles redoublent d'activité, elles tirent à la cadence maximum. Les artilleurs ont-ils l'impression que l'heure de son agonie approche et veulent-ils profiter au maximum des derniers instants qui leur restent. Malgré les éclatements de plein fouet et dans les conditions certainement très dure, le Chaberton tire toujours. Mais à 18 heures, un nouveau coup, celui-là très dur et tangible, lui est porté. Un projectile vient de tomber sur la troisième tourelle dont les tôles volent en éclat à plusieurs centaines de mètres. Des flammes s'échappent suivies de fumée. Quand celles-ci sont dissipées, on peut constater que la troisième tourelle a disparu et que la physionomie du Chaberton a changé. Dès lors les tourelles ne tirent plus ou presque. À 18 h 15, un coup tombe près de la deuxième tourelle, provoquant vraisemblablement une deuxième explosion de munitions, car une fumée noire bien distincte de l'éclatement apparaît et reste visible pendant vingt secondes. Vers 18 h 30, un éclatement majestueux, juste au niveau de la partie supérieure du Chaberton forme un immense chapeau qui le coiffe entièrement, étrange auréole qui ressemble à celle des martyrs. À 19 heures, un coup tombe sur la cinquième et sixième tourelles, laissant apparaître entre elles un amas de pierres et de ferrailles. Quand je reçois alors le colonel commandant le secteur fortifié du Dauphiné, avec les compliments pour la 6e batterie, l'ordre de cesser le feu, j'essaie de faire le bilan de cet après-midi. Les deux sections ont tiré à elles deux 57 coups. Le tir a duré 3 h 30. Les pertes de la 6^e

batterie sont rigoureusement nulles. Il n'en est pas de même en face, une tourelle a disparu : la troisième ; une autre a été nettement touchée : la huitième ; une autre penche lamentablement : la cinquième. N'y a-t-il pas d'autres dégâts invisibles de nos observatoires ? C'est ce que j'espère sans l'avouer et qui d'ailleurs me sera confirmé par la suite. Sans la brume opiniâtre qui n'a cessé de se montrer pendant l'après-midi, gênant considérablement l'observation, deux heures auraient vraisemblablement suffi, non seulement à obtenir les mêmes résultats, mais probablement à mettre hors d'usage les huit tourelles. J'espère être plus favorisé par le temps les jours suivants. »[60]

Le Queyras forme un saillant frontière dont les sommets, tous enneigés et impraticables, culminent à 3000 mètres. Les Italiens engagent 12 500 hommes contre 7500 soldats français. La position d'avant-postes résiste aux assauts. Les Italiens laissent 147 hommes sur le terrain contre 15 Français. La vallée de l'Ubaye, dont certains massifs peuvent atteindre 2800 mètres, est défendue par 15 000 Français opposés à 52 000 Italiens. Les colonnes d'assaut débordent certains cols, encerclent des points d'appui, mais ne peuvent percer la position des avant-postes. L'attaque italienne, prise sous les feux violents et précis de l'artillerie et des mitrailleuses, est arrêtée avec de très grosses pertes : 2052 soldats hors de combat contre 9 Français ! Le béton des puissantes fortifications du secteur épargne la vie des défenseurs.

L'extrait d'un compte rendu italien du bataillon d'alpini Val Piave donne une idée précise de la résistance acharnée de l'armée

---

[60] Archives militaires françaises, Vincennes.

française, des difficultés du terrain et du courage déployé par l'assaillant :

« Le 21 juin, après une marche de 16 heures, nous atteignîmes le refuge Bezzi (2284 mètres) pour, le lendemain, par le col Vaudet, descendre sur le val d'Isère. Le même jour, notre bataillon frère, le Val Cordevole, avait déjà pris position au col du Mont. En passant le val Grisenche, nous eûmes un premier aperçu de la résistance rencontrée par le Val Cordevole, en croisant ses premiers glorieux morts et blessés. J'ai dans les yeux et dans le cœur la pénible impression que suscita chez nos alpini ce spectacle. L'heure est solennelle et suggestive. Nous allons vers le sacrifice. La vue ne peut se détacher de la ligne frontière.

« Dans la nuit, un contrordre nous dirige sur le col du Mont au lieu du col Vaudet. Cette nouvelle disposition ne laisse aucun doute : nous devons suivre le bataillon frère pour l'aider à venir à bout de la résistance ennemie.

« Le 22, à 13 heures, nous traversons le col du Mont. L'anxiété, la joie de la conquête, l'atteinte du but rêvé depuis de longs mois, nous pousse à faire les derniers mètres presque à la course. Les yeux de tous les soldats reflètent les mêmes sensations. Tous sont possédés du même orgueil. Tout semble transformé en nous ; la respiration a un rythme différent ; la neige et les rochers ont une couleur et une odeur différentes ; le fond de la vallée recèle dans sa forêt l'inconnu. Mais l'œil va au-delà. Il voit la vallée de l'Isère. Il voit la Savoie… la Savoie italienne… Ce cri est suffisant par lui-même pour expliquer la joie de la conquête des alpini… Savoie italienne… Revendication sentimentale : cela est ainsi et demeurera dans les mémoires des alpini.

« La descente du vallon de La Motte s'effectue rapidement, encore que les alpini soient continuellement distraits par les vestiges de la retraite des troupes françaises, qui ont abandonné sur le chemin des armes, des munitions, des vivres et des uniformes. Nous rencontrons les glorieux morts du Val Corvedole. Subitement, au Crot, un violent barrage d'artillerie nous surprend. Nous nous coiffons du casque d'acier et prenons des dispositions provisoirement défensives. Nous ne nous attendions pas à ce salut imprévu dès notre apparition au point où le sentier conduit directement à la vallée de l'Isère. C'est l'indice que l'ennemi s'est retranché dans ses fortins et nous attend à ce passage. Mais nous apprenons que le Val Cordevole est à peu de distance devant nous. La situation se clarifie d'ici à quelques heures. La résistance ennemie, troublée dans la vallée de la Motte, s'est regroupée sur la montagne qui est devant nous et les Français réussissent à barrer la voie d'accès à la basse vallée de l'Isère par des tirs croisés d'artillerie sur les points de passage obligatoires. Nous apprenons cependant que le bataillon Val d'Orco a déjà atteint le village du Miroir et nous apercevons le bataillon Vestone descendant du col de la Louïe Blanche. Le feu des fusils mitrailleurs français révèle que les éléments ennemis sont encore aux prises avec les bataillons Val Cordevole et Vestone. La 275e compagnie bondit entre le centre de la résistance et en a rapidement raison. Trois prisonniers restent entre nos mains avec leur armement individuel dont un fusil mitrailleur et un millier de cartouches environ et plusieurs caisses de grenades à main. L'artillerie française est particulièrement active et efficace. Nous sommes impressionnés par la technique de l'artillerie française. »[61] Les bataillons italiens attaquant dans ce secteur ne vont guère plus loin, bloqués par les fortifications françaises et son artillerie.

---

[61] Archives militaires italiennes, Rome.

Le bataillon d'alpini Dronero franchit la frontière au col de la Gyprière, à 2390 mètres d'altitude, est descend vers le lac des Neuf Couleurs, puis le lac Noir, puis le lac Long et enfin le lac Premier. Il arrive enfin à l'entrée du vallon de Fouillouze : l'Ubaye se trouve à moins de deux kilomètres, Saint-Paul, l'objectif principal, à quatre kilomètres. Tant de peine n'aura pas été prise en vain. Le commandant du bataillon Dronero imagine déjà la Médaille d'or de la valeur militaire que lui remettra le Duce sur le front des troupes…Mais soudain tout change : à l'entrée du vallon de Fouillouze, le bataillon Dronero débouche, non pas sur le terrain battu par les mitrailleuses des avant-postes, mais directement sur la zone des plans de feux des ouvrages puissants et modernes de la position de résistance. « Et c'est un véritable carnage qui commence, raconte Henri Azeau. Ces hommes qui arrivent là, épuisés par une longue marche montagnarde dans la neige et sur la glace, entrent littéralement en enfer. Chaque mètre carré de terrain est battu, tout ce qui s'y trouve y est écrasé. Le passage se révèle impossible. L'homme qui par hasard aurait échappé aux obus serait « cueilli » à la sortie par les balles des mitrailleuses et tireurs individuels. En fin d'après-midi, le bataillon n'a pas fait un pas de plus. Il a de nombreux morts, et beaucoup de blessés. L'évacuation de ceux-ci pose un sérieux problème au commandement. La seule arrivée des approvisionnements en vivres et en munitions réclames 8 heures de transports, qui ne peut se faire qu'à dos d'hommes. L'évacuation des blessés dans l'autre sens prend beaucoup plus de temps encore, et, pour éviter les grands froids de nuit, doit avoir lieu entre l'aube et le crépuscule. »[62] Les débris du bataillon Dronero se replient sur les positions de départ en deçà de la frontière.

---

[62] Henri Azeau, op.cit.

Le bataillon d'alpini Val Dora fonce avec fougue au cri « d'Avanti Savoia ! » vers les positions françaises. Il est précédé d'une section d'assaut remarquablement entraînée : utilisation parfaite des accidents de terrain, progression régulière et tranquille sous le feu, par des bonds de quelques mètres, calculés exactement par le temps de rechargement des fusils mitrailleurs français, connaissance précise des défenses de l'ouvrage attaqué. Malgré quelques pertes, la section italienne d'assaut arrive sur l'ouvrage du Pas du Roc. Les alpini s'installent dans les angles morts et se mettent en devoir de faire sauter les casemates à l'explosif. Soudain, une porte s'ouvre, une douzaine de soldats français effectuent une sortie à la grenade. C'est le corps à corps. Chacun choisit son homme. Après les grenades, on se bat revolver et au couteau, puis à coups de crosses et à coups de barres de fer. La section italienne d'assaut est anéantie en quelques minutes. Le bataillon Val Dora doit se retrancher derrière une masse de rochers, la Belle Plignée, en angle mort de l'artillerie française. L'agonie du bataillon commence. Immobilisés en haute montagne, il va passer deux jours et trois nuits sur la glace, au milieu de ses blessés et de ses morts, sans secours, sans ravitaillement, sans espoir. Pour comble de malchance, la tempête se déchaîne sur les hommes transis. Beaucoup meurent de froid.

Dans les Alpes-Maritimes, les combats sont aussi acharnés. Mussolini, désirant conquérir Menton, lance 80 000 hommes contre 38 000 Français. De nombreux ouvrages défendent le secteur. Le choc est une fois de plus celui de la chair contre le béton. La division Cosseria et le 33e bataillon fasciste tentent de s'emparer de Menton. Le bilan de l'attaque italienne se solde par l'occupation de Fontan et la moitié de Menton. La position française des avant-postes est intacte, bien que parfois dépassée. Aucun ouvrage n'a été enlevé dans les combats. Les troupes italiennes ont mené avec un grand courage cette bataille. Les unités d'assaut ont été conduites par des officiers pleins d'allant, qui sont souvent tombés à la tête de leurs hommes. Mais là encore, les troupes françaises se sont montrés inébranlables, dont l'héroïque garnison de l'ouvrage du Pont-Saint-Louis. La conquête d'une partie de Menton coûte cher à Mussolini : 1141 soldats hors de combat contre 65 français !

L'armistice du 24 juin, conclu entre l'Italie et la France près de Rome, stoppe l'ensemble des opérations militaires sur le front des Alpes. Les Italiens ont conquis quelques vallées alpines, mais la solide défense française leur a causé des pertes énormes. La position principale de défense n'a jamais été enfoncée. En quatre jours de combat, les troupes de Mussolini ont perdu 6200 soldats (tués, blessés, gelés, prisonniers ou disparus) contre 254 soldats français !

Jacques Chaban-Delmas, alors jeune sous-lieutenant au 75e bataillon alpin de forteresse, à Peïra-Cava dans les Alpes-Maritimes, se souvient :

« Ce conflit de la dernière heure dura en principe du 10 au 17 juin, date de la formation par Pétain de son gouvernement, et de la demande d'armistice qu'il s'était empressé de déposer aux pieds des Allemands. Mais il se prolongea jusqu'au 24 juin, c'est-à-dire jusqu'à ce qu'intervienne l'armistice franco-italien. Entre-temps, le 21 juin, les forces italiennes de l'armée des Alpes avaient tenté une offensive surprise qui se solda par un échec majuscule… Courte guerre au total : quinze jours. Guerre d'un autre temps. On échangeait des coups de fusil. On se canonnait de temps en temps. Peu d'avions. Peu de tanks. Tout se passait à pied, dans les montagnes, avec comme principal souci d'essayer de se trouver au-dessus de l'ennemi et, si possible, un peu en arrière pour pouvoir le canarder. »[63]

Les forces françaises des Alpes ne font pas seulement face à l'armée italienne, le 16ᵉ corps motorisé allemand du général Hoepner doit les prendre à revers, en attaquant le secteur de la Drôme, défendu par le groupement du général Cartier. Pour prendre Annecy, Voreppe, Chambéry, Grenoble et Valence, les Allemands mettent en ligne les 3ᵉ et 4ᵉ panzerdivisions, la 13ᵉ division d'infanterie motorisée et la 1ʳᵉ division de montagne : soit un total de 65 000 hommes, appuyés par 632 blindés, plus de 250 pièces d'artillerie et la Luftwaffe. Face cet imposant déploiement de force, le général Cartier aligne 30 000 hommes, une dizaine de blindés et 170 canons de divers calibres, dont l'ensemble est réparti en 24 bataillons d'infanterie, 12 groupes d'artillerie et 30 compagnies diverses.

Le 24 juin, l'ennemi lance une attaque générale, précédée d'une intense préparation d'artillerie sur Voreppe. Les batteries françaises – parfaitement installées sur les hauteurs, culminant à 682 mètres, entre Sassenage et Veurey – bénéficient d'une vue qui s'étend sur plus de vingt kilomètres. Les positions allemandes apparaissent comme sur un plan de relief. Les mouvements s'effectuent à découvert, car les officiers pensent n'avoir à effectuer qu'une simple marche et toute la 3ᵉ panzerdivision suit sur la route, en colonnes. À 12 heures, les batteries de 105 du capitaine de Vergeron ouvrent le feu. Deux colonnes allemandes sont arrêtées sur la RN 85 entre Moirans et Charnècles, automitrailleuses en tête, artillerie, chars, camions et motos en file derrière. Les 4ᵉ et 5ᵉ batteries tirent 32 obus qui éclatent au milieu de la première colonne qui s'éparpille en désordre. La route est

---

[63] Entretiens de l'auteur avec Jacques Chaban-Delmas en juillet 1998, Ascain.

bloquée par des dizaines de véhicules en feu. La seconde colonne, qui suit la première, ne peut faire demi-tour et, prise à partie, se disloque à son tour. Les véhicules qui les entourent, sont touchés par des rafales d'obus de 105.

« Le terrain d'aviation civile du Dauphiné se trouve à deux kilomètres de Moirans, rapporte le général Etienne Plan. Il grouille de monde : tracteurs, camions en déchargement, avions allemands qui décollent et atterrissent. Les 4e et 5e batteries le prennent maintenant sous leur feu. Les 30 obus qui atteignent le terrain provoquent une débandade de véhicules et un incendie. En bordure de la voie ferrée, au Grand-Verger, des engins blindés sont regroupés en un parc blindé. Les motos vont et viennent. La batterie de 155 GPF du capitaine de Sérigny est maintenant prête à tirer. Le feu est déclenché, suivi par celui des 5e et 6e batteries, et les coups tombent en plein sur le parc et enflamment des chars. Plus loin, un autre parc de chars essuie 54 coups de 105 et 20 coups de 155 avec le même résultat… 18 heures, on voit encore les lueurs de départ des pièces allemandes qui tirent sur Grenoble depuis le nord et le nord-est de Moirans, atteignant les faubourgs nord-ouest de la ville. Elles sont prises à partie l'une après l'autre et leurs tirs cessent. Une batterie lourde est repérée à Saint-Jean-de-Moirans et reçoit 80 obus de 105 et 20 obus de 155. Grenoble ne recevra plus de projectiles allemands. Un grand parc de véhicules en formation vers Voiron reçoit 94 obus de 105 et 20 de 155 avec une batterie en action proche. De longues flammes montent au-dessus du parc. Le capitaine Leguay fait maintenant taire les batteries de mortiers qui tirent sur Voreppe et dispersent d'importants rassemblements. Depuis le début des tirs, toute attaque allemande a été stoppée car l'ennemi n'a pu repérer l'origine des tirs et ses avions d'observation recherchent les emplacements des batteries sans les trouver, si bien que les tirs de contrebatterie ne sont pas déclenchés. Les observatoires ne sont pas repérés non plus. 18 h 30, une immense lueur éclaire tout le champ de bataille noyé dans une brume froide et pluvieuse. Les batteries ennemies ne tirent plus. »[64]

La 3ᵉ panzerdivision du général Stumpff vient de subir un terrible revers. Elle compte neuf batterie lourdes neutralisées, des batteries de campagne détruites, deux parcs de chars, des dépôts de munitions et de carburant en feu, un terrain d'aviation hors d'usage, de très nombreux morts et blessés. C'est une division blindée au potentiel diminué pour des semaines.

L'ensemble du groupement Cartier parvient à maintenir ses positions, malgré les assauts de 4 divisions allemandes. Cette résistance, pour le moins surprenante, permet à l'armée des Alpes d'accomplir sa mission, contre les deux armées italiennes, en toute sécurité. Le général Cartier « électrice les volontés par sa clarté d'esprit, son sang-froid, sa rapidité de décision, son autorité et sa flamme patriotique », souligne Henri Béraud.[65] Il en est de même du général Olry face aux Italiens. Annecy, Chambéry, Grenoble et Valence sont ainsi sauvés de l'invasion allemande et italienne.

Le général allemand Hoepner reconnaît son échec : « L'adversaire s'est bien battu, quoiqu'il se trouvât sous l'effet moral de la demande d'armistice. Une fois de plus, il a fallu constater que les régiments de troupes indigènes (sénégalais et nord-africains) étaient particulièrement sûrs. Les unités alpines, malgré leur brève instruction, ont prouvé leur valeur. Quant à l'artillerie française, elle s'est comme toujours montrée souple et

---

[64] Général Etienne Plan, Eric Lefèvre, op.cit.

[65] Henri Béraud, *Bataille des Alpes, juin 1940-1944/45*, éditions Heimdal 1987.

rapide dans ses tirs et extraordinairement habile dans le choix de ses positions. »[66]

Du 24 au 25 juin, le groupement Cartier a perdu seulement 249 soldats (tués, blessés, disparus ou prisonniers), contre 1300 soldats allemands du 16e corps motorisé du général Hoepner. Une centaine de véhicules allemands ont été également détruits. Le Sud-Est de la France échappe provisoirement (jusqu'en novembre 1942) à l'occupation ennemie. À l'armistice, l'armée des Alpes et le groupement Cartier restent invaincus. Ce qui permit au général Olry, dont il a été dit « qu'il fut un chef parce qu'il sut faire de grande choses avec de petits moyens », d'écrire : « Face à l'Italie, luttant à un contre trois, gardant intacte après une dure bataille sa position de défense, ainsi qu'une large bande de terrain en avant de nos avant-postes, arrêtant les Allemands dans la vallée du Rhône, l'armée des Alpes peut dire qu'elle a gagné cette bataille en accomplissant la mission qui lui avait été confiée par le Pays. »[67]

Avec seulement 215 000 hommes, 986 pièces d'artillerie et une dizaine de chars, l'armée des Alpes et le groupement Cartier ont tenu en échec 377 000 soldats germano-italiens, soutenus par 797 blindés divers, 2599 canons de campagne et l'aviation. Les Français ont perdu 503 soldats (tués, blessés, disparus ou prisonniers) contre 7329 soldats germano-italiens.

Ce brillant fait d'arme de l'armée française ne peut faire oublier sa terrible défaite sur l'ensemble de la campagne de 1940, entrainant l'occupation de la moitié du territoire

---

[66] Archives militaires allemandes, Fribourg-en-Brisgau.

[67] Archives militaires françaises, Vincennes.

métropolitain et la conclusion d'un armistice au bénéfice de l'Allemagne.

Cependant, contrairement à une légende tenace, l'armée française, bien que mal commandée, a lutté avec bravoure. Du 10 mai au 25 juin 1940, l'armée allemande déplore 212 000 soldats hors de combat (49 000 tués ou disparus et 163 000 blessés), 1800 chars détruits ou endommagés sur 3039 engagés, sans oublier 1559 avions perdus sur 3900 engagés. L'armée française compte de son côté 342 000 soldats hors de combat (92 000 tués ou disparus et 250 000 blessés), 1900 chars perdus sur 2262 engagés et 892 avions hors de combat sur 1300 engagés. Ces pertes témoignent de l'acharnement des combats, balayant les élucubrations d'une prétendue promenade militaire des forces allemandes.

Il convient de noter que sur les 1 500 000 soldats français capturés du 10 mai au 25 juin 1940, 1 100 000 l'ont été après le 17 juin 1940, suite à l'annonce radiophonique catastrophique du maréchal Pétain, appelant à la cessation des combats, alors que l'armistice ne sera signé que le 22 juin et ne prendra effet qu'après le 25 juin. Le 18 juin et les jours suivants, l'armée allemande capture ainsi de nombreux soldats français, persuadés de la fin des combats. Cependant, de la Loire à la Creuse, 350 000 soldats français luttent pied à pied, sans déposer les armes, jusqu'à la fin réelle des hostilités, se déplaçant la nuit et combattant le jour. Dans l'est, 400 000 autres se battent également jusqu'au bout sur la ligne Maginot, ainsi que 215 000 braves sur le front des Alpes. Du 14 au 25 juin, 965 000 soldats français au total ont poursuivi la lutte dans les pires conditions.

La tactique défensive de l'armée française a souvent tenu en échec sa rivale allemande, lorsque le rapport des forces n'était pas trop déséquilibré. Dans le cas contraire, l'écrasante supériorité numérique et matérielle de l'assaillant, concentrée en des endroits vitaux, a fait la différence.

Le brillant historien Laurent Henninger, chargé d'études à l'Institut de recherche stratégique à l'école militaire, écrit :

« La mémoire que les Français ont de l'action et du rôle de leur pays dans la Seconde Guerre mondiale n'a cessé d'évoluer au fil des décennies. À l'image du « tous héros, tous résistants ! », qui a largement prévalu sous la IVe République et jusque dans les années 1960, a succédé dans les années 1970 celle du « tous collabos ! » et aussi du « tous des lâches et des fuyards ! » pour la question particulière de la défaite de mai-juin 1940. Dans ce point de vue, le cinéma populaire a joué un rôle énorme et déformant, que l'on songe au succès des films narrant les aventures grotesques de la Septième Compagnie, pour ne citer que cet exemple... Or, les travaux des historiens permettent aujourd'hui d'y voir plus clair et de façon plus nuancée. On en revient à l'analyse faite en son temps par Marc Bloch, et qui constitua le titre de son ouvrage posthume : celle d'une « étrange défaite ». Et étrange, elle le fut bien, cette défaite, et même l'une des plus étranges de toute l'histoire militaire !

« Première idée reçue : les soldats ont fui ou se sont rendus sans tirer un coup de feu. Or, on sait maintenant que les soldats français ont combattu partout. Il n'y eu de panique à peu près avérée qu'à Bulson, derrière la charnière de Sedan. Ils se sont même battus avec courage et détermination – si ce n'est toujours avec habileté – en Belgique, devant Dunkerque, sans parler de l'armée des Alpes ou des garnisons de la ligne Maginot. Et la résistance la mieux organisée est intervenue sur la ligne Somme-Ailette-Aisne, avec de furieux combats à Rethel et Voncq. Les pertes humaines allemandes en témoignent : environ 50 000 morts. Ce ne fut en rien une promenade de santé pour la Wehrmacht.

« *Seconde idée reçue : l'armée française était totalement archaïque, en retard d'une guerre, sous-équipée et dotée de matériels hors d'âge. La caricature est outrancière. La mécanisation française était, à certains égards, plus avancée que celle des Allemands (plus grand nombre de camions, chars et blindés légers souvent supérieurs aux prétendument terribles panzers), l'artillerie lourde était excellente, la dotation en matériel radio était plus avancée qu'on l'a dit, l'aviation de chasse et les pilotes d'un excellent niveau technique, etc. Mais... les chars étaient insuffisamment endivisionnés, les armes antichars et l'artillerie antiaérienne manquaient cruellement, les communications étaient systématiquement cryptées là où le rythme des combats modernes ne le nécessitait pas, les avions de chasse modernes étaient en nombre insuffisant et l'aviation de bombardement quasi inexistante. Surtout, les faiblesses n'étaient pas tant tactiques ou techniques qu'opérationnelles et intellectuelles, puisque tout – des méthodes de raisonnement et de commandement des états-majors à la logistique et aux transmissions – était inadapté au rythme de ce moment très particulier du conflit.*

« *Armée française surpuissante et sans aucun défaut ? Certainement pas. Armée ridicule et lâche ? Encore moins ! Le chantier historique en cours consiste précisément à faire lumière sur tout cela et à soigneusement démêler cette complexité, contre toutes les sentences trop tranchées. Si d'éventuelles leçons de l'histoire doivent être tirées, elles ne le seront qu'à ce prix.* » *(Laurent Henninger, Thierry Widemann, Comprendre la guerre, Histoire et notions, éditions Perrin 2012).*

À Londres, le général de Gaulle entend poursuivre le combat aux côtés des britanniques. Il regroupe autour de lui une poignée de combattants au début. Mais avec le ralliement de plusieurs territoires africains colonisés à la France libre,, dont le Tchad, il est en mesure de disposer de forces plus conséquentes. L'Afrique du Nord, avec notamment la Libye italienne, devient un nouveau théâtre de guerre, où les forces françaises libres du général de Gaulle vont particulièrement se distinguer, notamment à Bir-Hakeim.

La bataille de Bir-Hakeim 1942 : la geste gaullienne

Mai 1942, l'Axe lance la gigantesque offensive qui doit lui donner la victoire. Hitler trace lui-même le plan qui prévoit la prise de Moscou et l'entrée à Bakou, tandis qu'en Afrique du Nord son objectif est la mainmise sur le canal de Suez. Vainqueurs du Caucase et soldats de l'Afrikakorps ont rendez-vous au Proche-Orient. Le Führer prescrit au maréchal von Bock et au général Rommel de rechercher surtout la destruction des forces adverses. Si une défense élastique permet aux soldats soviétiques de se rétablir sur la Volga et de briser le rêve allemand à Stalingrad, en revanche, la défense rigide de la 8e armée britannique en Libye fait le jeu de Rommel. « Il fallut, écrit le général Saint Hillier, qu'un grain de sable enrayât l'avance italo-allemande, qui n'atteignit El Alamein qu'après l'arrivée des divisions britanniques fraîches : le grain de sable s'appelait Bir Hakeim. »[68]

Depuis deux ans, le nord de la Libye est le théâtre d'opérations de guerre menées sous leur forme la plus moderne : unités blindées et motorisées s'y affrontent. La valeur des chefs, celle des combattants, autant que la supériorité matérielle, interviennent dans l'affrontement d'armées d'égale importance.

---

[68] Archives militaires françaises, Vincennes.

Cela entraîne une alternance de progression et de repli le long du littoral méditerranéen. Le terrain désertique, plat et caillouteux est favorable à la manœuvre des chars.

Le général Rommel, qui aligne 560 chars germano-italiens contre 991 tanks britanniques, doit ruser pour vaincre son adversaire. Il cherche à attirer les divisions blindées britanniques dans la région d'Acroma par l'esquisse d'une attaque frontale dirigée sur El Gazala, alors qu'il débordera la ligne fortifiée au sud de Bir Hakeim pour les détruire par une attaque à revers, devant les couper de leurs arrières, ainsi que les unités statiques de la position fortifiée. L'essentiel du corps de bataille allié éliminé, il doit s'emparer au plus vite de Tobrouk, puis foncer sur l'Égypte jusqu'au canal de Suez. À l'aile droite de son dispositif, il a placé ses cinq meilleures divisions : 15e et 21e panzerdivisions, la 90e division motorisée allemande, la division blindée italienne Ariete et la division motorisée italienne Trieste. À l'aile gauche, dans le secteur de Gazala, se trouve son ami le général Cruewell, avec ses 10e et 21e corps italiens : divisions Sabratha, Trento, Brescia et Pavia, sans oublier la 15e brigade allemande d'infanterie. Du côté adverse, convaincu que l'Axe attaquera sur Tobrouk, le général Ritchie, qui commande la 8e armée britannique, a déployé le gros de ses forces en face de Cruewell, à savoir quatre divisions et deux brigades sur son aile droite, et au sud, le secteur directement menacé par Rommel, seulement deux divisions et trois brigades, dont les 3703 Français de la 1ère brigade française libre du général Koenig, positionnée dans le secteur désertique de Bir Hakeim. L'offensive de Rommel, déclenchée le 26 mai 1942, surprend le général Ritchie.

« Simple croisement de piste dans un désert aride, caillouteux et nu que balaient les vents de sable, raconte le général Saint Hillier, Bir Hakeim est vu de partout. Le champ de bataille se caractérise en effet par une absence totale de couverts et d'obstacles naturels. La position englobe une légère ondulation sud-nord que jalonnent l'ancien poste méhariste, sans valeur défensive, et, près d'un point coté 186, les deux "mamelles", qui sont les déblais de deux anciennes citernes de Bir-el-Harmat. À l'est de l'ondulation, une grande cuvette inclinée vers le nord. »[69]

Bir Hakeim couvre le flanc sud de la 8e armée britannique et doit servir de pivot de manœuvre aux éléments blindés agissant au sud. La mission principale de la 1ère brigade française libre consiste à occuper, organiser et défendre le point fort de Bir Hakeim, même après encerclement. Des patrouilles peuvent agir autour du camp retranché dans un rayon de trente-deux kilomètres de jour et de huit kilomètres de nuit.

Pour tenir Bir Hakeim, la brigade française dispose de nombreux moyens antichars mais manque d'artillerie lourde et de blindés. Son infanterie repose sur la 13e demi-brigade de la Légion étrangère (DBLE) du lieutenant-colonel Amilakvari (2e et 3e bataillons de la Légion étrangère), la 2e demi-brigade de marche du lieutenant-colonel de Roux (2e bataillon de marche de l'Oubangui et le bataillon du Pacifique). À la veille de la bataille, la troupe est renforcée par le 1er bataillon d'infanterie de marine du commandant Savey, des éléments de DCA du 1er bataillon de fusiliers marins du commandant Amyot d'Inville, la 22e compagnie nord-africaine du capitaine Lesquene et la 1ère compagnie de sapeurs-mineurs du capitaine Desmaisons. Comme artillerie, le général Koenig dispose du 1er régiment d'artillerie du lieutenant-colonel Laurent-Champrosay. L'ensemble représente 3703 hommes, 24 canons de 75 mm utilisés comme artillerie de campagne, 2 obusiers britanniques de 86 mm (récupérés par la suite), 30 pièces antichars de 75 mm, 7 pièces françaises de 47

---

[69] Archives militaires françaises, Vincennes.

mm, 7 italiennes de 47 mm, 18 canons antichars de 25 mm, 46 fusils antichars de 12,7 mm, 18 canons antiaériens de 40 mm, 4 mitrailleuses bitubes DCA de 13,2 mm, 96 fusils mitrailleurs de DCA, 20 mortiers de 81 mm, 24 mortiers de 60 mm, 210 fusils mitrailleurs d'infanterie, 72 mitrailleuses Hotchkiss de 8 mm, 63 blindés légers d'infanterie (chenillettes) Bren-Carrier.

Le camp retranché de Bir Hakeim se présente sous la forme d'un triangle presque équilatéral de près de 17 kilomètres de périmètre. Un champ de mines en matérialise le contour sur le terrain. Chacun des angles est formé par un point d'appui fermé qui bat les lisières du dispositif et défend les ouvertures situées au débouché des trois pistes principales. « Pour donner de la profondeur à ce système défensif relativement linéaire, écrit le commandant Vincent, un marais de mines, c'est-à-dire une surface très grande faiblement minée, précède la position. Les branches nord et nord-est de ce marais s'étendent jusqu'aux centres de résistance voisins. À hauteur du Trigh el Abd, elles sont reliées par une bande minée. Le triangle ainsi déterminée sur le terrain qui est baptisé "zone du V" est surveillé par des patrouilles motorisées de la brigade FFL. »[70]

Dès leurs installations à Bir Hakeim, les Français libres poursuivent les travaux défensifs commencés par les Britanniques, à savoir l'achèvement du champ de mines qui forme l'obstacle antichar principal ; la création des marais de mines, gênant les repérages de ces derniers et rendant hasardeuse la circulation des véhicules sur de grands espaces ; la création de faux champs de mines dans la zone V ; l'achèvement d'emplacements de combat enterrés pour l'infanterie et l'artillerie, d'observatoires et d'abris pour le personnel. Le 25 mai

---

[70] Archives militaires françaises, Vincennes.

1942, le général Koenig décide de donner de la profondeur à la défense des faces ouest et sud et d'organiser la défense intérieure de la position. Dans ce but, il organise cinq points d'appui fermés sur la côte en fer à cheval entourant la cuvette centrale. Lorsque l'offensive germano-italienne se déclenche, le camp de Bir Hakeim présente peu de défenses repérables au-dessus de la surface du sol. Les emplacements individuels et collectifs, les postes de commandement sont enterrés, dispersés, entourés par une large ceinture minée. Des telles positions protègent admirablement les défenseurs contre les bombardements d'aviation ou d'artillerie. Pour les neutraliser, l'ennemi doit faire usage d'une importante consommation de munitions.

Les lignes de défenses sont couvertes au moyen d'avant-postes légers, qui sont reliés par radio à des colonnes mobiles capables de résister aux réactions de l'ennemi sans se laisser accrocher. « Ces réseaux de forces, écrit le général Koenig, pratiquaient à proprement parler la guerre sur mer et se conformaient à ses règles... Les automitrailleuses constituaient en quelque sorte la ligne de surveillance des bâtiments légers indispensables pour éclairer et fournir le renseignement mais incapables de résister aux formations plus lourdes des croiseurs légers, encore moins aux escadres de chars. Les "Jocks colonnes" interviennent alors pour arrêter l'escadre adverse ou les croiseurs briseurs de blocus. »[71]

Pierre Koenig, qui voit le jour en 1898, fait ses études au collège Sainte-Marie et les termine au lycée Malherbe à Caen. Entre temps, la guerre est déclarée. Il part à 18 ans et arrive au front comme aspirant au 36e RI où il est cité et décoré de la médaille militaire pour faits de guerre. Nommé sous-lieutenant le

---

[71] Archives militaires françaises, Vincennes.

3 septembre 1918, il reste dans l'armée pour laquelle il a toujours marqué sa préférence. Avec le 15e BCA, il se trouve en Silésie de 1919 à 1922, et dans les Alpes de 1922 à 1923. Après un court temps au 5e RI à Paris, il est envoyé au Maroc au 4e régiment étranger et à l'état-major de la division de Marrakech. Il prend part aux opérations qui, de 1931 à 1934, parachèvent la pacification du Maroc. Durant la drôle de guerre, il fait partie de l'expédition de Norvège, avec la 13e DBLE. Arrivé ensuite en Angleterre, il se met aux ordres du général de Gaulle. Le 31 août 1940, il part pour l'Afrique où en novembre, il joue un rôle important dans le ralliement du Gabon. Commandant militaire du Cameroun en décembre, il est au Soudan puis en Palestine, début 1941. Promu colonel, il est général de brigade le 12 juillet 1941.

Pour réduire le camp retranché de Bir Hakeim, le général Rommel va devoir engager, successivement du 27 mai au 11 juin 1942, la majorité de ses meilleurs unités : la division blindée Ariete, la division motorisée Trieste, la 90e division motorisée, la 15e panzerdivision, des éléments de la division d'infanterie Pavia, la colonne spéciale du colonel Ecker... soit un total de 37 000 hommes, appuyés par 250 blindés divers, 210 pièces d'artillerie de 75 à 210 mm, sans oublier la 2e armée aérienne, dont la concentration de bombardiers fut plus forte qu'à Stalingrad ! La Luftwaffe et la Regia Aeronautica effectuent 1400 sorties contre Bir Hakeim en 16 jours !

Dès le 27 mai 1942, les Français libres infligent un premier échec au plan initial du général Rommel. À 9 heures, la division blindée italienne Ariete, venant du sud-est, attaque le camp retranché de Bir Hakeim. Cette division d'élite s'est couverte gloire lors de la bataille de Bir-el-Gobi, en novembre-décembre 1941, en repoussant deux divisions et deux brigades britanniques. Lors des combats de Bir-el-Gobi, l'Ariete, soutenue par le régiment Giovanni Fascisti, a détruit une centaine de blindés britanniques pour la perte de 34 chars de son côté. Formée du 132e régiment de chars M13/40, du 8e régiment de bersaglieri et du 132e régiment d'artillerie, la division Ariete du général de Stefanis s'avance à toute vitesse dans un panache de poussière sur Bir-Hakeim.

« On distingue deux vagues, raconte le général Saint Hillier (jeune capitaine à l'époque), respectivement de cinquante et vingt chars, à mille cinq cents mètres. À mille deux cents mètres, les premiers blindés italiens ouvrent le feu au moment où leur gauche atteint le marais de mines. La riposte est violente, brutale et immédiate : onze canons antichars crachent leurs obus en une seule bordée. Derrière, à deux mille mètres, notre artillerie tire au fusant sur des camions d'où l'infanterie débarque. Le tir d'efficacité des 75 persuade rapidement l'adversaire qu'il lui faut rembarquer et disparaître. C'est ainsi qu'après avoir laissé quelques plumes, le 8e régiment de bersaglieri s'est désolidarisé du 132e régiment de chars qui fonce sur nous.

« La bataille est courte mais intense, elle dure de 9h30 à 10h15. Au tir des chars répondent les antichars et l'artillerie. La première vague d'attaque est rompue, ses chars tourbillonnent un instant, puis se reforment et se joignent à la deuxième vague. Celle-ci est brisée à son tour. Trente-deux chars italiens sont détruits, dix-huit carcasses gisent dans les marais et les champs de mines, six sont à l'intérieur de la position : un de ces derniers incline dangereusement son tube sur l'alvéole d'un 75 antichars qu'il a touché d'un obus avant d'être lui-même mis hors de combat... Les Français ne comptent qu'un canon et un camion détruits. À la compagnie Morel, l'alerte a été chaude. Les légionnaires ont gardé leur sang-froid face à la masse blindée qui les chargeait et les cinq canons du point d'appui avaient cassé six chars sous les yeux du lieutenant Pernet qui observait le tir. Au prix de deux blessés chez nous, quatre-vingt-onze prisonniers restent entre nos mains : les rafales de fusil-mitrailleur des légionnaires ont persuadé les survivants des équipages de chars qu'il valait mieux se rendre. Le lieutenant-colonel italien Prestissimone, commandant du 132e régiment de chars, est capturé blessé. Il est parvenu à l'intérieur de nos lignes après avoir eu trois chars détruits sous lui. Le combat est fini, la division Ariete (Bélier), réduite à trente-trois chars, disparaît en tirant. »[72]

Le capitaine de Sairigné note dans son journal : « Cela tiraille sec, les chars sans aucun appui autre que leur deuxième ligne, abordent la position en écharpe, à hauteur de la droite de Morel. Six réussissent à pénétrer dans le champ de mines et se promènent à l'intérieur du poste avancé (PA) de la 5e compagnie. J'observe de mon PC et ne suis guère rassuré. J'ai l'impression à certains moments qu'aucune de nos pièces ne tire plus. Les chars italiens tournoient à l'intérieur du PA en crachant le feu de toutes leurs armes de bord. À la 5e compagnie, la situation apparaît tellement désespérée que son chef, le capitaine Morel, brûle, à la hâte, ses fanions, cartes et documents au fond de son PC. Finalement les chars remontent encore vers le nord-est et se heurtent à la branche du V miné : deux sautent, les autres se rassemblent et très groupés repartent vers le sud-est. Un seul continue et sera stoppé par le 2e bataillon de marche (BM2). La 5e compagnie du BM2 intervient sur ces chars qui tentent de contourner la résistance opposée par les légionnaires en les débordant par le nord. L'un deux est immobilisé par un coup heureux de 47. Les Italiens se sont fort bien conduits. Nous avons tous été sensibles à leur courage, mais leur attaque a manqué d'appuis et de soutien pour être efficace. Ils ont été surpris de trouver un champs de mines et des défenses aussi denses au revers du camp retranché qu'ils pensaient pouvoir enlever dans la foulée

---

[72] Archives militaires françaises, Vincennes.

sans artillerie ni infanterie. Certains canons de 75 employés en antichars ont tiré à moins de quatre cents mètres, parfois à deux cents mètres. »[73]

Le commandant français Amiel à l'occasion d'approcher vers 10h30, le lieutenant-colonel italien Prestissimone « debout au milieu d'un groupe de l'état-major de la brigade FFL, il répond avec courtoisie aux questions. Encore jeune d'apparence, taille élancée, tête nue, un peu pâle, ses yeux attirent plutôt la sympathie. De notre part, connaisseur en courage, il mérite notre estime : en cours d'attaque, il a dû changer trois fois de char, il a percé nos lignes, les légionnaires l'ont stoppé de justesse. Ces derniers l'ont retiré, blessé et brûlé, de son dernier char à côté du capitaine Morel. »[74]

Dans Bir Hakeim, immédiatement, des patrouilles sortent. Les chenillettes Bren-Carrier cueillent des prisonniers allemands après avoir détruit leurs camions. Au nord, le détachement du capitaine de Lamaze démolit encore deux chars italiens. Ce qui porte à trente-quatre chars ennemis détruits pour l'unique journée du 27 mai. Cette journée s'achève dans l'euphorie sans qu'on ait conscience d'avoir infligé un échec sérieux au plan de Rommel, en conservant ce qui devait servir de pivot à sa manœuvre. Les forces de l'Axe, victorieuses des Britanniques, buttent sur la position de Bir-Hakeim, héroïquement défendue par les Français libres.

La RAF, mal informée, mitraille puis bombarde la lisière sud, les 28 et 29 mai. Les Français comprennent que les chars italiens détruits, le 27, attirent les avions britanniques. La plupart d'entre

---

[73] Archives militaires françaises, Vincennes.

[74] Archives militaires françaises, Vincennes.

eux, uniquement déchenillés ou percés, semblent intacts. Les légionnaires sont donc chargés de les incendier et de les faire sauter. Le 28 mai, le détachement motorisée du capitaine de Lamaze s'éloigne d'une dizaine de kilomètres et se heurte à des éléments avancés de la division Trieste. Avec ses trois canons antichars de 75, il parvient à détruire sept automitrailleuses Fiat-Ansaldo. Le 29 mai, le détachement du capitaine de Sairignié quitte le camp retranché et démolit au canon de 75 trois chars allemands.

« Dans notre point d'appui, note Saint Hillier, aucun renseignement ne parvient sur la situation générale, nous savons seulement que la 3e brigade indienne fut écrasée le 27 mai et que les 4e brigades blindée et 7e brigade motorisée britanniques se sont repliées sur Bir-el-Gobi et El-Adem. Nous sommes en grande partie isolée du reste de l'armée britannique... Pour compliquer le problème, un détachement de six cent vingt Hindous se présentent devant nos lignes. Faits prisonniers lors de l'attaque du 27 au matin, ils ont été abandonnés par leurs gardiens. Ils sont épuisés et n'ont pas bu depuis deux jours. Leur nourriture pose un nouveau problème : pour certains, leur religion leur interdit de consommer en effet du corned-beef ; on leur donne bien ce dont nous disposons et même beaucoup d'eau, mais ils s'égaillent dans le camp, raflant tout ce qu'ils peuvent trouver et buvant l'eau des radiateurs d'auto. Les Allemands enfin leur ont coupé la barbe et le chignon, ce qui les rend honteux mais les laisse voraces. »[75]

Le 31 mai, le capitaine Dulau, avec cinquante camions de sa 101e compagnie auto, se présente, vers 7 heures, à l'une des entrée du camp retranché. Pendant que l'on décharge les

---

[75] Archives militaires françaises, Vincennes.

véhicules sur lesquelles règne le capitaine Alessandri, trois détachements vont nettoyer les alentours. Celui du capitaine Messmer attaque quinze panzers à trois mille mètres avec ses 75. Il obtient de bons résultats sur une concentration de véhicules. Le détachement du colonel de Roux agit en liaison avec Messmer. Le troisième détachement, du capitaine de Sairignié, détruit cinq chars ennemis, ainsi qu'un atelier allemand de réparation de blindés. Le même jour, le général de Larminat, commandant des forces françaises engagées en Libye, inspecte la position. Il amène miss Travers, conductrice anglaise du général Koenig et Mr Benar, alors journaliste, en quête d'informations prises sur le vif. Au PC, le général de Larminat analyse la situation avec le général Koenig. Il quitte Bir-Hakeim le 1er juin au soir avec le convoi de blessés, les Hindous et deux cent quarante-trois prisonniers germano-italiens. En quatre jours de combat, du 27 au 31 mai, la brigade FFL, qui ne compte que deux tués et quatre blessés, revendique 41 chars ennemis détruits, ainsi que sept automitrailleuses et un canon porté, sans oublier quatre-vingt-dix-huit prisonniers allemands et cent quarante-cinq italiens.

Le général Rommel, qui a porté des coups sévères aux forces britanniques, doit se résoudre à stopper son avance, afin de réduire le camp de Bir Hakeim. Il décide d'y engager la division Trieste et la 90e division motorisée allemande, renforcées de trois régiments blindés de reconnaissance et d'un bataillon d'infanterie de la division Pavia. Durant la journée du 1er juin, la Luftwaffe attaque à plusieurs reprises les positions françaises. Le 2 juin, deux parlementaires italiens, envoyés par Rommel, se présentent devant les lignes françaises. Amenés au PC du général Koenig, les deux officiers italiens adressent une sommation de se rendre. Le discours prononcé en italien ne nécessite pas de traduction : "exterminare... capitulare". Koenig leur affirme qu'il n'est pas question de se rendre. Les visiteurs saluent et s'en vont.

Le duel d'artillerie s'engage par une chaleur insupportable. Bir Hakeim va encaisser du 2 au 10 juin plus de quarante mille obus de gros calibres, allant du 105 au 220, et les bombes de mille quatre cents sorties aériennes. En riposte, quarante-deux mille coups de 75 tomberont sur les fantassins ennemis car les canons lourds sont hors de portée.

Le général Rommel écrit à ce sujet : « Une invitation à se rendre, portée aux assiégés par nos parlementaires ayant été repoussée, l'attaque fut lancée vers midi, menée du nord-ouest par la division motorisée Trieste, et du sud-est par la 90e division motorisée allemande, contre les fortifications, les positions et les champs de mines établis par les troupes françaises. La bataille de juin commença par une préparation d'artillerie ; elle devait se poursuivre dix jours durant avec une violence peu commune. Pendant cette période, j'assumais moi-même, à plusieurs reprises, le commandement des troupes assaillantes. Sur le théâtre d'opération africain, j'ai rarement vu combat plus acharné. »[76] De son côté, le général allemand von Mellenthin déclarera, plus tard, « n'avoir jamais affronté, au cours de toute la guerre du désert, une défense aussi acharnée et héroïque ».[77]

Le 3 juin 1942, un message, écrit de la main du général Rommel, est apporté par deux chauffeurs au général Koenig : « Aux troupes de Bir Hakeim. Toute résistance prolongée signifie une effusion de sang inutile. Vous subirez le même sort que les deux brigades anglaises de Got-el-Oualeb qui ont été détruites

---

[76] Archives militaires allemandes, Fribourg-en-Brisgau.

[77] Archives militaires allemandes, Fribourg-en-Brisgau.

avant-hier. Nous cessons le combat si vous hissez des drapeaux blancs et si vous vous dirigez vers nous, sans armes. »[78]

Les canons du 1er RA portent la réponse de la brigade FFL en une salve qui casse quelques camions chez l'adversaire. Pendant deux longues journées (3 et 4 juin 1942), toutes les tentatives d'attaques ennemies sont arrêtées. Précédées par des tirs de 105 fusants, dont le coup d'assommoir semble soulever le sol sous une gerbe d'éclats, des centaines d'avions matraquent le réduit français. Des tirs percutants de 155 tombent également. Plusieurs bataillons germano-italiens arrivent à moins de mille mètres des positions. Les Français libres subissent sans faiblir les assauts répétés, malgré les tirs des canons portés de 50, terriblement précis, qui s'acharnent sur les armes automatiques. Le 1er RA réplique de tous ses tubes et les fusiliers marins d'Amyot d'Inville réussissent à abattre plusieurs avions ennemis.

Voici le récit de ces journées par Lutz Koch, témoin allemand oculaire, correspondant du *Berliner Ilustrierte Zeitung* :

« C'est ainsi que commence l'attaque dans le sud mais bientôt, il s'avère que, malgré nos succès du début, les positions de défense sont établies en profondeur et occupées par un adversaire qui se défend farouchement. Sous les ordres du général Kleemann, chevalier de la croix de fer, venant du front russe, les pionniers réussissent, après un travail sans prix, à ouvrir une brèche dans la première ceinture de mines. La vigueur avec laquelle toutes les armes de la défense sont concentrées sur cette brèche est si forte que l'attaque est repoussée. De nouveau on essaie un jour plus tard au sud et, de nouveau, on approche assez près des lignes intérieures, mais là, la grêle des projectiles devient

---

[78] Archives militaires françaises, Vincennes.

si forte que ce serait de la folie de faire un seul pas en avant dans cette contrée qui n'offre aucun abri naturel...

« Un abri est, ce jour-là une possession très précieuse. Mais c'est bien plus terrible pour les défenseurs de Bir Hakeim qui, jusqu'au matin du 8 juin où commence le deuxième acte de l'attaque sur la forteresse du désert, ont subi vingt-trois vagues de Stukas. Sans interruption, les lourdes et plus lourdes bombes allemandes tombent dans leurs positions et sur leur artillerie, des avions italiens viennent aussi, toujours et toujours, au-dessus du point d'appui, répandre la mort. "Je n'aimerais pas être dans cet enfer", me dit un camarade qui se trouve à côté de moi dans l'abri, tandis que nous voyons à la jumelle toujours de nouvelles colonnes de fumée et de flammes qui forment une ceinture autour du point central de la position. »[79]

Le général Rommel, pourtant avare de compliments, ne cache pas son admiration devant l'héroïque résistance des troupes françaises :

« Les Français disposaient de position remarquablement aménagées ; ils utilisaient des trous individuels, des blockhaus, des emplacements de mitrailleuses et de canons antichars ; tous étaient entourés d'une large ceinture de mines. Les retranchements de cette sorte protègent admirablement contre le bombardement par obus et les attaques aériennes : un coup au but risque tout au plus de détruire un trou individuel. Aussi, pour infliger des pertes notables à un adversaire disposant de pareilles positions, est-il indispensable de ne pas lésiner sur les munitions. La principale difficulté consistait à ouvrir des brèches dans les champs de mines, sous le feu des troupes françaises... Appuyés par les attaques continues de l'aviation, les groupes d'assaut,

---

[79] Archives militaires allemandes, Fribourg-en-Brisgau.

composés de troupes appartenant à diverses armes et prélevés sur différentes unités, engagèrent l'action au nord et au sud. Mais, chaque fois, l'assaut était stoppé dans les fortifications remarquablement établies par les Français. Chose curieuse, le gros des troupes anglaises s'abstint d'intervenir pendant les premiers jours de l'offensive lancée contre Bir-Hakeim. Seule la division Ariete fut attaquée le 2 juin, mais elle opposa à l'assaillant une résistance opiniâtre...

« Nous n'avions plus à craindre de voir les Britanniques lancer d'importantes attaques de diversion contre nos forces qui investissaient Bir Hakeim et nous espérions poursuivre notre assaut contre la forteresse sans risquer d'être dérangés... Le 6 juin, à 11 heures, la 90e division motorisée partit de nouveau à l'assaut des troupes françaises commandées par le général Koenig. Les pointes avancées parvinrent à huit cents mètres du fort, puis l'offensive s'arrêta. Le terrain, cailloux, n'offrait aucune possibilité de camouflage et le feu violent des Français ouvrait des brèches dans nos rangs. Dans la soirée, l'assaut fut interrompu pendant que l'encerclement se resserrait autour du point d'appui. De faibles attaques de dégagement, lancées par la 7e brigade motorisée britannique contre la 90e division motorisée, furent repoussées. Au cours de la nuit du 6 au 7 juin, dans le secteur occupé par cette dernière unité, nous réussîmes à ouvrir des couloirs dans les champs de mines et, à la faveur de l'obscurité, les groupes d'assaut parvinrent à distance d'attaque. L'ouvrage fut soumis à un sévère bombardement par l'artillerie et l'aviation et, le 7 juin au matin, l'infanterie repartit à l'assaut.

« Malgré son mordant, cet assaut fut stoppé par le feu de toutes les armes dont disposaient les encerclés. Ce n'est qu'au nord de Bir Hakeim que les groupes de combat réussirent quelques pénétrations dans le dispositif ennemi. C'était un admirable exploit de la part des défenseurs français qui, entre temps, s'étaient trouvés totalement isolés. Le 8 juin, l'attaque se poursuivit. Pendant toute la nuit, nous n'avions cessé de lâcher des fusées et de battre les positions de défense avec nos mitrailleuses pour empêcher les Français de prendre du repos. Et pourtant, le lendemain, lorsque mes troupes repartirent, elles furent accueillies par un feu violent, dont l'intensité n'avait pas diminué depuis la veille. L'adversaire se terrait dans ses trous individuels, et restait invisible. Il me fallait Bir Hakeim, le sort de mon armée en dépendait. »[80]

Rommel ne peut se permettre de laisser sur ses arrières une brigade ennemie disposant encore de nombreux véhicules, qui peuvent couper ses lignes de ravitaillement à tout moment par des embuscades.

Le 7 juin, un convoi escorté d'automitrailleuses anglaises apporte de l'eau et des munitions, ce sera le dernier. Il arrive dans la nuit du 7 au 8, guidé par l'aspirant Bellec, qui s'est porté jusqu'à lui à travers les lignes allemandes. Le capitaine Messmer, avec son détachement, assure la protection du convoi dans les derniers kilomètres. Rommel a fait venir ses meilleures troupes et les canons prévus pour le siège de Tobrouk. Il a les célèbres pionniers et unités d'assaut du colonel Hacker, un peloton de cinq chars lourds et les canons de 88 qui vont tirer à vue directe sur le camp français. Le brouillard épais qui aveugle les défenseurs en ce matin du 8 juin cache la mise en place des troupes d'élite, et vingt-deux avions tournent au-dessus du camp, attendant que la brume se lève.

« À 7h26, très précisément, raconte le général Saint Hillier, l'enfer se déchaîne. Bombes, avions, grosse artillerie pilonnent. Tout le monde tire, d'ailleurs : les chars, les 88, les 50 qui

---

[80] Archives militaires allemandes, Fribourg-en-Brisgau.

protègent les pionniers d'assaut progressant mètre par mètre, dans le champ de mines. Leurs efforts sont un instant ralentis par la RAF qui les mitraille en rase-mottes, mais, vers 11 heures, la canonnade croît encore en intensité ; les groupes d'assaut allemands passent à l'attaque sans succès. Vers midi, la RAF intervient de nouveau et d'une manière très efficace : l'attaque est enfin enrayée. Plusieurs positions sont littéralement labourées par les obus. Sans même nous laisser le temps de souffler, le bombardement d'artillerie reprend, soixante bombardiers joignent l'éclatement de leurs bombes à ce concert. Nos détachements sur Bren-Carrier contre-attaquent. Le 1er RA tire sans arrêt. Partout des véhicules flambent. Un soleil bêtement indifférent dispense sa chaleur accablante sur ce tas de poussière dans lequel Français et Germano-italiens s'affrontent. Dans le courant de l'après-midi, la RAF, répondant à notre appel, intervient quatre fois, volant à ras du sol et mitraillant le colonel Hacker et ses soldats. Rommel lui-même entre dans le passage de mines ; il emmène ses batteries derrière lui et roule le long de la brèche, sans se soucier de sa personne, en criant Vorwärts ! pour les Allemands et Avanti ! pour les Italiens. Au sud et à l'est, une autre attaque démarre soutenue par des chars et des canons d'appui. Un bombardements de 35 avions prélude à l'affaire et l'artillerie lourde s'en mêle. Des véhicules flambent sur la position et un dépôt de munitions saute. L'attaque ennemie n'est heureusement pas menée à fond et doit s'arrêter.

« Le brouillard se lève le 9 juin au matin pour nous montrer un dispositif ennemi renforcé dans le nord : six canons de 50, cinq groupes de mitrailleuses de 20 ; quatre canons de 88 tirent rasant. À 7h30, les mortiers d'infanterie et les canons lourds ouvrent le feu et, dans le ciel, des bombardiers tournent, attendent d'y voir clair pour nous décharger leur ferraille ; à 8h30, ces soixante avions trouvent l'occasion favorable. L'équipe de pièce d'un canon de 75 est volatilisée par un coup de 88 frappant son alvéole ; le légionnaire survivant, la main arrachée, charge son 75 en s'aidant de son moignon, pointe son canon et touche le 88.

« En début d'après-midi, quarante-deux Stukas bombardent la face nord et le groupe sanitaire. Les Germano-Italiens montent à l'assaut en formation serrée. Ils avancent sous un feu intense mais ne réussissent à pénétrer dans la position que dans la partie nord. Une charge de trois sections de Bren-Carrier les forces à s'arrêter, puis les oblige à décrocher. Un observateur signale que devant le bataillon du Pacifique l'ennemi laisse deux cent cinquante cadavres sur le terrain pour cette unique journée. Notre groupe sanitaire est définitivement détruit et dix-sept blessés couchés sont tués à 20 heures par le dernier bombardement d'aviation, le plus fort que nous ayons subi depuis le début du siège. »[81]

Le général Koenig adresse le message suivant à ses hommes : « Nous remplissons notre mission depuis quatorze nuits et quatorze jours. Je demande que ni les cadres ni la troupe ne se laissent aller à la fatigue. Plus les jours passeront, plus ce sera dur : cela n'est pas pour faire peur à la 1ère brigade française libre. Que chacun bande ses énergies. L'essentiel est de détruire l'ennemi chaque fois qu'il se présente à portée de tir. »[82]

Le général Koenig n'ignore pas que le 10 juin sera le dernier jour où il faudra tenir, le commandement britannique lui a fait savoir que "la résistance n'est plus essentielle pour le développement général de la bataille". Le 1er RA n'a plus qu'une centaine d'obus, alors qu'il lui en faudrait le triple, les antichars et les mortiers n'ont plus que cinquante coups par pièces. Les

---

[81] Archives militaires françaises, Vincennes.

[82] Archives militaires françaises, Vincennes.

réserves d'eau sont épuisées : un ravitaillement par air procure cent soixante-dix litres qui sont distribués aux blessés. Les vivres sont limités. Le brouillard prolonge la nuit jusqu'à 9 heures et son humidité est appréciée des soldats. Les équipes téléphonistes du capitaine Renard réparent encore les lignes comme ils l'ont fait sous les pires bombardements. Le général Rommel, qui veut en finir au plus vite, a décidé d'engager la 15e panzerdivision. L'étau s'est resserré autour des Français libres. Des combats se déroulent aux mortiers et aux fusils mitrailleurs. Au nord-ouest de la position, le lieutenant Bourgoin et ses hommes se battent à la grenade contre un bataillon du 66e régiment italien de la division Trieste. Et toujours l'artillerie de l'Axe qui pilonne le camp retranché.

À 13 heures, cent trente avions bombardent la face nord et, peu après, l'attaque débouche derrière un barrage violent d'artillerie : des chars de la 15e panzerdivision appuient l'infanterie. La situation devient critique, la 9e compagnie du capitaine Messmer est enfoncée, la section de l'aspirant Morvan, qui en formait le centre, est anéantie. Une charge héroïque de Bren-Carrier rétablit la situation de justesse. L'assaillant est une fois de plus repoussé. Le tir d'artillerie dure jusqu'à 19 heures, une centaine d'avions arrosent de nouveau les positions, donnant le signal d'un nouvel assaut sur la face nord. L'artillerie française tire ses derniers obus et l'attaque germano-italienne est encore enrayée après deux heures de combat acharné. Bir-Hakeim présente un aspect apocalyptique, la fumée des véhicules qui brûlent monte jusqu'au ciel. Mais la journée n'est pas finie, et elle promet d'être rude si les hommes en jugent par la vue de leurs officiers, qui se rasent avec leur dernier quart d'eau : ils doivent être présentables pour mourir.

« La garnison va sortir de vive force, raconte le général Saint Hillier, emmenant ses blessés et toutes les armes lourdes que les véhicules encore en état de marche pourront rembarquer. Un passage dans le champ de mines, à la porte sud-ouest, est pratiqué de nuit ; l'infanterie à pied ouvrira un passage et les véhicules se lanceront dans ce couloir. Tout ce qui ne peut être emporté est détruit. Deux compagnies restent sur place, elle tenteront ensuite de sortir, si elles le peuvent... Le 2e bataillon de la Légion a déjà franchi le champ de mines ; une des dernières, la section de l'aspirant Germain, vient de passer en ordre derrière la 7e compagnie. Dans la nuit noire, où les repères manquent car tout a été bouleversé, les colonnes motorisées se mettent en place vers 22h30. Le bruit alerte l'ennemi qui lance des fusées éclairantes. Les armes automatiques ennemies crachent leurs rafales lumineuses, surprenant le bataillon du Pacifique qui commence son mouvement à pied, derrière le 3e bataillon de la Légion où l'en entend l'aspirant Bourdis trouver encore un côté humoristique à la situation. Le silence est rompu, les Breda, les mitrailleuses de 20, les canons de 50 tirent, des obus éclatent, des véhiculent sautent sur les mines. Les camions flambent et le feu ennemi se concentre sur ces torches. Le lieutenant français Dewey, avec ses Bren-Carrier, charge les armes automatiques et détruit trois nids de mitrailleuses. Il chargera ainsi jusqu'à la mort, son Bren-Carrier éventré achevant sa dernière course sur le canon de 50 qui l'a frappé... Cet antichar, placé dans l'axe de la sortie, avait fait bien du mal. Le capitaine Gufflet, du 1er RA, est tué dans sa voiture observatoire au moment où il dit : "Toutes les balles ne tuent pas..." Le capitaine Bricogne part, avec un fusil et deux grenades, attaquer une mitrailleuse allemande... On ne le reverra jamais. Des groupes se forment ; c'est la course en avant d'hommes décidés à se frayer un passage en combattant. Des Bren-Carrier ouvrent la route aux ambulances du médecin-capitaine Guillon...

« Près du couloir gît le capitaine Mallet, tué par l'explosion d'une mine. Il a reconnu le passage dont l'axe ne correspondait pas à la direction prise par les véhicules et a permis aux autres de passer... Les hommes s'avancent... Le capitaine Lalande et le capitaine Messmer portent un fusilier marin blessé, tout en discutant de l'utilité de savoir la langue allemande... Deux heures du matin : un canon Bofors tracté bouche le passage, la barbe du père Lacointe (aumônier-militaire) s'agite, une dernière poussé "à bâbord" et le tracteur arrache la pièce et fonce, emmenant ses soldats coiffés du béret à pompon rouge. La colonne motorisée s'écoule par groupes de dix ou quinze véhicules entraînés par des officiers. Le lieutenant-colonel Laurent-Champrosay, le lieutenant de vaisseau Ihele, les enseignes Colmay et Bauche arrachent ainsi successivement leurs petits convois à l'enlisement de la peur. »[83]

Le capitaine Saint Hillier (futur général) guide les détachements vers le couloir étroit dégagé de mines. Il confie son ordonnance Hardeveld au capitaine de Lamaze, à qui il donne l'axe de marche. Lamaze sera touché un peu plus loin par une balle de mitrailleuse lourde : « Dites à mes parents et faite savoir à mes légionnaires que je suis mort en soldat et en chrétien », seront ses dernières paroles. Les Bren-Carrier du sous-lieutenant Mantel approchent, surchargés de blessés, le sien en transportant sept. Il est plus de 3h30, les sections de tête ont réussi leur décrochage malgré la proximité de l'ennemi. La nuit devient plus claire et on sent déjà l'aube qui va poindre amenant le brouillard comme ce fut le cas ces derniers jours. Les Français libres traversent trois lignes de feu d'où partent sans cesse des rafales, puis les positions de batteries ennemies. La percée des positions germano-italiennes est cependant un succès ! Les lignes britanniques sont atteintes. Les premiers arrivés ont mis quatre heures pour arriver au salut. À 7h30, les éléments de recueil

---

[83] Archives militaires françaises, Vincennes.

ramènent plus de deux mille cinq cents hommes vers la liberté et une partie du matériel dont quelques canons. Et pourtant Bir Hakeim n'est pas encore pris. En effet, l'ennemi n'a pas compris ce qui s'était passé durant la nuit. Rommel a fait venir la 15e panzerdivision pour donner le coup de grâce aux Français. Au matin du 11 juin, un nouveau bombardement aérien massif remue la position abandonnée, les canons tonnent et l'infanterie d'assaut se lance mais ne trouve plus devant elle que quelques isolés la plupart blessés, qui épuisent leurs dernières munitions.

La Luftwaffe ne peut intervenir sur les colonnes alliées en retraite car ses réserves d'essence sont épuisées, du fait des mille quatre cents sorties effectuées à Bir Hakeim. Pendant ce temps, à El Alamein sont parvenues plusieurs divisions britanniques fraîches. Des chars modernes, des antichars, de l'artillerie de campagne sont débarqués au même moment en Égypte.

« Le 11 juin 1942, écrit le général Rommel, la garnison française devait recevoir le coup de grâce. Malheureusement pour nous, les Français n'attendirent pas. En dépit des mesures de sécurité que nous avions prises, ils réussirent à quitter la forteresse, commandés par leur chef, le général Koenig, et à sauver une partie importante de leurs effectifs. À la faveur de l'obscurité, ils s'échappèrent vers l'ouest et rejoignirent la 7e brigade anglaise. Plus tard, on constata qu'à l'endroit où s'était opérée cette sortie, l'encerclement n'avait pas été réalisé conformément aux ordres reçus. Une fois de plus, la preuve était fait qu'un chef français décidé à ne pas jeter le fusil après la mire à la première occasion peut réaliser des miracles, même si la situation est apparemment désespérée... Dans la matinée, je visitai la forteresse, théâtre de furieux combats ; nous avions attendu sa chute avec impatience. Les travaux de fortification autour de Bir Hakeim comprenaient, entre autres, mille deux cents emplacements de combat, tant pour l'infanterie que pour les armes lourdes. »[84]

Les pertes infligées aux Germano-Italiens s'élèvent à 64 blindés détruits dont 51 chars et 13 auto-mitrailleuses, sans oublier une centaine de véhicules divers. Sept avions sont à mettre à l'actif de la DCA des Français libres. Lors d'une seule sortie, la RAF, très active, a descendu 42 Stukas. Cent cinquante-quatre Italiens dont neuf officiers et cent vingt-trois Allemands dont un officier ont été capturés. Les tués, disparus ou blessés germano-italiens sont évalués, d'après les archives militaires allemandes et italiennes, à 3300 hommes.

Du côté français, sur 3703 combattants dénombrés sur la position, 99 sont tués et 79 blessés au cours du siège. Lors de la sortie, 2619 hommes parviennent à percer l'encerclement ; 980 sont perdus dont 814 prisonniers ou disparus, 125 blessés et 41 tués. Le bilan des pertes en matériel se montent à 40 canons de 75, 8 canons de 40 Bofors, 5 canons de 47 et 250 véhicules détruits.

Le général britannique Playfair, historien officiel de la guerre du désert, estime que « la défense prolongée de la garnison française a joué un rôle déterminant dans le rétablissement des troupes britanniques en Égypte. Les Français libres ont dès l'origine gravement perturbé l'offensive de Rommel. L'acheminement du ravitaillement de l'Afrikakorps en a été fortement troublé. La concentration de plus en plus importante des forces de l'Axe pour percer cet abcès, a sauvé la 8e armée britannique d'un désastre. Les retards qu'apportent la résistance résolue des Français augmentent les chances des Britanniques de se ressaisir et facilitent la préparation d'une contre-attaque. À plus

---

[84] Archives militaires allemandes, Fribourg-en-Brisgau.

long terme, le ralentissement de la manœuvre de Rommel permet aux forces britanniques d'échapper à l'anéantissement prévu par l'Axe. C'est par là que l'on peut dire, sans exagération, que Bir Hakeim a facilité le succès défensif d'El Alamein ».[85]

Winston Churchill tient le même raisonnement : « En retardant de quinze jours l'offensive de Rommel, les Français libres de Bir Hakeim ont largement contribué à sauvegarder le sort de l'Égypte et du canal de Suez. »[86]

Les places fortes de Tobrouk et de Mersa Matruh, qui tombent très rapidement (un ou deux jours), ne retardent que faiblement la progression de Rommel, alors que Bir Hakeim résiste durant plus de deux semaines, avec des effectifs nettement moins importants. En effet, le 20 juin 1942, les forces italo-allemandes se trouvent de nouveau aux portes de Tobrouk. Sans avoir attendu des renforts, Rommel décide d'investir la forteresse, alors défendue par 35 000 soldats britanniques, appartenant à la 2e division d'infanterie sud-africaine, à la 29e brigade hindoue, à la 201e brigade de la garde et à la 32e brigade blindée. Rommel a confié le déroulement de l'opération à un brillant et distingué général italien, Navarrini. La division blindée italienne Littorio, nouvelle venue en Afrique, les divisions Ariete et Trieste, la 15e panzerdivision – soit 30 000 soldats, dont 20 000 Italiens – s'élancent à l'assaut, à l'aube du 20, contre les positions fortifiées de Tobrouk. Malgré l'équilibre des forces en présence, la résistance britannique s'effondre en quelques heures. Le lendemain même, à 9 h 40, le général britannique Klopper se rend avec l'ensemble de la garnison. Les vainqueurs capturent 33 000

---

[85] Archives militaires britanniques, Londres.

[86] Archives militaires britanniques, Londres.

soldats alliés, 2000 véhicules en état de marche, plus de 2000 tonnes d'essence, ainsi que 5000 tonnes de vivres.

Du 26 mai au 3 juillet 1942, les Italo-Allemands ont fait plus de 60 000 prisonniers et détruit ou capturé 2000 blindés divers. Rommel se trouve à moins de 160 km d'Alexandrie. Il lui reste à enfoncer les défenses d'El Alamein, dernier rempart avant la victoire finale.

Tactiquement, la nouvelle ligne de résistance d'El Alamain, partant de la Méditerranée, arrive à la dépression de Kattara, dont les marécages sont infranchissables aux chars. Les Britanniques ont leur aile gauche solidement appuyée, et l'ennemi se trouve acculé à tous les inconvénient d'une attaque purement frontale, opération toujours risquée en raison du puissant armement antichars britannique. Du point de vue stratégique, la solution du général Auchinleck donne au maréchal Rommel la lourde servitude du ravitaillement de plusieurs divisions dont quatre blindées, avec 400 km de désert dans le dos.

Dès le 4 juillet 1942, les Britanniques ont pu établir une solide position sur le front d'El Alamein. Les renforts se sont multipliés, notamment en chars lourds Grant et Sherman, alors que Rommel doit attaquer avec des forces limitées, certaines divisions se trouvant réduites à une dizaine de chars. La 8ᵉ armée britannique se voit considérablement renforcée par la 9ᵉ division australienne et la 2ᵉ division néo-zélandaise venues du Proche-Orient, la 51ᵉ division métropolitaine et la 8ᵉ division blindée qui ont quitté la Grande-Bretagne, entre le 15 mai et le 15 juin, et la 4ᵉ division hindoue qui arrive de Chypre. La résistance de plus de deux semaines de la 1ᵉʳᵉ brigade française libre, à Bir Hakeim, permet à ses nombreux renforts d'être acheminés à temps pour résister à Rommel avec efficacité.

Dans un rapport du haut commandement anglais du 12 juin 1942, on peut lire : « En tenant compte des combats ininterrompus et sévères que la 1ère brigade française libre dut alors mener pendant seize jours, les pertes françaises ont été légères. Les plans de Rommel ont été déjoués grâce à la splendide résistance opposée par la garnison française, qui a toujours repoussé l'ennemi en lui causant des pertes sévères. »[87]

Le général Koenig écrit de son côté : « Du 27 mai au 5 juin 1942, notre résistance inattendue et l'activité de nos patrouilles avaient bouleversé le plan ennemi. Du 6 au 11 juin, Rommel s'était retourné contre nous et avait perdu un temps précieux dont la 8e armée britannique avait profité pour entamer largement l'évacuation de ses services et de ses moyens. »[88]

De juillet et à octobre 1942, la bataille d'El Alamein est marquée par de nombreuses offensives et contre-offensives, menées dans les deux camps, où Rommel est finalement tenu en échec. Fin octobre et début novembre 1942, le général britannique Montgomery, fort d'une supériorité numérique écrasante dans tous les domaines (1600 chars britanniques contre 200 chars allemands et 300 italiens), enfonce les positions de l'Axe, forçant Rommel et ses troupes à abandonner l'Égypte, puis la Libye et à se réfugier en Tunisie, où l'Axe capitule finalement en mai 1943.

Lorsque le jeune journaliste allemand Lutz Koch, de retour à Berlin, raconte en détail les très durs combats de Bir-Hakeim à Hitler, la vieille haine de la France se rallume dans le cœur du chef du IIIe Reich : « Vous entendez, Messieurs, ce que raconte Koch, dit aussitôt le Führer. C'est bien une nouvelle preuve de la

---

[87] Archives militaires allemandes, Fribourg-en-Brisgau.

[88] Archives militaires françaises, Vincennes.

thèse que j'ai toujours soutenue, à savoir que les Français sont, après nous, les meilleurs soldats de toute l'Europe. La France sera toujours en situation, même avec son taux de natalité actuel, de mettre sur pied une centaine de divisions. Il nous faudra absolument, après cette guerre, nouer une coalition capable de contenir militairement un pays capable d'accomplir des prouesses sur le plan militaire qui étonnent le monde comme à Bir-Hakeim. »[89]

Bir-Hakeim a un retentissement mondial. Toute la presse en parle longuement. Depuis juin 1940, une grande unité française, isolée, résiste efficacement aux assauts de plus en plus puissants de l'Axe.

Le journal britannique *Daily Mail* titre que « les hommes de la France libre rendent le nom de Bir-Hakeim immortel ». Le même journal écrit que « la défense de Bir Hakeim est l'un des plus splendides exploits de la guerre ». Le *Times* s'étend longuement sur la bataille de Bir Hakeim : « La bataille fantastique et sanglante a atteint un nouveau sommet lorsque les forces axistes lancèrent une nouvelle avalanche de fer contre les Français de Bir Hakeim. On pense que l'ennemi est en train de regrouper de nouvelles forces importantes avant une attaque plus formidables encore. Les Français gardent un bon moral et repoussent héroïquement tous les assauts de l'ennemi. Les forces axistes à Bir Hakeim s'attaquent à plus qu'une forte position défensive, elles s'attaquent à quelque chose qu'elles ne peuvent briser : ces hommes sont la France, et la France est dans leurs yeux lorsqu'ils combattent. »[90]

---

[89] Archives militaires allemandes, Fribourg-en-Brisgau.

[90] Archives militaires britanniques, Londres.

Les généraux britanniques multiplient les éloges en faveur de la bravoure des troupes françaises à Bir Hakeim. Le général Frank Messervy, commandant de la 7ᵉ division britannique, écrit, fin juin 1942, la lettre suivante au général Koenig :

« Mon cher général Koenig, je veux vous écrire un mot pour vous exprimer mon admiration et celle de tous les cadres et troupes de la 7ᵉ division britannique pour le magnifique combat mené par vous et les vaillantes troupes de la 1ʳᵉ brigade française libre, dans la défense de Bir Hakeim. Pendant ces deux semaines d'attaques incessantes de l'aviation, de bombardements d'artillerie intenses et d'attaques ennemies déterminées, votre moral n'a jamais fléchi, vous avez tenu fermement et êtes restés indomptables. Par votre défense farouche, vous avez joué un rôle des plus importants dans cette grande bataille du désert afin de déjouer les plans offensifs de l'ennemi. »[91]

Le général Willoughby Norrie, commandant le 30ᵉ corps d'armée britannique écrit, le 16 juin 1942, le message suivant au général de Larminat :

« Félicitez, s'il vous plaît, le général Koenig et ses vaillantes troupes pour leurs combats épiques de Bir Hakeim. Cette magnifique résistance de seize jours contre les attaques continuelles a largement soutenu notre cause et déconfit l'ennemi lorsque l'ordre de repli fut donné par la plus haute autorité. Vos troupes n'ont jamais été forcées par l'action ennemie. Je suis fier d'avoir été associé à la 1ʳᵉ brigade française libre. Bonne chance. Vive la France ! »[92]

---

[91] Archives militaires britanniques, Londres.

[92] Archives militaires françaises, Vincennes.

Le général de Gaulle adresse au général Koenig, lors du dernier jour du siège, le message suivant : « Sachez et dites à vos troupes que toute la France vous regarde et que vous êtes son orgueil. » En apprenant la réussite de l'évacuation de Bir Hakeim, le général de Gaulle ferme la porte derrière le messager et écrit : « Je suis seul - oh ! cœur battant d'émotion, sanglots d'orgueil, larmes de joie. »[93]

Le lieutenant-colonel français Rémy Porte, directeur de la recherche au service historique de la défense, écrit que « les conséquences militaires de cette victoire défensive française, en immobilisant pendant deux semaines des forces ennemies considérables, et en lui infligeant dans un rapport de force de 1 contre 10 des pertes sensibles, ne sont pas négligeables : elle bouleverse la planification opérationnelle allemande et donne au commandement supérieur allié le temps de rameuter d'autres troupes et de s'organiser (...). La 1ère brigade française libre rempli sa mission au-delà de toutes attentes du haut commandement britannique. Elle est ensuite réorganisée et rééquipée dans la région de Daba, mise au repos dans la région d'Alexandrie avant de remonter en ligne. Rommel a perdu deux précieuses semaines. Accourue d'Irak à marches forcées, des troupes britannique parviennent à El Alamein quelques heures seulement avant les éléments de pointe de l'Afrikakorps (...). La ferme résistance française permet aux Britanniques de mettre en relief l'action de l'allié français et surtout au général de Gaulle de conforter la place de la France libre dans la lutte mondiale qui se développe.

« En tenant leur position au-delà de ce qui était demandé par le commandement allié, les soldats français imposent à Rommel

---

[93] Archives militaires françaises, Vincennes.

de retarder l'ensemble de ses opérations offensives et permettent aux Britanniques de préparer le choc suivant. On peut d'ailleurs se demander aujourd'hui, mais cela est si facile après les événements et lorsqu'on connaît la fin de l'histoire, si le général allemand avait vraiment besoin de perdre autant de temps à réduire la position tenue par les Français. Vouloir à tout prix obtenir un succès tactique local l'a sans doute conduit, comme d'autres généraux en d'autres circonstances, à se priver d'une victoire stratégique. Peut-être que s'acharner sur une place encerclée fut sa première faute majeure ».[94]

Bir Hakeim a bien été une bataille décisive de la guerre en Afrique du Nord, en sauvant l'armée britannique d'un désastre complet. Durant l'été, Rommel et ses troupes tentent d'enfoncer le front d'El Alamein sans succès. En octobre-novembre 1942, les Alliés contre-attaquent et chassent les forces de l'Axe de l'Égypte et de la Libye. Réfugiées en Tunisie, les divisions allemandes et italiennes résistent jusqu'en avril-mai 1943. Désormais l'Italie est directement menacée par un débarquement des Alliés.

Les batailles de la campagne d'Italie 1943-1944 : la revanche française de 1940

Le débarquement des Alliés en Sicile en juillet 1943, suivi de ceux de l'Italie du sud en août et septembre, oblige l'Allemagne à faire face à un nouveau front en Europe, après celui de Russie. D'importantes troupes sont engagées de part et d'autre sur un théâtre de guerre montagneux dans les Abruzzes, long de près de trois cents kilomètres, entre Naples et Rome.

---

[94] Archives militaires françaises, Vincennes.

Constitué durant l'été 1943 en Afrique du Nord, le corps expéditionnaire français (CEF), destiné à combattre en Italie, est placé sous le commandement du général Alphonse Juin. L'ordre de bataille représente 120 000 hommes, 12 000 véhicules et 2500 animaux. L'ensemble repose sur la 2e division d'infanterie marocaine (DIM) du général Doddy, la 3e division d'infanterie algérienne (DIA) du général de Monsabert, le groupement de tabors marocains (GTM) du général Guillaume, la 4e division marocaine de montagne (DMM) du général Sevez et la 1ère division motorisée d'infanterie (DMI), également appelée 1ère division de la France libre (DFL), du général Brosset. Il convient d'y ajouter des éléments non-endivisionnés, comprenant divers régiments. Toutes ces unités arrivent progressivement sur le front italien. La 2e DIM monte en ligne en décembre 1943, la 3e DIA en janvier 1944, le GTM, la 4e DMM et la 1ère DFL en avril-mai 1944.

Le CEF se trouve intégré à la 5e armée alliée, du général américain Clark, forte de 18 bataillons britanniques, 65 américains et désormais de 45 français. La 8e armée du général Montgomery, également présente sur le front italien, aligne 21 bataillons britanniques, 12 canadiens, 12 polonais et 9 indiens. Ces chiffres permettent de mesurer l'importance de la participation française à cette campagne. L'armée française engage ainsi des effectifs qui rivalisent avec ceux des Américains et des Britanniques.

L'armée allemande du maréchal Kesserling aligne sur le front italien une vingtaine de divisions, représentant un total de 110 bataillons. Près de 700 000 soldats alliés affrontent 400 000 soldats allemands. La chaîne montagneuse des Abruzzes, dont certains sommets culminent à 2200 mètres, facilite grandement la défense. Ce relief chaotique, quasiment dépourvu de végétation en hiver, sans routes faciles, hérissé de rochers, ajoute à ses obstacles naturels une surprise de taille : « La boue, la boue liquide, l'éternelle boue glissante. »[95]

Le climat, si particulier du front italien, est une autre mauvaise surprise pour les combattants de deux camps, si l'on en juge ce qu'écrit le général Ringel, commandant de la 5e division allemande de montagne : « Il est évident que les divisions venues d'autres théâtres d'opérations furent au début incapables de supporter le froid glacial de la haute montagne auquel elles n'étaient pas habituées et l'épouvantable feu roulant de l'artillerie alliée engagée dans les grandes batailles. Bien que le froid ne fût pas aussi implacable qu'en Russie, les variations constantes du climat, passant de la pluie à la neige, du gel à la tempête, perturbèrent sérieusement les hommes. Dans leurs premières lettres envoyées à leur famille, ceux-ci écrivirent qu'ils seraient volontiers retournés en Russie à quatre pattes... »[96]

Avec obstination, le général Clark cherche à rompre les positions allemandes par le mont Cassino et les vallées du Liri et du Sacco. Il se heurte à chaque fois à une résistance acharnée des Allemands, sans pouvoir obtenir un succès décisif. En revanche, le plan préconisé par le général Juin d'un vaste débordement par la montagne en direction d'Atina est repoussé, ou plutôt réduit à une manœuvre limitée. Dès son arrivée en Italie, Juin se rend assez bien compte de la situation :

« J'ai le sentiment que nous n'arriverons à faire notre trou ici qu'en usant de doigté et de discrétion. Les Américains ne sont pas des gens qu'on bouscule... Ils nous aiment bien, mais ils sont aussi

---

[95] Paul Gaujac, *L'armée de la victoire, de Naples à l'île d'Elbe 1943-1944*, éditions Lavauzelle 1985.

[96] Archives militaires allemandes, Fribourg-en-Brisgau.

pénétrés de leur toute-puissance et d'une susceptibilité qui dépasse tout ce qu'on peut imaginer... Les Français leur paraissent toujours un peu agités et il importe d'abord de gagner leur confiance, surtout avant la bataille. Je m'y efforcerai et, cette confiance acquise, notre place s'agrandira d'elle-même... Pour les mêmes raisons d'opportunité et de discrétion, j'ai pris la décision de conserver, jusqu'à nouvel ordre, l'appellation de corps expéditionnaire français (CEF) aux troupes française débarquées en Italie. J'aurais mauvaise grâce, j'en suis convaincu, de me parer dès à présent, aux yeux de Clark, du titre de commandant d'armée. La chose fera son temps, quand on nous aura approuvé et quand l'outil mis entre mes mains se sera révélé comme un véritable outil d'armée. »[97]

Le CEF est en effet animé d'un puissant désir d'effacer les souvenirs douloureux de la défaite de 1940, ainsi que de faire honneur à l'ancienne réputation de l'armée française. Ces sentiments s'expriment tout particulièrement parmi les Européens. Le capitaine Bernard Brézet, évadé passé par l'Espagne, écrit au moment de monter en ligne :

« Je pars avec le même sentiment du devoir qu'en 1939, je pars en pleine sérénité, parfaitement d'accord avec moi-même. Dans le drame actuel, il faut prendre parti ; c'est ce que je fais, avec tout le risque que cela comporte. Prendre ce risque, c'est mon honneur. Il y a des moments où, coûte que coûte, il faut suivre la voie où l'on se sent appelé par ses sentiments les plus profonds. C'est ce que je fais. »[98]

---

[97] Archives militaires françaises, Vincennes.

[98] Archives militaires françaises, Vincennes.

Un lieutenant de la 2e DIM parle des milliers de ses compatriotes qui désespèrent en Afrique du Nord de voir arriver l'ordre d'embarcation pour le front italien. Après une journée torride, il écrit dans son carnet ses notes :

« Plus que le paludisme qui ronge la troupe, l'ennui dévaste les âmes, broyées par cette interminable attente. Il se murmure même que la mésentente avec les Alliés nous privera de la lutte, but unique de toutes nos pensées, seul espoir capable de rafraîchir nos cœurs. »[99]

Les Français vont bientôt montrer, que loin d'être des fanfaronnades, de tels sentiments sont le ressort de l'efficacité au combat dont ils ne vont pas tarder à donner la preuve. Arrivée en Italie fin novembre 1943, la 2e division d'infanterie marocaine (DIM) monte en ligne début décembre, afin de prendre position dans le secteur mont Marrone-mont Pantano, de part et d'autre de la route Colli-Atina. Elle aligne près de 17 000 hommes, articulés en trois régiments de tirailleurs marocains (4e, 5e et 8e RTM), un groupe de renforcement (4e groupe de tabors marocains), un régiment d'artillerie (63e RA) et un régiment de reconnaissance (3e régiment de spahis marocains). La 2e DIM compte 41 % d'Européens. Elle relève la 34e division d'infanterie américaine qui vient de perdre 1500 hommes (tués ou blessés) lors d'un assaut infructueux, lancé contre les défenses ennemies du mont Pantano. Cette grande unité américaine se trouve au bout de souffle et les Franco-Marocains, qui se soucient peu des doutes des Alliés quant à leur valeur, ne se privent pas de critiquer vertement la situation que les Américains ont laissé se développer dans le secteur. Le sergent Ben Bella du 5e RTM note :

---

[99] Archives militaires françaises, Vincennes.

« La première nuit, on ne put fermer l'œil. Les Allemands rôdaient dans l'ombre autour de nous, leurs patrouilles étaient partout dans le no man's land, ils lançaient des grenades, ils nous interpellaient, ils jouaient sur nos nerfs. On comprit, à leur insultes en anglais, qu'ils croyaient encore avoir affaire aux soldats américains. Ceux-ci ne faisaient guère de patrouilles et n'avaient même pas su nous dire où se trouvait l'avant-poste ennemi. »[100]

Pour les Franco-Marocains, arrive le moment de prouver qu'ils peuvent faire mieux. À la surprise des observateurs anglo-américains, ils s'en tirent brillamment. Le 15 décembre, le 8e RTM s'empare par un assaut acrobatique du mont San Michele (1158 mètres), malgré les nombreux blockhaus qui balaient de leurs tirs croisés les pentes rocailleuses. Le lendemain le mont Pantano (1110 mètres) est enlevé par les preux du 5e RTM. Bousculés et impressionnés par l'héroïsme et la férocité des assaillants, les Allemands s'empressent de relever la 305e division d'infanterie par la 5e division de montagne, dont ils pensent que les gebirgsjägers (chasseurs de montagne), vétérans du front russo-finlandais, se sentiront à leur aise sur ce terrain dénudé et glacé. L'opération est loin d'être un succès. Une nouvelle attaque française déloge les Allemands de San Biagio. L'attaque débute le 24 décembre 1943 pour aboutir le 28 à la conquête du massif de la Mainarde à 1478 mètres d'altitude. Le jour suivant, l'offensive se poursuit plus au sud vers le massif de Monna Casale à plus de 1200 mètres. Pour arrêter l'avance des troupes françaises et la débandade des troupes d'élite qui arborent l'edelweiss, le commandement allemand doit faire appel au 115e panzer-grenadier-régiment, une unité prussienne. Mais c'est une formidable tempête de neige qui stoppe l'étonnante progression

---

[100] Archives militaires françaises, Vincennes.

des troupes franco-marocaines, qui en trois semaines ont perdu près d'un millier d'hommes (tués, blessés ou disparus), contre près de trois mille chez les Allemands, dont un nombre important de prisonniers.

Les soldats marocains se battent avec une bravoure extraordinaire. Le tirailleur Krim Ben Abdallah sauve la vie de son capitaine (Popineau), en abattant un Allemand qui s'était approché en rampant. Le sous-lieutenant Moustpha Ben Ahmed a donné l'exemple en tombant à la tête de ses hommes. Le Berbère Driss Ben Tahar, trappu, œil de braise et épaisses moustaches, tirailleur de choc, se spécialise dans les opérations commandos de nuit. Le tirailleur M'Bark Ben Ahmed est souvent volontaire pour les coups durs. Les goumiers, soldats des troupes marocaines de montagne, jaillissent de leurs trous et se ruent vers l'ennemi en psalmodiant la profession de foi musulmane, la Chahada : « La Allah illah Allah ! Mohammed rassoud Allah ! » (Dieu est unique ! Et Mahomet son prophète ! ». La propagande « anticolonialiste » allemande reste sans effet sur les Marocains.

L'historien britannique John Ellis, spécialiste remarqué de la guerre, écrit : « Pour cruelles qu'elles fussent, les pertes françaises n'avaient pas été vaines. La rapidité avec laquelle les Français s'étaient emparés d'un objectif qui avait si longtemps défié les Américains, la fougue dont ils avaient fait preuve, impressionnèrent grandement amis et ennemis. »[101]

Les termes du compte rendu du général Ringel, commandant de la 5e division allemande de montagne, sont éloquents :

---

[101] John Ellis, *Cassino, une amère victoire janvier-juin 1944*, éditions Albin Michel 1987.

« L'infanterie franco-marocaine se montre ardente, manœuvrière, déjà bien habituée au canon et au mortier. Elle constitue un instrument de qualité exceptionnelle entre les mains du commandement. La valeur des cadres de cette infanterie est connue depuis la campagne de Tunisie. Ils se sont comportés admirablement, comme on pouvait le craindre. Les jeunes Français du rang se sont conduits de façon admirable, donnant l'exemple et payant ardemment de leur personne. »[102]

Dans un ouvrage publié après la guerre, le même général Ringel poursuit : « Enfin Alexander et Clark se rendent à l'évidence et doivent admettre qu'au Nord du front, face à la 5e division de montagne et aux débris de la 44e division d'infanterie, se tient toujours l'homme que même le commandement allemand a reconnu comme son adversaire le plus dangereux en Italie : le général Juin avec ses Franco-Africains. »[103]

Le journal officiel des combattants allemands en Italie est aussi élogieux en faveur des soldats de Juin : « On est obligé de reconnaître aux divisions du CEF (corps expéditionnaire français) un commandement souple, une volonté de nous talonner et de bousculer nos mouvements de décrochage. Unités à l'esprit combatif, mordant et offensif. »[104]

Le maréchal Kesserling, commandant en chef des armées allemandes en Italie, ne cache pas son admiration pour les troupes françaises :

---

[102] Archives militaires allemandes, Fribourg-en-Brisgau.

[103] Ringel, *Hurra die Gams*, Leopold Stocker s.d.

[104] Archives militaires allemandes, Fribourg-en-Brisgau.

« La tactique des Américains et des Anglais a été dans l'ensemble très méthodique. Les succès locaux ont été rarement exploités. En revanche les Français ont attaqué avec un mordant extraordinaire, et exploité à fond chaque succès en y concentrant aussitôt des effectifs. On a noté la façon française de déborder largement quand c'était nécessaire, par une manœuvre d'envergure, les points d'appui allemands.

« À plusieurs reprises, des terrains montagneux réputés impraticables ont été franchis par l'ennemi qui semble s'être préparé jusque dans les plus petits détails pour cette opération et qui est équipé en conséquence. Il y a donc lieu de garder méthodiquement même les terrains considérés comme impossible. Spécialement remarquable est la grande aptitude tous terrains des troupes françaises qui franchissent rapidement les zones montagneuses, avec leurs armes lourdes chargées sur des mulets, et qui essaient toujours de déborder nos positions par des larges manœuvres, et de percer par derrière. »[105]

Début janvier 1944, la 3e division d'infanterie algérienne (DIA) du général de Monsabert vient renforcer les troupes du général Juin. Forte de près de 17 000 hommes, elle aligne deux régiments de tirailleurs algériens (3e et 7e RTA), le 4e régiment de tirailleurs tunisiens (RTT), le 3e régiment de spahis algériens (RSA) et le 67e régiment d'artillerie. On compte près de 50 % d'Européens.

Le général Clark s'obstine toujours à vouloir rompre le front allemand par la vallée du Liri et le mont Cassino. Juin estime qu'il n'existe aucune chance d'enfoncer les défenses allemandes sans une percée préalable des flancs ennemis, par les montagnes plus au nord. Selon Clark, l'action principale doit être engagée par la

---

[105] Archives militaires allemandes, Fribourg-en-Brisgau.

1ère division blindée américaine. Juin est encore loin d'être convaincu :

« Tout au long de la route, de Salerne à Naples, nous nous étions heurtés à la 7e division blindée britannique en colonne serrée, incapable de sortir de la route et de se déployer sur un terrain où la montagne tenait tout le paysage. J'en avais immédiatement conclu que la motorisation généralisée des armées anglaises et américaines n'étaient pas sans constituer un sérieux obstacle à une progression rapide dans la remontée de l'Italie péninsulaire. »[106]

À une attaque sur le Garigliano, Juin juge plus efficace une manœuvre de débordement par les ailes. Ses troupes, moins tributaires du réseau routier, avec un nombre limité de blindés, sont parfaitement équipées pour la lutte en montagne. Elles rassemblent un important parc de mulets qui leur permettent de s'affranchir des problèmes posés par les transports motorisés. Plus précieuse encore est la grande expérience de la guerre en montagne, acquise lors des opérations de pacification au Maroc et en Algérie, ainsi que durant les campagnes de Tunisie et de Corse contre l'Axe. Ainsi, la mobilité à pied, l'endurance des combattants, l'infiltration et l'autonomie des petites unités, qualités prépondérantes au CEF, vont s'avérer inestimable sur les terrains escarpés des Abruzzes.

Dans la nuit du 11 au 12 janvier 1944, Juin lance une nouvelle offensive vers la ligne allemande Gustav, entre Aquafonda et Costa San Pietro. Les deux divisions françaises doivent conquérir divers sommets, dont certains dépassent mille cinq cents mètres, puis franchir les eaux glaciales du Rapido pour attaquer la ligne

---

[106] Archives militaires françaises, Vincennes.

fortifiée. Un rapport émanant de la 2e division marocaine attire l'attention sur les caractéristiques du champ de bataille :

« Il n'est pas possible de comprendre les opérations qui vont se dérouler si l'on n'a pas constamment présentes à l'esprit les conditions extrêmement pénibles dans lesquelles vont se battre les tirailleurs pendant tout l'hiver, dans une boue gluante, sous la pluie ou la neige. Les rochers pointent partout et les pistes se font rares, d'accès difficiles parce que constamment battues par les mortiers ennemis et constamment minées. Le fantassin devient un spécialiste de l'escalade et, lorsqu'il faut s'abriter, les rochers ne garantissent pas une protection absolue, surtout lorsque l'artillerie ennemie ajoute aux éclats des projectiles les éclats de pierre volant dans toutes les directions. »[107]

Le froid pose un problème particulier aux troupes françaises pauvrement équipées contre les rigueurs du climat. Malgré cette situation éprouvante pour la troupe, les soldats de Juin accomplissent de nouveaux miracles. Les premières positions allemandes de la 5e division de montagne sont toutes enlevées. Les tirailleurs collent si près des barrages d'artillerie que l'effet de surprise est total. Ils avancent durant la nuit. Les grenades éclatent dans les abris allemands d'où sortent des hurlements. Certains soldats du Reich courent à demi vêtus, dans la neige, vers les emplacements déjà occupés par les tirailleurs de Juin. Attaques et contre-attaques se succèdent pour la conquête de pitons rocheux. L'avance française est cependant irrésistible. Les monts Monna Casale, Molino, Pantano, Marrone, Lago, Raimo, Ferro, les cotes 1025 et 1029 tombent après des combats acharnés.

L'historien britannique John Ellis, note au sujet de la fougue des troupes françaises : « Une drogue inconnue paraissait les

---

[107] Archives militaires françaises, Vincennes.

encourager à se précipiter vers le sacrifice suprême. Entraînés par une sorte de folie collective, sublimés par la même cause, ils étaient indestructibles. Ce fut admirable ! »[108]

Les fantassins allemands de la division de montagne et les grenadiers du 15e panzer-régiment doivent renoncer à se maintenir sur le Rapido. Pendant les jours qui suivent, les Français sont constamment sur les talons des Allemands. Le Rapido est franchi par les troupes de la division marocaine (2e DIM) qui s'emparent des cotes 1040-1129 et du col d'Arena. De son côté, la division algérienne (3e DIA) pousse le long d'un axe jalonné par les monts Passero, Vade d'Aquo, Rio Il Gallo. Après avoir pris Acquafonda, les tirailleurs algériens traversent Vallerotonda et se déploient sur une ligne allant de Valvori à Sant'Elia. Le 23 janvier 1944, une lutte terrible se déroule pour la conquête du mont San Croce (1184 mètres), qui reste finalement aux mains des Allemands. Du 11 au 24 janvier 1944, la seule division marocaine a perdu quatre mille hommes. Les Allemands ont été obligés d'engager toutes leurs réserves pour endiguer l'avance française.

Du 25 au 30 janvier 1944, la 3e DIA du général de Monsabert accomplit l'exploit de s'emparer des positions, jugées imprenables, du Belvédère, à près de mille mètres d'altitude dans les Abruzzes, en plein hiver et contre un adversaire défendant farouchement ses positions. Les Français débordent ainsi le mont Cassino par le nord. Outre la capture de 1200 prisonniers, le CEF retient 17 bataillons allemands sur son front, soit 44 % des forces ennemies engagées contre la Ve armée alliée. La bataille du Belvédère a coûté la moitié de ses effectifs au seul régiment de tirailleurs tunisiens (4e RTT).

---

[108] John Ellis, op.cit.

Le courage et la ténacité du CEF sont une fois de plus reconnus par les chefs alliés. Le général anglais Alexander, commandant en chef des forces alliées en Méditerranée centrale, déclare à Juin : « Vos avances sur un terrain des plus difficiles, contre un adversaire décidé et opiniâtre, furent dignes des plus beaux éloges, et la manière dont toutes ces opérations ont été menées est dans la ligne des plus belles traditions des armées françaises. »[109]

L'historien allemand Böhmler, engagé sur le front italien, témoigne également en faveur des troupes françaises : « La grande surprise fut l'attitude du CEF. La campagne de 1940 avait jeté une ombre sinistre sur l'armée française. On ne pensait pas qu'elle pourrait se remettre de sa défaite écrasante. Et maintenant les divisions du général Juin se révélaient extrêmement dangereuses. La raison n'en était pas seulement l'expérience en montagnes des Marocains et des Algériens. Trois facteurs intervenaient ensemble : à côté de l'expérience en montagne des soldats des colonies françaises, il y avait l'équipement américain très moderne du corps français qui lui donnait une telle puissance. Et enfin ces troupes étaient commandées par des officiers français qui connaissaient parfaitement leur instrument. Avec ces trois éléments de base, Juin avait fait un excellent alliage. Pour la nuit, son corps se montra apte à toutes les missions, et le maréchal Kesserking a souligné en ma présence que se sont toujours les secteurs du front où il savait que se trouvait le corps de Juin qui lui ont donné le plus d'inquiétude. »[110]

Pendant toute la durée des offensives françaises de l'hiver 1944, des officiers de liaison anglo-américains ont été détachés

---

[109] Archives militaires britanniques, Londres.

[110] Böhmler, Monte Cassino, Rupert Verlag 1955.

auprès des unités de Juin. Dans les notes du colonel Robert Shaw, on peut lire, après une attaque du 7e régiment de tirailleurs algériens (RTA) : « J'ai eu l'occasion de suivre les troupes françaises. Je n'ai remarqué nul traînard, nulle perte ou abandon d'armes et de matériel. J'ai pu voir quantité de cadavres allemands. Beaucoup d'entre eux gisaient le crâne défoncé ou le corps percé de coups de baïonnette. Moral excellent. »[111]

Le général Juin ne parvient pas cependant à convaincre les états-majors alliés d'abandonner des méthodes de guerre lentes et dépassés. Malgré une réelle supériorité numérique et matérielle, les 5e et 8e armées alliés, désorientées par les aspects si particuliers de la lutte en montagne, n'ont rien imaginé d'autre que des attaques frontales, menées dans les vallées, afin de faire sauter les piliers de la défense allemande sur la route de Rome. Les assauts répétés contre le mont Cassino n'ont abouti qu'à des pertes terribles. Les officiers anglo-américains voient dans cette montagne, dominée par une abbaye, une position importante de la défense allemande. Alors que le général Juin estime pouvoir tourner par l'ouest le mont Cassino, plutôt que de l'attaquer de front. Le 15 février 1944, 142 bombardiers américains ont déversé 300 tonnes de bombes explosives et incendiaires sur le monastère. Ce bombardement permet aux Allemands d'occuper habilement les ruines. D'un monastère, les bombardiers ont fait une forteresse. Le mont Cassino ne sera conquis qu'au prix de lourdes pertes.

Malgré la présence de chars et d'avions, la guerre de mouvement semble condamnée et on se croit revenu aux heures terribles de la guerre de tranchée de 1914-1918. Cependant, en avril 1944, le général Alexander prépare sa troisième tentative

---

[111] Archives militaires britanniques, Londres.

pour ouvrir la route de Rome. L'occasion semble favorable au général Juin pour appliquer l'idée de manœuvre qui le hante depuis quatre mois. Surtout que le CEF vient d'être renforcé par le groupement de tabors marocains du général Guillaume et la 4e division marocaine de montagne du général Sevez dont l'ensemble représente 20 500 hommes, dont 35 % d'Européens, ainsi que par la 1ère division motorisée d'infanterie (1ère DFL) du général Brosset, forte de près de 18 000 hommes, dont 57 % d'Européens.

Au début de mai, le CEF occupe l'étroite tête de pont du Garigliano inférieur, dominée par l'ensemble montagneux du Faito (940 mètres) et du Majo (839 mètres) et, un peu plus loin, par les monts Aurunces (plus de 1200 mètres). Dans le cadre de l'offensive générale qui se prépare, le plan de Juin, simple et audacieux, veut rompre par surprise les défenses allemandes, s'emparer des sommets qui commandent les vallées et jeter dans les monts Aurunces ses troupes de montagnes, qui pratiqueront une brèche dans la ligne Gustav, entraînant ainsi l'effondrement de toute l'aile droite allemande. Juin refuse de se laisser prendre au piège d'une progression lente et difficile, le long de la route d'Ausonia et de celle de San'Andrea, qui ne peut que se heurter au gros des troupes allemandes.

Cette conception audacieuse, qui affirme les avantages d'une exploitation en montagne et néglige les vallées, n'a pas les faveurs d'Alexander, qui attribue à la 5e armée et au CEF qu'une simple mission de diversion. Il a cependant médité sur les causes des échecs précédents, si bien que cette fois l'offensive sera générale, du mont Cassino au golf de Gaète. La 5e armée doit fixer la 94e division de grenadiers motorisés, tandis que le CEF, opposé à la 71e division d'infanterie, doit se limiter à une manœuvre de débordement par le nord, en direction d'Espéria. C'est à la 8e armée britannique, massée sur le cours du Rapido que reviendra l'honneur de franchir le fleuve, d'enlever le mont Cassino à la 1ère division allemande de parachutistes, puis de s'ouvrir la route de Rome. Soutenu par Churchill, le général Alexander compte bien faire entrer les troupes britanniques les premières dans la ville éternelle.

Nullement satisfait de ce programme, Juin remet à Clark, le 4 avril 1944, un document sur les futures opérations, précisant son idée de manœuvre de grande ampleur réservée à la 5e armée et au CEF : il s'agit non seulement de rompre le front allemand et de se lancer dans les Aurunces, mais d'atteindre Pico, de rejoindre les forces alliées de la poche d'Anzio, avant de se rabattre vers le nord sur Frosinone, afin de déborder la résistance allemande et atteindre Rome.

« Alexander, écrit Philippe Masson, ne peut se résoudre à accepter un plan qui réserve aux troupes américaines et françaises l'honneur d'entrer dans la capitale italienne. Il ne change rien à son dispositif initial mais il admet cependant que la 5e armée américaine et le CEF "protégeant le flanc de la 8e armée" s'empareront "des routes entre la 8e armée et la mer", ce qui, en somme, laisse carte blanche au général Clark, entièrement rallié aux vues de Juin ! »[112]

Les mouvements du CEF s'effectuent de nuit, dans le plus grand silence vers l'étroite tête de pont du Garigliano. Depuis que le CEF a été relevé du secteur nord de Cassino, le maréchal Kesserling a perdu sa trace. La date de l'offensive est fixée durant la nuit du 11 au 12 mai 1944. Juin prévoit notamment de lancer en zone montagneuse près de vingt-cinq mille hommes et quatre mille mulets, avec tout leur ravitaillement, ce qui représente une colonne de près de soixante kilomètres de long, à acheminer sur

---

[112] *Miroir de l'Histoire* n°318, juillet-août 1980, *La France debout 1942-1944*.

trois pistes ! L'offensive française doit se déclencher par surprise, sans préparation d'artillerie. Sur le reste du front, deux mille canons pilonnent les positions allemandes, si bien que la surprise se révèle incomplète. Les Allemands se défendent avec énergie. Les tirailleurs de Juin tombent dans les réseaux de barbelés ou dans les champs de mines. Des blockhaus et des points d'appui intacts, un tirs précis de mitrailleuses se déchaîne. Les lance-flammes établis à mi-pente se démasquent. Les mortiers battent les cheminements de toutes les crêtes. L'attaque du mont Faito se poursuit péniblement pendant toute la nuit.

« La prise de chaque blockhaus, raconte le général Louis Berteil, est une opération indépendante et minutieuse. Dans les centres de résistance, les blockhaus se couvrent les uns les autres, face à la direction probable d'attaque, mais en les attaquant à revers il est possible de les traiter isolément et successivement. Une mitrailleuse de 12,7 mm bat l'entrée et le créneau, un fusil-mitrailleur couvre l'opération. Sous cette double protection, une équipe de deux ou trois hommes s'infiltre lentement en utilisant les angles morts jusqu'à vingt ou trente mètres d'une paroi aveugle et l'attaque directement avec un lance-fusées antichars. Au deuxième ou troisième coup au but de cette arme puissante, dont la charge creuse disloque les épaisses murailles de pierre, l'ennemi montrait un chiffon blanc, puis sortait mains en l'air. L'abri évacué était nettoyé à la grenade, pour en liquider les récalcitrants. »[113]

Le sommet du Faito est finalement occupé par les tirailleurs des 8e et 6e RTM. Mais l'ennemi, qui contrôle les sommets environnants, déclenche un tir d'artillerie intense. Partout ailleurs

---

[113] Général Louis Berteil, *Baroud pour Rome, Italie 1944*, éditions Flammarion s.d.

c'est l'échec. Malgré leur vaillance, les troupes de Juin n'ont pu enfoncer les défenses allemandes. La 1ère DFL ne peut déboucher de ses positions. À Castelforte, les chars de la 3e DIA se heurtent à une farouche résistance, avec de terribles combats de rue. Sur plusieurs points la 71e division allemande contre-attaque.

C'est la déception chez les officiers français. « Nos mines s'allongent, écrit le général Beaufre, et la belle confiance de la veille fait place à une profonde déception : c'était folie que d'avoir attaqué sans préparation d'artillerie ; la première ligne n'avait pas été neutralisée et les mines avaient empêché toute surprise. Je repensais à mes dures expériences de Tunisie, qui m'avaient montré que la nuit, du fait des mines, perdait beaucoup de ses avantages. Mais quel échec, dès le départ. »[114]

Sur le reste du front les résultats ne sont pas meilleurs. La Ve armée américaine piétine devant Santa Maria Infante, les Britanniques établissent à grand-peine une tête de pont sur le Rapido, tandis qu'à Cassino c'est une fois de plus, malgré l'héroïsme du 2e corps polonais du général Anders, un échec sanglant.

Le général Juin, nullement découragé, décide de poursuivre l'offensive à l'aube du 12 mai, après une intense préparation d'artillerie. Cette fois c'est le succès. En moins de quarante-huit heures, la ligne Gustav s'effondre. Les Allemands ont jeté toutes leurs réserves dans la bataille dès le premier jour. La 2e DIM fournit l'effort décisif en s'emparant du massif du Majo le 13 mai. Avec la perte de cette observatoire en montagne, la 71e DI allemande n'est plus en mesure de s'opposer à la progression foudroyante des troupes françaises dans la vallée. La 1ère DFL nettoie la bouche du Garigliano et progresse en direction de

---

[114] Général Beaufre, *La revanche de 1945*, éditions Plon 1966.

Sant'Andrea et de San'Ambrogio. La 3e DIA parvient à faire sauter le verrou de Castelforte après un terrible pilonnage d'artillerie et de sanglants corps à corps. Plus de 1500 soldats allemands sont capturés. Le 14, la 71e division allemande, fortement éprouvée, commence à se replier en direction du nord-ouest. La 1ère DFL fonce sur Sant'Apollinare, tandis que la 3e DIA occupe Ausonia.

« Le 14 au soir, rapporte Philippe Masson, la situation du CEF est particulièrement favorable. Alors que les Américains pénètrent seulement dans les ruines de Santa Maria Infante, que les assauts polonais continuent à se briser sur Cassino et que les Britanniques ne réussissent que difficilement à élargir leur tête de pont sur le Rapido, les Français ont creusé dans la ligne Gustav une brèche de vingt-cinq kilomètres de large sur douze de profondeur. Depuis le 13 au soir, un immense drapeau tricolore, visible de Cassino à la mer, flotte sur le Majo. Toute l'aile droite du dispositif allemand est ébranlée. »[115]

La 1ère DFL et la 3e DIA se heurtent les jours suivants à de solides nids de résistance près de Sant'Apollinare et Castelnuovo. Conscient de l'épuisement de ses troupes, le maréchal Kesserling autorise le repli sur la ligne Dora.

Le général Juin a prévu qu'il ne serait pas possible de remporter une victoire décisive le long des routes encaissées, cadenassées par des défilés qui se prêtent admirablement aux actions d'arrière-garde des Allemands, passés maîtres dans la défensive. Mais le repli allemand lui offre l'occasion d'abattre sa carte maîtresse, en réalisant la partie la plus audacieuse de son plan. Lors de leur recul, la 71e DI et la 94e divisions de grenadiers

---

[115] Miroir de l'Histoire n°318, op.cit.

motorisés (DGM) ont laissé découvert le massif des monts Aurunces.

Dans la nuit du 15 au 16 mai 1944, le groupement de tabors marocains du général Guillaume et le 6e RTM du colonel Cherrière entreprennent l'escalade de la falaise du Fammera. Les éléments ennemis sont surpris et bousculés. « Les Allemands, souligne Philippe Masson, disposaient pourtant de remarquables troupes de montagne. Mais ils commettent, en mai 1944, la même erreur que l'état-major français quatre ans plus tôt, quand il était convaincu que les Ardennes étaient "impénétrables aux chars". Considérant le massif des Aurunces comme "infranchissable", les Allemands ont même retiré, le 13, le 8e bataillon de pionniers de montagne qui travaillait à la construction d'une piste autocyclable et d'un terrain d'aviation. »[116]

Dans ces montagnes, le commandement allemand du 14e corps blindé a jugé impossible de faire passer que de très faibles unités de troupes spécialisées, de la valeur d'un bataillon. Le général Juin y lance le groupement de tabors marocains et la 4e division marocaine de montagne (général Sevez), soit dix-huit bataillons et trois groupes d'artillerie, représentant plus de 25 000 hommes et 4000 mulets !

« Cette masse, raconte le général Berteil, largement articulée en plusieurs groupements, où les goumiers, ouvrant la marche et inondant le massif, étaient suivis et soutenus par les bataillons de réguliers plus puissants, allait, par une série de débordements de plus en plus larges vers l'ouest, réalisés en pleine montagne, faire tomber les unes après les autres, à une vitesse record, toutes les

---

[116] Miroir de l'Histoire n°318, op.cit.

positions de repli trop tardivement occupées et insuffisamment garnies.

« Grâce à leur extrême mobilité, leur endurance, dans des terrains affreux, sans pistes ni sentiers, sans se préoccuper d'un ravitaillement toujours à la traîne, couchant à la belle étoile, buvant quand il pleuvait, ces groupements devaient devancer sur les positions essentielles les renforts allemands arrivant du nord et les défaire en détail, sans leur laisser le temps de s'installer ni de coordonner leur résistance. »[117]

Du 16 au 18 mai 1944, le groupement de tabors marocains et la 4e DMM traversent l'imposant massif des Aurunces, à plus de mille deux cents mètres d'altitude. Cette marche victorieuse est jalonnée par les monts Petrella, Revole, Faggetta. Menacés sur leurs arrières, les éléments retardateurs de la 71e DI et de la 94e DGM doivent évacuer leurs positions de résistance. Le 17, la 3e DIA occupe le défilé d'Esperia, épaulée par la 1ère DFL qui s'empare du mont d'Oro. Le long de la côte les 85e et 88e DI américaines occupent Formia et progressent en direction d'Itri.

Le 19 mai, les troupes de montagnes des généraux Guillaume et Sevez ont atteint l'objectif stratégique essentiel, en coupant la rocade Itri-Pico, qui est l'axe de circulation du 14e corps blindé allemand. Rien n'a pu avoir raison de l'audace des troupes franco-marocaines. Le 17, deux bataillons allemands motorisés sont bien envoyés sur la route Itri-Pico. Ils sont surpris près de Revole et détruits lors d'une de ces embuscades dont les goumiers marocains ont le secret.

Un rétablissement allemand sur la ligne Dora devient impossible, d'autant qu'après la prise d'Esperia, la 1ère DFL et la

---

[117] Général Louis Berteil, op.cit.

3e DIA exercent une dangereuse poussée en direction de Pico, au cœur même de la position fortifiée. Le 17 au soir, le maréchal Kesserling ne dissimule plus son inquiétude. Devant la percée foudroyante de CEF, il donne l'ordre à la 1ère division parachutiste d'évacuer le mont Cassino. Le 20, le général Senger und Etterlin, chef d'état-major de la 10e armée allemande, décide tardivement d'engager sa dernière réserve, la 26e panzerdivision, sans trop y croire : « Il semble que tout ce que nous faisons, nous le fassions trop tard ; nous ne sommes plus en mesure de contenir ces diables de Français. »[118]

Malgré sa valeur, la 26e panzerdivision ne parvient pas à ralentir la poussée des divisions françaises, soutenues sur leur droite par le corps canadien de la 8e armée de Montgomery, qui arrive devant Pontecorvo le 19 mai. Pendant deux jours, avec l'appui de deux bataillons de chars américains, la 3e DIA livre bataille pour la prise de Pico, par un temps pluvieux qui empêche l'intervention de l'aviation. Malgré la puissance des chars Tigre I de 56 tonnes et des Panther de 45 tonnes, supérieurs aux Sherman de 32 tonnes des Alliés, les troupes du général de Monsabert parviennent à s'emparer de Pico.

Le maréchal Kesserling est le premier à reconnaître la défaite de son 14e corps blindé : « L'avance du CEF, à la fois dans les vallées et en montagne, a rompu notre dispositif, facilité la progression des 5e et 8e armées alliées et empêché notre redressement sur la ligne Dora. Les Français ont combattu avec beaucoup de mordant et exploité, sans aucun délai, tous les succès locaux obtenus. »[119]

---

[118] Archives militaires allemandes, Fribourg-en-Brisgau.

[119] Archives militaires allemandes, Fribourg-en-Brisgau.

Le 22 mai 1944, après deux semaines de combat, Kesserling ordonne à sa 10e armée de se replier sur la ligne César, en avant de Rome. Aucune autre solution ne lui semble possible. Le corps de montagne du général Guillaume progresse déjà dans les monts Ausoni. Les Américains, après la conquête de Terracina, ne sont plus qu'à cinquante kilomètres de la tête de pont d'Anzio.

Le CEF a rempli sa mission de fer de lance, en sortant les Alliés de l'enlisement. La bataille pour la conquête de Rome est cependant loin d'être terminée. Le 23 mai, le général Clark donne l'ordre au 6e corps d'armée allié du général Truscott de briser la tête de pont d'Anzio. Le 2e corps américain et le CEF doivent en même temps rompre la ligne Hitler. Mais, durant près d'une semaine, la résistance allemande se raidit. De terribles combats se déroulent le long de la route côtière, dans les monts Lepini, où progressent les troupes françaises de montagne, et le long de la route Pico-San Giovanni. Le maréchal Kesserling lance les 11e et 26e panzerdivisions dans la bataille. C'est ainsi que la 3e DIA doit faire face à une violente contre-attaque de chars allemands. Le 3e régiment de spahis marocains et le 7e régiment de chasseurs d'Afrique, équipés de blindés plus légers que ceux des Allemands, parviennent cependant à compenser leur infériorité matérielle manifeste par la rapidité et l'habileté manœuvrière de leurs équipages. La 26e panzerdivision laisse sur le champ de bataille 31 chars et 10 canons hors de combat. Les Français accusent 27 tués, 64 blessés et 8 blindés détruits. Les deux régiments français pénètrent finalement dans les ruines de San Giovanni. Quant au corps de montagne, il se heurte à une farouche résistance dans les mont Aisoni. Le 27 mai, il réussit à s'emparer de la formidable position de Casto dei Volsci, qui commande l'accès de Frosinone.

Bien qu'en pleine retraite, les unités allemandes conservent cohésion et discipline. Elles exécutent un repli méthodique, marqué par des coups d'arrêts sur des positions naturelles, suivis de contre-attaques brutales et déterminées.

« Du côté allié, écrit Philippe Masson, la solidarité entres les armées subit une éclipse. L'attraction de Rome réveille les jalousies nationales. C'est à qui entrera le premier dans la Ville éternelle. Le corps de Truscott, après avoir rompu le périmètre défensif allemand devant Anzio, fait ainsi porter son effort en direction de Rome et non sur Valmontone, négligeant de ce fait la chance de prendre au piège le gros des forces adverses. Quant à la 8e armée, qui débouche enfin de la haute vallée du Liri, elle entend se réserver la route n°6 ; le CEF est rejeté sur des itinéraires secondaires par les monts Ausoni et Lepini. »[120]

Les premiers jours de juin 1944 sont marqués par des violents combats en pleine campagne romaine. « Le long des routes, rapporte le général René Chambe, le spectacle qui attend les armées françaises et alliées est saisissant (...) : ce ne sont que voitures incendiées, culbutées. Leurs carcasses tordues, où se devinent encore les débris calcinés du matériel qu'elles transportaient et souvent les cadavres des hommes qui les montaient, jalonnent les routes, les chemins, les pistes, tous les itinéraires menant au front. On lit partout, sur le sol, l'acharnement, la vigilance implacable avec lesquels l'aviation les a cherchées, poursuives et détruites. »[121]

Rien que sur la Via Cassia, où opèrent le CEF, on comptabilise près de sept cents véhicules allemands calcinés sur cinquante kilomètres ! Les Britanniques, retardés par la résistance héroïque des parachutistes italiens du régiment Folgore, unité

---

[120] *Miroir de l'Histoire* n°318, op.cit.

[121] Général René Chambe, *Bataille du Garigliano*, éditions Flammarion s.d.

d'élite de la république fasciste de Mussolini, perdent la course pour la capitale italienne. Ce sont finalement les Américains qui abordent la ville par les routes n°6 et 7, ainsi que les Français de la 3e DIA, en tête du CEF, qui bordent la rive gauche du Tibre, en amont des lisières de Rome. La section du lieutenant Edouard Roy, rattachée à la 3e DIA, est la première unité française à entrer dans la capitale éternelle. Le lieutenant Medhi El-Glaoui du 3e spahis, fils du pacha de Marrakech, est tué dans son char aux portes de la ville.

Le 4 juin 1944, le général Clark qui entend associer le général Juin au triomphe des troupes américaines, le prend avec lui dans sa Jeep et tous deux défilent dans les rues où une foule nombreuse crie sa joie.

« Alors s'ouvre pour nous une période de folie, raconte le général Beaufre (chef d'état-major du corps de montagne). Nous sommes accueillis en vainqueurs dans des maisons intactes, à des dîners où brillent de jolies femmes, de l'argenterie et des cristaux. Pour la première fois, nous nous sentons enfin en Europe. Et puis Rome n'oublie pas qu'elle a été longtemps une garnison française... On visite cette ville admirable. On va voir le pape (...), des soldats américains, bardés d'appareils photos le saluent : "Hello ! Pope !"... Partout on festoie. Ce sont les délices, non de Capoue, mais de Rome où - paraît-il - l'armée s'est un peu attardée. »[122]

Les armées alliées reprennent ensuite leur marche en direction du nord-ouest. Le CEF progresse dans la magnifique campagne toscane, avec ses vieilles villas, ponctuée d'antiques cités comme Colle di Val d'Elsa, Poggibonsi, San Gimagnano. Progression difficile sous un soleil de plomb. Renforcé par de

---

[122] Général Beaufre, op.cit.

nouvelles divisions, le maréchal Kesserling mène d'une main de maître la retraite de son armée, tout en accélérant les travaux sur la ligne Gothique, de Pise à Rimini.

Les pertes françaises sont plus lourdes que sur le Garigliano. Les mines et les tirs d'artillerie déciment certains bataillons du général Juin. Le 8 juillet 1944, le CEF entrent cependant dans Sienne. Le sergent nord-africain Boulaya, farouche assaillant du Monna Casale en janvier, est grièvement blessé au ventre. Il demande que la médaille militaire gagnée auparavant lui soit épinglée, et explique calmement : « Je vais mourir, c'est pour la France, je suis content. » Son dernier cri : « Vive la France ! »

Pour les Français la campagne d'Italie se termine triomphalement. En mai 1944, c'est le CEF qui a joué le rôle décisif dans la rupture de la ligne Gustav. Pour être juste, il ne faut pas cependant oublier que les troupes françaises n'ont pu reprendre le combat qu'avec l'aide matérielle (chars, artillerie, aviation) des Américains, et que la bataille de mai-juin 1944 a été une œuvre collective exigeant tous les efforts des divisions alliées. Le jour de l'entrée dans Rome, un bref dialogue résume la part qui revient à chacun :

« - Sans vous, nous ne serions pas là, déclara le général Clark au général Juin.

« - Sans l'Amérique, l'armée française n'aurait pu être là ! répliqua le commandant du CEF. »[123]

« La mise en veilleuse du théâtre italien, écrit fort justement Philippe Masson, par le retrait des meilleurs unités allait susciter dans les états-majors de la 5e et de la 8e armées et parmi les

---

[123] Archives militaires françaises, Vincennes.

combattants une certaine amertume. Après leurs lourds sacrifices, ils eurent le sentiment d'être arrêtés en pleine victoire. Dès le 25 mai 1944, le général Juin avait proposé non pas d'affaiblir mais de renforcer, au contraire, les armées alliées en Italie et d'achever la déroute des forces allemandes, sans leur permettre de se rétablir dans le nord de la péninsule. Une exploitation en direction de l'Europe centrale, sur la trouée de Ljubljana, indépendamment de ses avantages politiques, eût permis de prendre à revers tout le système défensif allemand basé sur la ligne Siegfried et les grands fleuves orientés nord-sud.

« Malgré l'appui du général Clark et de Churchill, rigoureusement du même avis, ce point de vue ne fut pas retenu. Les stratèges américains avaient décidé, depuis 1943, que le coup décisif serait porté en France par un double débarquement en Normandie et en Provence. L'énorme complexité logistique de la guerre moderne ne permettait pas de modifier les plans. »[124]

La campagne d'Italie a causé de lourdes pertes aux troupes du général Juin. Pour un corps expéditionnaire ayant atteint 120 000 hommes, on compte 33 000 soldats hors de combat (tués, blessés ou disparus) de décembre 1943 à juillet 1944. Le détail des pertes, par unité, est encore plus significatif : la 2e DIM accuse en tout 12 000 tués et blessés, la 4e DMM 3500, les goums 2900. Au 8e régiment de chasseurs d'Afrique on dénombre 30 officiers atteints sur 37, 57 sous-officiers sur 155, et 259 chasseurs sur 756. Le 4e RTM comptabilise 493 tués, 1994 blessés et 490 disparus, soit 100 % de l'effectif débarqué à Naples !

---

[124] Miroir de l'Histoire n°318, op.cit.

Sur les 100 000 soldats allemands mis hors de combat durant la même période, au moins 45 000 sont à mettre à l'actif du CEF, dont 10 000 prisonniers.

Victorieuse en Italie, l'armée française va de nouveau se distinguée en participant activement au débarquement de Provence, afin de libérer le Sud-Est de la France.

Les batailles de la campagne de Provence et de la vallée du Rhône 1944 : De Lattre et ses preux

En juillet 1944, général Jean de Lattre de Tassigny prend le commandement de l'armée d'Afrique, appelée par les Alliés armée B, qui doit débarquer en Provence. Faisant suite au débarquement de Normandie, celui de Provence entre dans la seconde phase de la libération de la France. La participation française y est considérable avec cinq divisions d'infanterie et deux divisions blindées, rattachées à l'armée B du général de Lattre de Tassigny : 1ère division de Français libres (général Brosset), 9e division d'infanterie coloniale (général Magnan), 3e division d'infanterie algérienne (général de Monsabert), 4e division marocaine de montagne (général Sevez), 2e division d'infanterie marocaine (général Doddy), 1ère division blindée (général Touzet du Vigier), 5e division blindée (général de Vernejoul), les commandos d'Afrique du lieutenant-colonel Bouvet. Les Américains engagent le 6e corps d'armée (général Truscott) fort de trois divisions d'infanterie et une division aéroportée, dont l'ensemble appartient à la 7e armée du général Patch. La force navale représente une armada de nombreux navires alliés de guerre, dont 34 bâtiments français (cuirassé Lorraine, trois croiseurs, huit contre-torpilleurs, une douzaine d'avisos et d'escorteurs...). Le général Eaker, commandant les *forces aériennes alliées en Méditerranée, aligne cinq mille appareils (chasseurs, bombardiers, reconnaissance ou transport).*

Face à cet impressionnant déploiement de forces, la défense allemande des côtés françaises de la Méditerranée, de Perpignan à Menton, repose sur la 19e armée allemande du général Wiese, regroupant sept divisions d'infanterie et une division blindée. Le Mur de la Méditerranée, nettement moins dense que celui de l'Atlantique, compte cependant six cents ouvrages bétonnés. Toulon et Marseille forment deux places fortes redoutables regroupant un total de 400 pièces d'artillerie de tous calibres, dont des canons de 340 mm de marine. Par contre, la Luftwaffe n'est plus que l'ombre d'elle-même. Elle dispose, pour le théâtre d'opérations du Midi, que de 120 chasseurs et 110 bombardiers. Quant à la Kriegsmarine, ses moyens sont réduits à une dizaine de sous-marins et une trentaine de petits bâtiments de surface.

La zone choisie pour les opérations commandos, aéroportées et les débarquements s'étend, à l'est de Toulon, de Hyères à Cannes, jalonnée par Cap Nègre, Cavalaire, Saint-Tropez, Sainte-Maxime, La Nartelle, Frejus, Le Muy, Saint-Raphaël.

Le débarquement s'articule en trois opérations successives. D'abord dans la nuit de J-1 (14 août 1944), une opération préliminaire de couverture est confiée à des forces spéciales américaines et françaises et à la 1ère division aéroportée américano-britannique. Les premières, - comprenant la brigade d'élite du colonel Walker (forte de trois régiments américano-canadiens), le groupe de commandos d'Afrique du lieutenant-colonel Bouvet (750 hommes) et le corps franc naval d'assaut du capitaine de Frégate Sériot, - doivent débarquer sur les deux flancs du front d'attaque pour neutraliser des batteries et accomplir divers sabotages. Quant à la division aéroportée, elle va être parachutée aux alentours du Muy, afin de bloquer la vallée de l'Argens et interdire la route nationale n°7 aux renforts allemands pouvant être envoyés de la région du Luc ou celle de Draguignan.

Le jour J (15 août 1944), les trois divisions d'infanterie américaines (3e, 45e et 36e DI), appuyées par la 1ère division blindée française, sont appelées à débarquer entre Sainte-Maxime et Saint-Raphaël, afin de réduire les défenses côtières puis de progresser rapidement en éventail vers l'intérieur des terres, en créant une tête de pont s'étendant d'est en ouest jusqu'à Théoule, Les Adrets, Bagnols-en-Forêt, Trans-en-Provence, Le Cannet, Collobières et le cap de Léoube, ces différents points forment les jalons d'une ligne fictive appelée "ligne bleue".

La troisième phase du débarquement, à J+1 (16 août) porte sur le déploiement des troupes françaises de l'armée B, devant attaquer ensuite les camps retranchés de Toulon puis de Marseille. Le 6e corps d'armée américain, avec ses trois DI, s'oriente alors vers le nord-ouest et le nord pour couvrir le flanc des unités françaises.

Ce plan minutieux s'accompagne évidemment d'une action massive de l'aviation qui, durant des semaines, bombarde les positions allemandes. Rien que dans la journée du 15 août et la nuit suivante, les bombardiers alliés effectuent plus de 1600 sorties contre les voies ferrées, routes, batteries côtières, stations radar et de goniométrie, défenses des plages, troupes et postes de commandement. L'offensive aérienne sur les communications se poursuit jusqu'au 30 août, les chasseurs-bombardiers attaquent les colonnes allemandes en retraite sur les routes, en particulier dans la vallée du Rhône, entre Valence et Montélimar, où 2000 véhicules sont détruits.

L'armada navale est issue de convois partis de l'Italie du Sud, d'Afrique du Nord ou de Corse. Dans la nuit du 14 au 15 août

1944, les commandos alliés approchent de la côte provençale. Ils ont quitté le port de Popriano en Corse dans la matinée, et voguent vers les îles d'Hyères et le cap Nègre. La mer est calme, le ciel suffisamment clair pour que la terre soit visible à la jumelle.

La brigade américano-canadienne Walker se charge des îles. Le secteur du Levant est rapidement occupé après quelques escarmouches : à l'est de l'île, la batterie du Titan, dont on craignait tant les tirs sur la flotte de libération abordant Cavalaire, n'est en fait qu'une position factice parfaitement camouflée. Sur Port-Cros, les Alliés se heurtent à une résistance plus solide et il faudra attendre le 17 pour que la garnison accepte de se rendre.

Plus à l'est, le groupe français des commandos d'Afrique a la lourde charge de protéger le flanc gauche en détruisant les deux batteries lourdes (canons de 155 mm) du cap Nègre. À minuit cinq, le commandant Rigaud est le premiers soldat français a accoster, à bord d'un canot pneumatique, sur la plage du Rayol. Les commandos français escaladent les cent mètres d'à-pic du cap Nègre et, par un coup de maître, parviennent à enlever la batterie qui le surplombe. Les Français finissent par atteindre leurs objectifs en profitant de la confusion semée chez l'ennemi. Au jour, le PC installé sur les collines peut recevoir un parachutage de munitions et dans l'après-midi, du 15, la liaison est établie avec les fantassins américains débarqués à Cavalaire.

Sur le flanc est de la zone de débarquement, le corps franc Sériot (67 marins partis de Bastia) débarque entre Théoule et Le Trayas. Mais au cours de l'escalade jusqu'à la route, le corps franc tombe sur un champ de mines. En peu de temps, 26 hommes dont le chef du détachement, le capitaine de corvette Marche, sont tués ou blessés. Les survivants, la rage au cœur, sont capturés par les Allemands alertés. Mais leur captivité sera courte.

La mise à terre de la force aéroportée se déroule généralement selon le plan prévu. Dès quatre heures du matin, 535 avions de transport et 410 planeurs déposent, tout autour du Muy, à La Motte, Sainte-Rosseline, Roquebrune, près de 10 000 parachutistes, avec leurs 213 canons ou mortiers et leurs 220 Jeeps. Épaulés par les unités FFI de la région, les paras américano-britanniques s'emparent de divers objectifs, libèrent Le Muy, Draguignan, Saint-Tropez, capturent l'état-major allemand chargé de la défense du littoral de Bandol à Menton.

Le moment est presque venu pour le 6e corps d'armée américain de débarquer. Depuis l'aube, mille avions alliés ont déversé 800 tonnes de bombes sur les défenses allemandes, tandis les 400 canons lourds de la flotte tirent près de 16 000 obus. L'élan des trois divisions américaines, soutenues par la 1ère division blindée française, est irrésistible sur les plages de Cavalaire, Pampelonne, La Nartelle, La Garonnette, du Dramont, d'Anthéor... Les divisions alliées enfoncent les positions des 242e et 148e divisions allemandes, renforcées de trois bataillons d'Ost Légion. Dans la nuit du 16 au 17 août, le 6e corps occupe une tête de pont de trente kilomètres de profondeur et quarante de largeur. Plus de 130 000 hommes ont été mis à terre avec 18 000 véhicules et 7000 tonnes de ravitaillement. De nombreux prisonniers (5300) ont été faits et les pertes (1300 soldats alliés hors de combat) sont relativement faibles.

Depuis le 16 août 1944 au soir, hommes, véhicules et matériels du premier échelon français de l'armée B débarquent sans interruption sur les plages de Sainte-Maxime à Cavalaire. Le général de Lattre de Tassigny n'a pas oublié ce moment poignant :

« Toutes ces divisions, avec leurs traits propres qui confèrent à chacune une si nette individualité, communient dans une ferveur identique. La France est là... Encore quelques heures et ses fils venus pour la libérer se jetteront dans ses bras.

« Il faut pourtant patienter encore durant tout un jour. Mais le 16, à 17 heures, la minute attendue fiévreusement arrive enfin. Dans le lointain, on aperçoit la forêt des Maures qui brûle. D'un seul élan, sur tous les navires, tandis que montent les couleurs, la Marseillaise éclate, la plus poignante qu'on ait jamais entendue. Les torpilleurs de notre escorte et les croiseurs de l'amiral Jaujard qui depuis vingt-quatre heures soutiennent de tous leurs feux les premiers assauts de nos alliés, défilent, les équipages rangés à la bande, à contre-bord de mon bâtiment. Dans la splendeur lumineuse de cette soirée d'été provençale, avides, les yeux embués, le cœur étreint, tous regardent la terre qui leur apporte le premier sourire de la France retrouvée. »[125]

Un fait inattendu bouleverse le planning de l'opération. Dès le 16 août, le général Wiese, commandant des troupes allemandes du Sud-Est, reçoit l'ordre de se replier en direction de la Bourgogne et de la Franche-Comté. Deux divisions ont cependant pour mission de défendre Toulon et Marseille et de ne capituler qu'après la destruction complète des installations portuaires.

Pendant que le 6e corps d'armée américain passe à l'exploitation en direction du nord de la vallée du Rhône et la route des Alpes, le général de Lattre, sans attendre la réunion de la totalité de son armée, prend le risque d'attaquer presque simultanément Toulon et Marseille.

La garnison allemande de Toulon, protégée par trente forts, une abondante artillerie et d'innombrables casemates, comprend 18 000 hommes, issus de la 242e DI, de la Kriegsmarine et de la Luftwaffe. L'ensemble est commandé par l'amiral Ruhfus. De Lattre dispose que de 16 000 soldats, provenant de la 3e DIA, de

---

[125] Général de Lattre de Tassigny, *Histoire de la Première armée française*, éditions Plon 1950.

la 1ère DFL, de la 9e DIC, du bataillon de Choc et des commandos d'Afrique, d'une trentaine de chars et de quatre-vingts canons de moyen calibre. Malgré la disproportion des forces, il accomplit l'exploit de conquérir cette immense place forte en trois phases principales, marquant le déroulement de la bataille. D'abord la phase d'investissement (20 et 21 août) au cours de laquelle le groupement du général de Monsabert tend un filet au nord et à l'ouest de Toulon, tandis que le groupement du général de Larminat s'en rapproche à l'est, l'un est l'autre devant former un large demi-cercle autour de la place d'Hyères à Bandol. Vient ensuite la phase de démantèlement (22 et 23 août), marquée par la progression systématique et difficile de la 1ère DFL et de la 9e DIC à travers la ceinture extérieure orientale de la ville que commandos et tirailleurs de la 3e DIA taraudent de leur côté. Arrive enfin la phase de réduction définitive des défenses intérieures qui est surtout l'œuvre de la 9e DIC et qui se termine, le 27 août à 23 h 45 par la reddition sans condition de l'amiral Ruhfus et de ses dernières troupes.

Lors de cette bataille, les faits d'armes, accomplis par les forces françaises sont nombreux. Dès le 18 août, un groupe des commandos d'Afrique, fort de soixante hommes, a enlevé dans un fol assaut la batterie de Mauvannes, forte de quatre canons de 150 de marine, tué une cinquantaine de ses servants et capturé une centaine de survivants. La résistance allemande est souvent acharnée : quinze blindés du 5e régiment de chasseurs d'Afrique sont détruits lors d'un raid vers l'arsenal de Toulon. Le 23, l'enlèvement du massif du Touar coûte près de 300 hommes à la 1ère DFL. Le même jour des éléments de pointe de la 9e DIC s'emparent du château de Fontpré où sont capturés quatre canons de 105, deux de 155, trois antichars de 25 et 37 mm, et 120 prisonniers. Le fort du Coudon et la Poudrière ne sont réduits qu'après des combats allant jusqu'au corps à corps.

« L'intérieur de l'ouvrage (la Poudrière), raconte de Lattre, n'est plus qu'un immense charnier couvert de décombres, où règne une épouvantable odeur de mort et que dévorent les flammes qui font à tout instant sauter des caisses de munitions. Deux cent cinquante cadavres jonchent le sol, alors que le nombre de prisonniers ne se monte qu'à cent quatre-vingts dont plus de soixante sont grièvement blessés. C'est un spectacle dantesque qui, d'un seul coup, réveille en moi les plus tragiques souvenirs de Douaumont et de Thiaumont, en 1916. »[126]

La presqu'île de Saint-Mandrier résiste toujours. Depuis le 18, l'aviation alliée n'a cessé, en dépit d'une puissante DCA, de lancer des centaines de tonnes de bombes sur les casemates qui protègent ses pièces de 340. La flotte s'est jointe à ce déchaînement, dont le cuirassé français Lorraine. À partir du 21, le bombardement a été quasi ininterrompu. Toute la zone qui entoure le cap Cepet n'est plus qu'un immense chaos d'où émergent les squelettes calcinés des pinèdes. L'amiral Ruhfus s'y trouve à l'abri dans les galeries bétonnées. Il ne se résout à capituler qu'après plusieurs jours de bombardement intensif.

La bataille de Toulon, marquée par huit jours de luttes ininterrompues, coûte 2700 tués ou blessés aux troupes Françaises, dont une centaine d'officiers. Chez les Allemands ont compte un millier de tués, 17 000 prisonniers et un butin de 200 canons. Le plus grand port de guerre de l'Europe occidentale conquis est ouvert aux forces alliées pour servir de base à de nouvelles victoires.

À Marseille, le général Shaeffer, commandant de la 244e DI, dispose de 13 000 hommes, de 150 à 200 canons allant du 75 au 220 mm. La prise de cette place forte est confiée à la 3e DIA, du

---

[126] Général de Lattre de Tassigny, op.cit.

général de Monsabert, dont les effectifs, incomplets, ne dépassent pas 10 000 hommes, en comptant un groupement blindé d'appui de la 1ère DB. Une partie de cette division fonce en direction de Salon.

« À Marseille, écrit Paul Gaujac, poussé par Monsabert qui contrevient aux ordres de l'armée B, cuirassiers, goumiers et tirailleurs pénètrent dans la ville, dégagent les FFI en mauvaise posture et obtiennent la reddition des Allemands avec un minimum de pertes.

« Après de violents combats autour d'Aubagne, les fantassins nord-africains s'infiltrent en effet par la montagne à travers un dispositif auquel l'ennemi n'a pas eu le loisir d'apporter la même densité qu'à Toulon et dont les arrières sont menacées par le soulèvement des FFI déclenché le 21 août. Utilisant la tactique maintes fois éprouvée en Italie, les tirailleurs pénètrent par les faubourgs Est le 23 à l'aube et, traversant l'agglomération sous les ovations de la foule, parviennent au Vieux-Port, suivis bientôt des blindés (...). S'ensuivent alors des combats de rue au cours desquels les points d'appui - dont celui de Notre-Dame de la Garde - sont réduits un à un. »[127]

La reddition du général Schaeffer intervient quelques heures après celle de Ruhfus, le dernier bastion dans les îles se rendant à la flotte le 29 dans la soirée. L'avance sur le calendrier est maintenant de vingt-sept jours, au prix de 1825 tués ou blessés dans les rangs français, pour 11 000 Allemands capturés à Marseille et ses environs.

Il n'y a que douze jours qu'ont commencé de débarquer les éléments de tête de l'armée française, et neuf jours que celle-ci

---

[127] Paul Gaujac, La Guerre en Provence, éditions Pul 1998.

est entrée dans la bataille. Quatre milles des siens ont été mis hors de combat (tués ou blessés). Face aux troupes françaises, l'ennemi compte 3000 tués et 28 000 prisonniers dont 700 officiers. Deux de ses divisions sont complètement anéanties. Et l'avance française sur l'horaire prévu est d'une telle ampleur qu'elle va se répercuter sur toute la campagne.

Par la libération de Toulon et Marseille, les Alliés disposent en Méditerranée d'une immense base qui double celle de Normandie et va contribuer à approvisionner toutes les troupes engagées sur le théâtre européen. Les deux ports du Midi assurent pendant huit mois le transit de quatorze divisions et le déchargement moyen de 18 000 tonnes de ravitaillement par jour.

Les soldats africains, noirs et nord-africains, sont accueillis en libérateurs et en héros par la population française, oublieuse de ses préjugés colonialistes.

Le général de Lattre décide alors de passer à l'exploitation et de participer à la libération du Sud-Est de la France. Il réussit à s'affranchir des instructions restrictives du général Patch (commandant la 7e armée américaine) qui semblent vouloir le cantonner dans des missions subalternes. Les troupes françaises vont prendre une part décisive à la poursuite, sur 700 kilomètres, de la 19e armée allemande. L'armée B est coupée en deux. À l'ouest, le groupement du Vigier remonte la rive droite du Rhône et explore les Cévennes et les monts du Lyonnais ; à l'est, la 3e DIA et la 2e DIM qui formeront bientôt, avec la 9e DIC, retenue par la prise de Toulon, le 1er corps de Bethouart, progressent par les Alpes avant d'amorcer la réunion de l'armée à l'Est de la Saône. Au centre de l'éventail, le 6e corps américain avance sur Lyon par la Nationale 7 et la route Napoléon. Après avoir réussi à franchir le Rhône dans la région d'Arles, le 1er corps de Monsabert libère Montpellier avant de progresser en direction de Lyon par la bordure orientale du Massif Central. La ville est libérée le 2 septembre par la 1ère DB, la 1ère DFL, les FFI et les troupes américaines. Simultanément, le 2e corps du général Bethouart relève les troupes américaines face aux Alpes, poursuit son avance le long du Jura en direction de la trouée de Belfort.

« Progression régulièrement entravée, raconte Philippe Masson, par les difficultés logistiques, manque de munitions et pénurie d'essence. Le ravitaillement est entravé par les sabotages et les bombardements des voies de communication, en particulier dans le secteur de Montélimar où la route doit être déblayée au bulldozer dans une odeur effroyable de cadavres en décomposition. »[128]

À plusieurs reprises, aux abords de Beaune, de Nuits-Saint-Georges ou de Dijon, la 11e panzerdivision, qui couvre la retraite de la 19e armée allemande, effectue d'efficaces contre-attaques qui freinent la progression alliée. De sérieux combats ont lieu dans la région d'Autun où la brigade allemande Bauer est capturée par les troupes FFI et des éléments de pointe de l'armée de Lattre.

Le plan du général de Lattre finit par se réaliser. La jonction avec les forces alliées venues de Normandie s'effectue à Nogent-sur-Seine, à l'ouest du plateau de Langre, le 12 septembre entre un groupe de reconnaissance de la 2e division blindée du général Leclerc et un autre de la 1ère DFL.

Le capitaine Simon, de la 1ère DFL, se souvient de ce moment historique, d'une intense émotion, où la division Leclerc rencontre l'armée d'Afrique :

---

[128] Philippe Masson, *Histoire de l'armée française de 1914 à nos jours*, éditions Perrin 1999.

« Je n'ai pas oublié l'immense joie de voir les premiers blindés de la division Leclerc venir à notre rencontre, nous qui venions de Provence, après de durs combats. Le bras Leclerc, venu de Normandie, tendait la main au bras De Lattre, partie d'Italie, de Corse et d'Afrique du Nord. Cette rencontre incarnait à nos yeux la victoire éclatante de l'armée françaises sur le nazisme, la fin des années sombres de l'occupation. »[129]

Dès le 8 septembre 1944, les troupes FFI venus du Sud-Ouest, dont le célèbre corps franc Pommiès, ont combattu, dans la région d'Autun, avec le groupement Demetz de l'armée de Lattre. L'armée Patch est aspirée vers les Basses Vosges et en Lorraine. Elle se trouve intégrée avec l'armée B devenue 1ère armée française dans le 6e groupe d'armées de Devers. Les deux corps de De Lattre effectuent leur jonction et prennent position en face des Hautes Vosges et le la trouée de Belfort, tout en assurant la couverture sur les Alpes du Nord.

Trois semaines d'efforts incessants et de succès ininterrompus ont conduit les troupes françaises de la Provence jusqu'au Jura et au pied des Vosges. Vingt-cinq départements français, près du tiers de notre territoire national, ont été reconquis. Si on y ajoute tout le grand Sud-Ouest, plus de la moitié de la libération du territoire national est l'œuvre exclusive des forces françaises (FFI, armée de Lattre et division Leclerc). Les 1ère et 19e armées allemandes ont laissé 100 000 prisonniers aux mains des troupes françaises depuis le débarquement de Provence. Durant la même période, du 15 août au 19 septembre 1944, l'armée de Lattre a perdu 6000 hommes (tués ou blessés).

Toutefois, à la fin septembre, la poursuite s'essouffle, puis s'arrête. Les difficultés logistiques persistent et surtout on assiste

---

[129] Archives militaires françaises, Vincennes.

au rétablissement de l'armée allemande qui s'appuie sur des positions solides, établies dans les montagnes et devant Belfort. Le temps se dégrade, avec des pluies diluviennes et une chute des températures, signes avant-coureurs d'un hiver rude et précoce.

Les batailles de la campagne des Vosges et de l'Alsace 1944-1945 : la neige, le froid et la gloire

Durant l'automne 1944, la 1ère armée française se trouve en face d'un problème qui exige une solution urgente, celui de la relève de certaines de ses troupes noires, incapables de supporter les rigueurs de l'hiver continental. À la 1ère DFL, le remplacement porte sur cinq bataillons d'infanterie venus de Cameroun, de l'Afrique équatoriale et de Djibouti, ainsi que sur de nombreux éléments de l'artillerie, du train et du bataillon médical, soit au total 6000 hommes. À la 9e DIC, il est plus important encore puisque c'est 9000 Sénégalais qu'il convient de relever et d'envoyer sans retard dans le Midi. Les unités FFI et les volontaires répondent à l'appel. Des engagés volontaires de Lyon, Chalon-sur-Saône, Besançon, des Ardennes, de la Bretagne, fournissent à la 1ère DFL un nombre important de jeunes soldats. Des unités FFI comme le maquis de Chambarrand, le 2e bataillon du Charollais, le groupement Thivollet, le 4e bataillon du régiment du Morvan complètent le renforcement de la DFL. De même à la 9e DIC, des bataillons entiers de Sénégalais sont, du jour au lendemain, remplacés par des unités FFI venues du Sud-Ouest, de Provence et du Centre.

L'apport grandissant des FFI permet la création de nouvelles unités au sein de la 1ère armée, comme la brigade Alsace-Lorraine du colonel Berger (André Malraux), formée de maquisards venus du Périgord et de Toulouse. Les FFI de la *région parisienne permettent la création de la 10e DI du général Billotte, qui va tenir un large secteur des Vosges, dans des conditions extrêmement difficile, en plein hiver. Le général Salan se voit confier le commandement de la 14e DI avec les FFI du Sud-Ouest, de la Bourgogne, de l'Yonne, du Charollais et d'ailleurs. Les divisions nord-africaines sont renforcées par le corps franc Pommiès (devenu par la suite 49e RI), la colonne Fabien (151e RI), le régiment de Franche-Comté et celui du Morvan (27e RI). Dans le Berry, le colonel Bertrand reforme le 1er régiment d'infanterie. Le colonel Fayard-Mortier commande la division FFI d'Auvergne. Le colonel Rol-Tanguy présente au général de Lattre la brigade Paris. Des régiment de reconnaissance se forment également avec l'apport des FFI, comme le 12e dragons de Dunoyer de Segonzac. Près de 140 000 FFI (AS, ORA, FTP) intègrent ainsi la 1ère armée, qui va compter 300 000 soldats.*

Sur le front de Belfort et des Vosges, l'armée de Lattre doit tenir 120 kilomètres de positions montagneuses, dont certains sommets dépassent mille mètres d'altitude, dans des conditions climatiques extrêmes, face à la 19e armée allemande, reconstituée d'unités fanatisées. De Lattre tient cependant à s'ouvrir l'accès à la plaine d'Alsace. Une première offensive (25 septembre au 4 octobre 1944) concerne le nord des Vosges. C'est un demi-succès. Le temps est détestable. La résistance allemande acharnée et les pertes importantes. Cette manœuvre a cependant l'avantage de fixer les réserves allemandes. La 3e DIA, - renforcée par le 1er régiment de chasseurs parachutistes (1er RCP), les commandos d'Afrique et le groupement de Choc Gambiez, - progresse en direction de Gerardmer, de La Bresse et du col d'Oderen. L'adversaire du général Guillaume, commandant de la 3e DIA, est la 338e DI du général allemand l'Homme de Courbières, descendant d'une famille de la noblesse française ayant rejoint l'Allemagne protestante au XVIIe siècle. Ce chef allemand énergique et résolu a su ressouder des unités diverses que soutiennent des bataillons de mitrailleuses lourdes et qui utilisent au mieux les possibilités de défenses multiples, qu'offrent les forêts et le relief du terrain. Le 5 octobre, après avoir conquis au corps à corps les pentes sud de Longegoutte, les troupes françaises s'approchent de la crête. Mais le 6, la 338e DI allemande contre-attaque, isolant le 1er RCP et le 3e RTA. Pendant trente-six heures, les deux adversaires s'affrontent en des combats sous-bois confus et violents. Le 8 octobre, les Français restent finalement maître du terrain par la conquête de la crête de Longegoutte. Les combats se poursuivent par un temps abominable. La pluie, le brouillard et la neige alternent et se conjuguent. La 1ère DB, épaulée par le corps franc Pommiès et la brigade Alsace-Lorraine, libère Servance et Fresse mais ne peut déboucher. La 1ère DFL se heurte aux même difficultés, malgré la prise de Ronchamp et Frédéric-Fontaine.

Les pertes françaises sont particulièrement lourdes : le 6e RTM a perdu 700 hommes (tués ou blessés) et le 1er RCP 750. Ces opérations ont entamé sérieusement les défenses ennemies sans toutefois trouver la fissure qui aurait permis le franchissement des crêtes et la descente en Alsace. Elles se soldent pour ces trois dernières semaines par près de 2000 prisonniers allemands et très largement le double de tués. Dans une lettre, datée du 19 octobre 1944, le général de Lattre note que « nous avons actuellement en face de nous plus de 55 000 combattants, appuyés par plus de vingt-cinq groupes d'artillerie largement approvisionnés et un nombre étonnant de canons automoteurs et de chars ».[130] Outre la 338e DI, l'ennemi aligne une division fraîches qui arrive de Norvège, la 269e DI, et la 189e DI, aguerrie par la lutte anti-maquis dans le Sud-Ouest.

---

[130] Général de Lattre de Tassigny, op.cit.

Cette première opération facilite, le 14 novembre 1944, le déclenchement d'une seconde offensive à l'extrême sud par la trouée de Belfort, le long de la frontière Suisse. Le général Béthouart, commandant du 1er corps d'armée, y engage la 5e DB, la 2e DIM, la 9e DIC et le groupement Molle (composé d'unités FFI). La 338e DI allemande est enfoncée. L'offensive est marquée par des combats très durs, par des retours offensifs de l'ennemi dans le secteur de Dannemarie, fin novembre. La victoire est cependant acquise. Le Rhin a été atteint à Huningue. Belfort, Montbéliard et Mulhouse ont été libérés. L'encerclement réalisé dans le secteur de Burnhaupt a permis la destruction de la plus grande partie du 63e corps d'armée allemand du général Schalk, composé des 189e et 269e DI, de la 30e DI Waffen SS et de la brigade blindée Feldhernhalle. La 1ère DFL, qui s'empare de Giromagny le 22 novembre, favorise ce brillant succès, sans oublier l'intervention de la 1ère DB dans la région de Mulhouse.

Cette bataille de la trouée de Belfort et de la Haute-Alsace, du 14 au 28 novembre 1944, coûte 6000 tués, blessés ou disparus à l'armée de Lattre, ainsi que 1700 évacués pour gelures graves, sans oublier 130 blindés (chars et automitrailleuses) détruits. Les pertes allemandes sont considérables : 10 000 tués et 17 000 prisonniers, la capture de 120 canons et la destruction d'une centaine de blindés.

Pendant ce temps, le général Leclerc et sa 2e DB participent, au sein de la 3e armée américaine, à une vive offensive en direction de Phalsbourg et de Saverne à la mi-novembre. Les groupements Rouvillois et Massu s'emparent de Saverne le 22. Divisée en cinq groupements tactiques, par des chemins forestiers difficiles, mal surveillés par l'ennemi, Leclerc lance la 2e DB en direction de Strasbourg où elle pénètre le 23 novembre. La capitale de l'Alsace est entièrement libérée deux jours plus tard. Dans son ordre du jour n°73, le général Leclerc déclare aux soldats de sa division : « En cinq jours vous avez traversé les Vosges malgré les défenses ennemies et libéré Strasbourg. Le serment de Koufra est tenu ! Vous avez infligé à l'ennemi des pertes très sévères, fait plus de neuf mille prisonniers, détruit un matériel innombrable et désorganisé le dispositif allemand. Enfin et surtout, vous avez chassé l'envahisseur de la capitale de l'Alsace, rendant ainsi à la France et à son armée son prestige d'hier. »[131]

La première tentative de la réduction de la poche de Colmar, en décembre 1944, se révèle infructueuse, malgré les assauts enragés du 1er RCP, de la 2e DB, de la 3e DIA, de la 4e DMM, de la 2e DIM, des 1ère et 5e DB, de deux divisions américaines (36e et 3e DI). Than, Orbey Witternheim tombent cependant aux mains des troupes françaises. Le 1er RCP compte à lui seul près de 200 hommes hors de combat sur 511 soldats engagés ! Près de 6000 soldats allemands ont été capturés.

Le 16 décembre, la contre-offensive allemande qui débute dans les Ardennes, place l'armée américaine dans une situation délicate. Eisenhower n'écarte pas la possibilité d'une évacuation de Strasbourg. Les Français s'y opposent et prennent à leur charge la défense de la ville. Hitler et Himmler montent une vaste manœuvre en tenaille contre Strasbourg. Au nord, la 1ère armée allemande, forte de trois divisions blindées, une division parachutiste et deux d'infanterie, doit attaquer les positions américaines du 6e corps d'armée sur le front de Haguenau. Cette opération sera accompagnée d'une traversée du Rhin, au nord de Strasbourg, effectuée par la 553e division de grenadiers, front tenu par la 3e DIA et une partie la brigade Alsace-Lorraine. Au sud de Strasbourg, la 198e DI allemande et la brigade blindée

---

[131] Archives militaires françaises, Vincennes.

Feldhernhalle, reconstituée, sont chargées d'enfoncer les positions de la 1ère DFL et d'une partie de la brigade Alsace-Lorraine.

Le 7 janvier 1945, cette double offensive, appelée Norwind, démarre. « Le choc est violent, raconte le général de Lattre. Dans l'aube glaciale, sur la plaine couverte de neige que l'éclatement des obus soupoudre de cernes noirâtres, des ombres fantomatiques avancent, ombres démesurées des chars peints en blancs, ombres innombrables des fantassins revêtus de cagoules. »[132] Attaques et contre-attaques vont se multiplier jusqu'au 25. Les Français forment des poches de résistance dans les villages et tiennent avec fermeté. Les Américains reculent sur une seconde position. Les assauts allemands finissent par s'essouffler : Strasbourg est sauvé.

La conclusion de la campagne d'Alsace est alors imminente. La poche allemande de Colmar tient toujours. Du 20 janvier au 9 février 1945, la 1ère armée française, la division Leclerc et deux DI américaine y livrent de furieux combats pour sa réduction. Les troupes allemandes de la 19e armée y concentrent quatre divisions d'infanterie, trois divisions de grenadiers et la 2e division de montagne, arrivant spécialement de Finlande. Le 1er corps d'armée de Béthouart (4e DMM, 2e DIM, 9e DIC) attaque au sud, tandis que la 10e DI de Billotte fixe les réserves allemandes au centre. Au nord de la poche, la 2e DB, la 1ère DFL, la 5e DB et les deux DI américaines (3e et 28e DI) menacent directement Colmar. Il fait 20° au-dessous de zéro, le vent souffle et il y a un mètre de neige. La résistance allemande est acharnée. Les Français souffrent d'une certaine faiblesse du matériel, notamment dans le domaine des blindés. Le char Sherman est

---

[132] Archives militaires françaises, Vincennes.

dramatiquement surclassé par les Tigre, Panther et Jagdpanther. L'Alsace partage, avec la Normandie, le triste privilège de la province la plus affectée par l'acharnement des combats avec plus d'une vingtaine de villages détruits. La poche de Colmar est finalement réduite et la ville libérée le 2 février par la 5e DB française. Les Allemands se retirent de l'autre côté du Rhin par le pont de Chalampé. La conquête de la Poche coûte 13 400 tués ou blessés aux troupes françaises engagées, les Allemands ont perdu 35 000 hommes, dont 20 000 prisonniers. Lors de cette bataille, la 9e division d'infanterie coloniale (9e DIC) a payé le plus lourd tribut des unités françaises avec 400 tués. Les deux divisions américaines comptent un total de 542 tués.

S'achève ainsi une des campagnes les plus dures menées par l'armée française, qui s'est heurtée à des conditions climatiques extrêmement difficiles et à un adversaire fanatisé et valeureux. Vingt ans plus tard, le général de Langlade, un des meilleurs officiers de Leclerc, lui rendra hommage : « Enfin, l'armée allemande à l'agonie sut se battre avec furie, jusqu'à ce qu'elle tombe morte. Ceci est un hommage que l'on doit rendre à cette race productrice d'admirable guerriers. »[133] De son côté, le général américain Eisenhower, commandant en chef des forces alliées de l'Ouest, ne tarit pas d'éloges pour l'armée française : « Cette victoire, remportée en affrontant des conditions difficiles de temps et de terrain, est un exemple exceptionnel de travail d'équipe d'alliés au combat. C'est un tribut à l'habileté, au courage et à la détermination de toutes les forces engagées. Je vous prie de transmettre au général de Lattre, commandant de la

---

[133] Archives militaires françaises, Vincennes.

1ère armée française et à toutes les forces sous son commandement, mes félicitations pour ce haut fait. »[134]

La guerre de position dans les Vosges et en Alsace, durant l'hiver 1944-1945, n'est pas sans rappeler celle du front russe. Les rapports du capitaine Gouzy et du médecin-capitaine de Tayrac, rattachés au corps franc Pommiès (49e RI), sont révélateurs : « La neige recouvre le sol de deux mètres d'épaisseur... Il faut relever régulièrement les éléments placés au sommet. Nos soldats enlèvent mutuellement la glace qui se forme sur leurs vêtements insuffisants... 90% des armes ne peuvent fonctionner, un bloc de glace se formant à la fenêtre d'éjection... Les hommes sont à la limite de la résistance. On constate chez eux un automatisme hébété. Il règne dans la troupe la psychose de l'insécurité au repos. Ils ne peuvent pas dormir et la fatigue va en s'accentuant. D'autre part, l'état des chaussures et des chaussettes provoque une macération des pieds qui rend la plupart des soldats inaptes à la marche. La température est tombée à -20°. Les hommes relevés des emplacements de combat sont employés au ravitaillement de leurs camarades en première ligne, et il faut aussi aider ceux des transmissions à maintenir les liaisons entre les divers PC. Enfin, il n'est pas rare qu'il faille épauler les brancardiers pour aller chercher les blessés des engagements nocturnes. »[135]

Les combattants doivent apprendre à vivre dans la neige, à lutter contre le froid, à maintenir les armes en état, à repérer les patrouilles ennemies, ces grands fantômes blancs qui s'infiltrent silencieusement entre les postes avancés. Les hauteurs sont couvertes d'une neige gelée. Les soldats montent à tour de rôle,

---

[134] Archives militaires françaises, Vincennes.

[135] Archives militaires françaises, Vincennes.

section après section, groupe après groupe, occuper les postes de combat, durant trois jours, durant cinq jours, suivant les périodes. Les guetteurs, les pieds dans la neige, en pleine nuit, doivent lutter contre le sommeil. Les blocs de neige que les sapins laissent glisser au sol de temps en temps évoquent les pas des patrouilles allemandes, et il est difficile de se retenir de tirer.

Le soldat Henri Juppé, qui prend part à l'attaque du Petit Drumont (1208 mètres), dans la nuit du 28 au 29 novembre 1944, raconte : « Les conditions atmosphériques et la topographie des lieux sont déplorables. Il neige ; le vent est furieux et glacial ; les pentes abruptes sont enneigées ou glacées ; la visibilité est presque nulle, car un épais rideau de neige empêche nos hommes d'y voir à plus de 35 mètres. Voilà les souffrances physiques qu'endurent ces hommes... lorsque, tout à coup, des hurlements inarticulés, des cris, se mêlant aux tirs de FM, de mitrailleuses, de mitraillettes, s'élèvent un peu partout. C'est l'accrochage. Les Boches qui nous ont entendu progresser tirent sur les cibles qui se détachent merveilleusement sur la neige immaculée. Tout le monde est à terre pour la riposte. Un duel serré commence à quelques mètres les uns des autres... »[136]

Les batailles de la campagne de l'Allemagne du sud 1945 : l'armée française dans le camp des vainqueurs

À la veille de l'offensive sur le front Ouest contre l'Allemagne, les Alliés alignent 90 divisions, dont 58 américaines, 18 britanniques, 10 françaises, 3 canadiennes et une hollandaise. Il convient d'ajouter 10 autres divisions françaises,

---

[136] Archives militaires françaises, Vincennes.

issues de la Résistance intérieure, qui luttent sur le front des poches de l'Atlantique et le front des Alpes occidentales face à un nombre équivalent de divisions allemandes ou italiennes. Comme on peut le constater par les chiffres, la participation de l'armée française à la victoire finale est importante à l'Ouest. Bien que repoussée derrière le Rhin, l'armée allemande représente encore une force armée de 73 divisions à effectifs incomplets. La fin est cependant proche. L'absence totale de soutien aérien et la pénurie de tout matériel de guerre rendent la défaite inévitable.

Alors que 80 divisions alliées tiennent 530 kilomètres du front occidental, les seules 10 divisions françaises, de la 1ère armée, s'étalent sur 200 kilomètres, avec face à elles deux armées allemandes (19e et 24e), sans oublier le 19e corps d'armée SS : l'ensemble représente une dizaine de divisions.

Pour envahir l'Allemagne, il faut à la 1ère armée française une base de départ convenable. Or celle-ci n'existe pas en Alsace. Au-delà du Rhin se dresse en effet le double obstacle de la ligne Siegfried et de la Forêt-Noire.

À la suite de pressantes démarches, le général de Lattre obtient, le 27 mars 1945, l'autorisation de faire pénétrer ses forces dans le Palatinat, aux côtés des armées alliées. Quelques unités du 2e corps d'armée traversent la Lauter, à Scheibenhardt, pour se placer sur leur base de départ. Étendant sa zone d'action jusqu'à Spire, le commandant de la 1ère armée dispose ainsi d'un créneau sur le Rhin, face à la région de Karlsruhe, où s'ouvre la trouée de Pforzheim qui sépare le massif de la Forêt-Noire de celui de l'Odenwald, donne accès sur les plateaux du Wurtemberg et permet de déborder la Forêt-Noire par le nord.

Le temps presse, car, au nord de l'armée De Lattre, la 7e armée américaine a déclenché son offensive et passe le Rhin le 26 mars. Ses avant-gardes progressent rapidement. Tant pour des raisons d'intérêt national que pour couvrir le flanc de l'armée américaine, les troupes françaises doivent franchir le fleuve sans plus attendre.

D'accord avec le général de Gaulle, le général de Lattre décide de brusquer les opérations. Cette décision paraît une gageure tant l'audace en est grande. Les délais sont extrêmement courts. Les unités qui doivent attaquer ne sont pas encore à pied d'œuvre, ainsi que les embarcations du génie. L'artillerie n'a pas toutes ses munitions. Beaucoup d'unités ne sont pas prêtes matériellement à franchir le Rhin à une date aussi rapprochée.

Le général de Lattre rencontre ses commandants de divisions. Il bouscule les techniciens, leurs schémas, leurs objections. Il explique, il prouve que, cette fois encore, l'armée française, comme sur le front italien, en Provence et en Alsace, doit payer d'audace. À tous, il insuffle sa conviction totale du succès.

Le 31 mars 1945, peu avant le lever du jour, avec quelques embarcations, les forces françaises franchissent le Rhin et prennent pied sur la rive badoise. À l'est de Spire, un bataillon du 3e régiment de tirailleurs algériens (3e division d'infanterie algérienne) progresse de quatre kilomètres de l'autre côté du fleuve. Au nord-est de Germersheim, la première vague du 4e régiment de tirailleurs marocains (2e division d'infanterie motorisée) passe également par surprise. Mais l'ennemi réagit violemment. Le 151e régiment d'infanterie, bloqué sur la rive de départ, doit renouveler sa tentative au début de l'après-midi, après que l'artillerie et les chars Destroyer M10 eurent neutralisé ou détruit les casemates ennemies.

Au soir, quatre bataillons ont pris pied sur la rive Est du fleuve. Les deux petites têtes de pont sont bientôt réunies. De là partira l'offensive qui brisera les défenses ennemies barrant la trouée de Pforzheim, et qui ouvrira la voie à la manœuvre d'exploitation. Après un nouveau franchissement du Rhin à hauteur de Leimersheim, les Français abordent Karlsruhe simultanément par le nord, l'est et l'ouest, et entrent dans la capitale badoise le 4 avril 1945 au matin.

L'ennemi masse devant Stuttgart quatre divisions et barre l'entrée du couloir badois avec deux autres grandes unités, fortement retranchées dans les organisations de la ligne Siegfried. Ils attendent sur les voies naturelles de pénétration. Aussi, pour le surprendre encore une fois, l'armée française va attaquer où les difficultés du terrain rendent une offensive improbable : à travers le massif de la Forêt-Noire.

Fonçant du nord au sud à travers le massif montagneux qu'elles prennent également à revers, les troupes françaises se fraient un chemin au prix d'efforts opiniâtres. En même temps, débordant et culbutant le barrage de Rastadt, elles se précipitent par la plaine badoise en direction de Kehl pour dégager Strasbourg. Le 15 avril, Kehl est pris et la capitale alsacienne mise à l'abri de toute menace, tandis que, sur le revers de la Forêt-Noire, Freudenstadt est enlevé le 17 avril.

Moment décisif : le pont rétabli à Kehl donne à l'offensive des possibilités beaucoup plus grandes ; Freudenstadt lui ouvre une large porte sur les vastes plateaux du Wurtemberg propices à la ruée des chars. Dès lors, l'exploitation va prendre toute son ampleur.

À Freudenstadt, la 1ère armée française se trouve au centre même du dispositif ennemi qu'elle sépare ainsi en deux masses, celle qui couvre Stuttgart et celle qui défend la rive est du Rhin et la Forêt-Noire.

De Freudenstadt, les Français s'élancent vers le sud et vers le nord-est pour achever de couper l'armée adverse et régler le sort des deux tronçons, stratégie audacieuse dont l'exécution va plonger les Allemands dans le plus profond désarroi. D'une part, la 4e division marocaine de montagne (DMM) et la 1ère division blindée poussent rapidement le long des pentes Est de la Forêt-Noire vers le Danube et la frontière suisse, pour interdire tout repli aux éléments ennemis chargés de la défense du Rhin et les enfermer dans le coude du fleuve. D'autre part, la 2e division d'infanterie motorisée (DIM) et la 5e DB remontent vers le nord en direction de Stuttgart, dessinant un large mouvement enveloppant par le sud et l'est de la ville allemande par le nord-ouest. Ainsi, comme à Belfort et à Colmar, l'armée française, contournant l'obstacle, vient se placer dans le dos de l'adversaire pour lui couper la retraite, l'assaillir de toutes parts et le détruire : manoeuvre d'anéantissement qui va se réaliser simultanément au nord et au sud.

C'est le 19 avril que les troupes du 2e corps d'armée (général de Monsabert) s'élancent vers Stuttgart. Les chars de la 5e DB pénètrent dans la ville le 21 par le sud. Une lutte violente s'engage. L'ennemi, pour se dégager, multiplie les contre-attaques. On se bat à bout portant. Fantassins, canonniers, artilleurs français tirent sur les colonnes allemandes qui cherchent à passer à travers les mailles du dispositif. L'un des PC de la 5e DB est encerclé et attaqué par des chars allemands. Une charge héroïque de blindés de la Légion le dégage. La volonté de vaincre des Français l'emporte sur l'énergie du désespoir de l'ennemi, dont les groupes, refoulés dans un espace toujours plus restreint, sont bientôt faits prisonniers.

Au sud est à l'ouest de Stuttgart, d'autres éléments allemands cherchent aussi à se frayer une voie et se jettent dans la forêt de Schonbuch. Pressés par les goumiers des 1er et 4e groupements de tabors marocains, ils essaient de gagner le Neckar à Tubingen. Mais, là encore, le général de Linarès, avec sa 2e DIM, contient leur poussée, les encercle et les capture. Plus de 20 000 soldats allemands et un matériel considérable restent entre les mains des Français.

Au sud de Freudenstadt, les troupes du 1ᵉʳ corps d'armée (général Béthouart) s'élancent, ce même 19 avril, de part et d'autre du Haut Neckar, en même temps qu'elles établissent un barrage face à l'ouest, le long de la Forêt-Noire. Elles dépassent Rottweill, atteignent le 20 avril le Danube à Donaueschingen, le franchissent en trois points, et se dirigent vers la frontière suisse et le lac de Constance.

Le 18e corps d'armée SS, avec quatre divisions et une nombreuse artillerie automotrice, se trouve encerclé dans le massif boisé de la Forêt-Noire. Va-t-il résister sur place ou capituler ? Regroupant sous le couvert des forêts leurs forces un instant désorientées, des chefs énergiques, décidés à rompre les lignes françaises, forment le dessein d'attaquer vers Villingen pour s'ouvrir une retraite.

Le 26 avril 1945, par surprise, en plusieurs colonnes, les divisions du 18e corps d'armée SS, appuyées par des blindés, débouchent brusquement de la forêt et cherchent à rompre le barrage. Deux groupes français d'artillerie, cernés un moment par le flot adverse, se battent avec acharnement et parviennent à rejeter l'ennemi en le décimant. Le 1ᵉʳ bataillon du 1ᵉʳ régiment de tirailleurs marocains se met en hérisson dans le village d'Assen, bloque le gros de la colonne ennemie, résiste à tous les assauts et contraint l'assaillant à abandonner sur place tout son matériel et à se disperser.

Entre temps, le général de Lattre dirige sur les lieux du combat de nouvelles unités prélevées sur la 5e DB, la 14e DI et la 3e DIA, qu'il met à la disposition du général Béthouart. L'aviation du 1ᵉʳ corps aérien français intervient également dans la lutte, apportant une aide extrêmement efficace aux troupes terrestres, par ses attaques à la bombe, à la mitrailleuse et au canon.

Bientôt, grâce à la détermination et à la coordination des efforts de tous, l'ennemi est cerné et anéanti dans la région de Villingen : le 1er corps d'armée fait 15 000 prisonniers. Le 18e corps d'armée SS n'existe plus. Seuls, subsistent encore quelques groupes ennemis qui, refoulés dans la montagne, seront capturés quelques jours plus tard lors des opérations de nettoyage.

Débouchant de Kehl, la 9e division d'infanterie coloniale (DIC) du général Valluy, précédée du groupement tactique du général Caldairou, progresse sur les pentes ouest de la Forêt-Noire, s'empare de Fribourg, poursuit une bataille de destruction et réalise le 26 avril, sur la frontière suisse, sa jonction avec la 4e division marocaine de montagne du général de Hesdin. Les prisonniers allemands se comptent par dizaines de milliers ; cinq généraux sont capturés.

Tandis que s'achève la bataille de la Forêt-Noire, l'ultime manoeuvre d'anéantissement des forces ennemies se déroule. Partant du triangle stratégique Stockach-Engen-Tuttligen, la 1ère DB du général Sudre, avec le groupement tactique du colonel Gruss et celui du colonel Lehr, s'épanouit au sud du Danube en un large éventail pointant à la fois vers Ulm, sur le Danube même, Memmingen et Kempten dans la vallée de l'Iller. Le but de cette manoeuvre est double : d'une part interdire à tout élément ennemi de se ressaisir sur le plateau au sud du Danube, d'autre part bloquer au nord du fleuve les forces adverses du Jura souabe devancées dans leur retraite. En deux jours, les chars français parcourent cent cinquante kilomètres, s'emparent de tous les passages sur le Danube, prennent Biberach le 23 avril.

Ainsi les forces allemandes qui occupent le Jura souabe sont prises à revers. Bientôt pressées par la 2e DIM, renforcée par le groupement tactique n°5 et les blindés de la 7e armée américaine, elles tentent de s'échapper vers le sud. Mais ce mouvement était prévu et la 1ère DB française, qui tient solidement la ligne du Danube, résiste aux attaques désespérées d'un adversaire aux abois.

Le 24 avril 1945, au soir, le groupement tactique n°5, parti en flèche de Reutlingen, au sud de Stuttgart, réalise à Sigmaringen, sur le Danube, sa liaison avec la 1ère DB. Dès lors, la poche ennemie de Jura souabe est coupée en deux. À partir du 25, des groupes désemparés errent dans la montagne, mais leur résistance est peu à peu réduite. Le 28, le nettoyage de cette région s'achève, anéantissant les derniers restes de la 19e armée allemande.

Le 28 avril, trois jours seulement après la prise de Constance, les 1ère et 5e DB, aux ordres du général Béthouart, commandant le 1e corps d'armée, franchissent la frontière autrichienne et prennent pied dans le Vorarlberg et dans les Alpes bavaroises, dont certains sommets culminent à trois mille mètres d'altitude. En trois jours, toute la région des plateaux comprise entre le lac de Constance et la vallée de l'Iller est conquise et nettoyée. Les bases allemandes de Friedrichshafen et de Lindau, sur le lac de Constance, avec leurs chantiers navals et aéronautiques, leurs ateliers de construction de fusées V2, tombent entre les mains des Français.

S'accrochant au terrain montagneux et au système d'ouvrages bétonnés implantés dans la région de Brégenz, multipliant les destructions sur tous les itinéraires, des unités SS tentent d'interdire l'accès des hautes vallées du Rhin et de l'Iller. Mais la 5e DB, après une lutte acharnée, force dès le 29 avril le verrou de Brégenz, prend Dornbirn le 1er mai, s'empare de Feldkirch le 3 mai, et atteint les frontières de la principauté du Lichtentstein. À sa gauche, la 1ère DB remonte la vallée de l'Iller, enlève, par une habile manoeuvre, la localité d'Immenstadt âprement défendue et, malgré un terrain rendu plus difficile par des destructions nombreuses, parvient au cœur des Alpes bavaroises, à Oberstorf.

Suivant au plus près les deux divisions blindées, la 4e division marocaine de montagne à l'ouest et la 2e division d'infanterie motorisée à l'est nettoient le terrain conquis et dépassent les blindés, dont la progression dans la haute montagne, encore couverte de neige, se heurtent aux pires difficultés. Bousculées sans trêve, les divisions ennemies ne peuvent échapper à la capture. Le 7 mai, partant de Langen, quelques chasseurs du 1er bataillon de Choc, conduits par le lieutenant Crespin, entreprennent l'ascension de l'Arlberg pour y planter le drapeau tricolore.

Du 31 mars, jour du franchissement du Rhin, jusqu'au 7 mai 1945, l'armée française a conquis 80 000 km2 du Grand Reich hitlérien, les régions du Palatinat, du pays de Bade, du Wurtemberg, de la Bavière et de l'Autriche du sud. Elle a détruit les 19e et 24e armées allemandes, ainsi que le 18e corps d'armée SS, capturé 130 000 prisonniers. Parmi eux, le fils du maréchal Rommel, Manfred, qui s'empresse de raconter au général de Lattre comment son père a été contraint au suicide par Hitler. Les pertes françaises ne dépassent pas 6000 hommes (tués, blessés ou disparus). La 2e DIM compte 938 soldats hors de combat (tués ou blessés), la 9e DIC 662, la 3e DIA 632, la 5e DB 542. La 1ère DB compte à son actif, pour cette ultime campagne, 30 000 prisonniers allemands, dont dix généraux, soit le double de son effectif, 150 canons détruits, des trains entiers de matériels, 40 avions intacts, des centaines de véhicules, d'immenses dépôts de vivres et d'archives : aux prix de son côté de 137 tués, 436 blessés et 25 disparus.

La 2e division blindée française, libérée du front de la poche de Royan en Charente-Maritime, se porte à marches forcées en direction de l'Allemagne. Parties le 23 avril 1945 du Sud-Ouest de la France, ses premières colonnes atteignent le 27 le cœur de la Souabe, à la moyenne de près de trois cents kilomètres par jour. Le 2 mai, la 2e DB est entièrement regroupée.

Le même jour, un de ses groupements franchit le Lech au sud d'Augsbourg, atteint l'Isar puis l'Inn qu'il franchit le 3 au matin. L'ennemi ne semble plus réagir que par la destruction systématique des ponts. Parfois, un barrage de route : un char entouré de quelques fantassins résiste. Un engagement rapide et ces fanatiques vont grossir le troupeau de prisonniers qui reflue à pied et presque sans escorte vers les arrières françaises. La position fortifiée allemande, la fameuse Alpenstellung, est abordée sans résistance. L'affaissement est général dans toute la région. Les civils sortent des drapeaux blancs. De nombreux généraux et personnages importants du régime hitlérien se rendent à la division Leclerc. Au milieu d'un peuple vaincu, qui devient plat et servile, circulent les martyrs de cette guerre : prisonniers en uniformes appartenant à toutes les nationalités alliées ; déportés aux cheveux ras, à la silhouette squelettique, aux yeux hagards.

La 2e DB fonce à toute allure sur l'autostrade qui conduit à Berchtesgaden, là où Hitler invitait les dignitaires nazis et les personnalités étrangères. Au franchissement de la Sallach, le pont est coupé et la gorge étroite défendue par deux compagnies ennemies, appuyées par des pièces de 88 mm. L'artillerie française arrive à temps pour soutenir l'attaque et, le 4 mai au soir, le génie lance un pont.

Le 5 mai 1945, vers 15 heures, les premiers éléments de la 2e DB atteignent le village de Berchtesgaden déjà rempli de troupes de la 3e division américaine qui a roulé à toute vitesse sur une route parallèle. Dépassés par les événements, ou pris de panique, les SS ont renoncé à défendre le repaire de leur Führer. Les casernes de Berchtesgaden sont pleines de troupes régulières rassemblées pour une reddition en ordre. À l'origine, Berchtesgaden est une petite station de montagne, au creux d'un cirque où se rejoignent trois torrents. Le repaire de Hitler est bâti à 1800 mètres d'altitude, sur le sommet rocheux de l'Obersaltzberg. C'est toute une petite ville, le Platterhof, qui a été construite par le maître de l'Allemagne autour de sa propre villa, le Berghof : villas pour ses gardes et ses acolytes, caserne de SS, hôpital, hôtel pour les invités, garage. La 2e section de la 12e compagnie du régiment de marche du Tchad, conduite par le capitaine Touyeras, s'empare du "Nid d'Aigle", la villa du Führer, sans rencontrer la moindre résistance. Le Berghof a été en partie détruit par un bombardement aérien. Arrivé peu après, le général Leclerc peut enfin contempler les ruines de ce symbole d'un Reich qui s'était voulu millénaire.

Le lendemain, 6 mai, une patrouille de la 2e DB, après neuf heures de marche dans la neige et les éboulis, hisse les couleurs françaises sur le sommet du Kehlstein. C'est le cœur même de l'Allemagne, cette forteresse qui aurait dû constituer le dernier réduit de la puissance nazie, que la 2e DB atteint la première pour y planter le drapeau national et écraser ce que le monde considérait comme le symbole de la grandeur et de la puissance du régime hitlérien.

Du débarquement de Provence (15 août 1944) à la capitulation allemande (8 mai 1945), l'armée française (1ère armée et 2e DB) a capturé 300 000 soldats allemands. Elle compte de son côté 57 000 soldats tués ou blessés au combat.

Durant la nuit du 8 au 9 mai 1945, le général de Lattre de Tassigny représente la France à Berlin, lors de la capitulation officielle de l'Allemagne. Avec les Etats-Unis, la Russie soviétique et la Grande-Bretagne, la France fait ainsi partie des quatre grandes puissances victorieuses de la Seconde Guerre mondiale. Avec 300 000 militaires et résistants tués ou disparus, elle peut revendiquer la mise hors de combat d'un million de combattants de l'Axe de 1939 à 1945 (tués, blessés et prisonniers). Sa place dans le camp des quatre grands vainqueurs n'est donc pas usurpée.

CONCLUSION

Du 11e siècle au 20e siècle, les batailles ont connu des bouleversements considérables, du fait de l'évolution permanente de l'armement et de la tactique sur le terrain. La France a souvent occupée une place militaire prépondérante, afin de préserver sa puissance dans une Europe alors déchirée par les rivalités de toutes sortes.

Ces batailles, présentées dans cet ouvrage, permettent de mieux comprendre l'Histoire de France, car elles ont eu souvent des conséquences politiques et sociales importantes. L'armée féodale et royale laisse la place à une armée nationale, tandis les mentalités s'adaptent aux évolutions techniques et institutionnelles. Le changement poursuit sa route à travers des siècles, souvent marqués par la fureur des armes sur les champs de bataille.

« La France fut faite à coups d'épée », a écrit un certain Charles de Gaulle.

SOURCES PRINCIPALES

Archives et documents

Archives militaires françaises, Vincennes.

Archives militaires allemandes, Fribourg-en-Brisgau.

Archives militaires italiennes, Rome.

Archives militaires britanniques, Londres.

Archives militaires américaines, Washington.

Archives du Ministère de la défense nationale, Paris.

Archives du Centre national Jean Moulin, Bordeaux.

Archives du Musée de l'Ordre de la Libération. Paris.

Archives du Musée de l'Ordre de la Légion d'honneur. Paris.

Revues consultées

Revue historique des armées, Armée d'Aujourd'hui, Raids, Militaria, Historia, Histoire de la Dernière Guerre, Actualité de l'Histoire, Champs de bataille, Seconde Guerre mondiale, Ligne de front, Batailles-Blindés, 2e Guerre mondiale, 14-18, La revue Napoléon, La Gazette des Armes, Uniformes, Guerres et histoire, Guerre blindés et matériel, 39/45 Magazine, Miroir de l'Histoire.

Bibliographie principale

Stéphane Audoin-Rouzeau, Annette Becker, *La Grande Guerre 1914-1918*, éditions Gallimard 2006.

Stéphane Audoin-Rouzeau, Jean-Jacques Becker, *La France, la Nation et la Guerre (1850-1920)*, éditions Sedes 1995.

Stéphane Audouin-Rouzeau, Jean-Jacques Becker, *Encyclopédie de la Grande Guerre*, éditions Bayard 2004.

Henri Azeau, *La Guerre franco-italienne, juin 1940*, éditions Les Presses de la Cité 1967.

Erik Barbanson, *Somua contre Panzer, Hannut, la première bataille de chars de l'histoire*, Histoires de Guerre n°68, avril 2006.

Général Beaufre, *La Revanche de 1945*, éditions Plon 1966.

Henri Béraud, *Bataille des Alpes, juin 1940-1944/45*, éditions Heimdal 1987.

Sous la direction de François Broche, de Georges Caïtucoli et de Jean-François Muracciole, *Dictionnaire de la France libre*, éditions Robert Laffont 2010.

Paul Billotte, *Le Temps des armes*, éditions Plon 1972.

Yves Buffetaut, *Atlas de la Première Guerre mondiale*, éditions Autrement 2005.

Yves Buffetaut, *Blitzkrieg à l'Ouest, Belgique et Nord 1940*, collection hors-série Militaria n°8, éditions Histoire et Collections 1993.

Louis Cadars, *L'année sanglante de Verdun*, Les Cahiers de l'Histoire n°53, février 1966, Paris.

Jean-Louis Crémieux-Brilhac, *Les Français de l'an 40,* éditions Gallimard 1990.

Jean-Claude Damamme, *Les soldats de la Grande Armée*, éditions Perrin 2008.

Colonel Jean Delmas, colonel Paul Devautour, Eric Lefèvre, *Mai-juin 1940, les combattants de l'honneur*, éditions Copernic 1980.

Jacques Demougin, *La Grande Armée*, éditions Trésor du Patrimoine 2004.

Eric Denis, La Bataille de Stonne, campagne de France 1940, thématique n°2 l'histoire militaire du XXe siècle, éditions Histoire et Collections 2008.

John Ellis, *Cassino, une amère victoire janvier-juin 1944*, éditions Albin Michel 1987.

Marc-André Fabre, *Avec les héros de 40*, éditions Hachette 1946.

Patrick Facon, *Histoire de l'armée de l'air française*, éditions La Documentation Française 2009.

Liliane et Fred Funcken, *L'Uniforme et les armes des soldats du Premier Empire*, éditions Casterman 1968.

Liliane et Fred Funcken, *L'Uniforme et les armes des soldats de la Guerre 1914-1918*, éditions Casterman 1970.

Karl-Heinz Frieser, *Le Mythe de la guerre éclair, la campagne de l'Ouest de 1940*, éditions Belin 2003.

Paul Gaujac, *L'Armée de la victoire 1943-1945*, éditions Lavauzelle 1985.

Général de Gaulle, *La France et son armée*, éditions Albin Michel 1938.

Général Giraud, *Un seul but, la victoire*, éditions Julliard 1945.

Général de Lattre de Tassigny, *Histoire de la Première armée française*, éditions Plon 1950.

Jean-Yves Le Naour, *La Première Guerre mondiale pour les nuls*, éditions First 2008.

Michel Marmin, *Leclerc*, éditions Chronique 1997.

Philippe Masson, *Histoire de l'armée française de 1914 à nos jours*, éditions Perrin 1999.

Philippe Masson, *Histoire de la marine française*, éditions Lavauzelle 1992.

Claude Paillat, *Le Désastre de 1940, la guerre éclair, 10 mai-24 juin 1940*, éditions Robert Laffont 1985.

Général Etienne Plan, Eric Lefèvre, *La Bataille des Alpes, 10-25 juin 1940*, éditions Lavauzelle 1982.

Denis Prache, *Les soldats de Napoléon*, éditions Hatier 1983.

Gilles Ragache, *La Fin de la campagne de France : les combats oubliés des armées du Centre, 15 juin-25 juin 1940*, éditions Economica 2010.

Général Jean-Etienne Valluy et Pierre Dufourcq, *La Première Guerre mondiale*, éditions Larousse 1968.

Pierre Vasselle, *La Bataille au sud d'Amiens*, 28 mai-8 juin 1940, imprimerie F. Paillart 1947.

Général Maxime Weygand, *Histoire de l'armée française*, éditions Flammarion 1938.

OUVRAGES DU MÊME AUTEUR

L'Italie en guerre 1915-1918. Éditions Ulysse 1986.

Les guerres de Mussolini. Éditions Jacques Grancher 1988.

Connaître les châteaux du Périgord. Éditions Sud-Ouest 1989.

La Résistance dans le Sud-Ouest (préface de Jacques Chaban-Delmas). Éditions Sud-Ouest 1989.

L'épopée du corps franc Pommiès. Éditions Jacques Grancher 1990.

Le Sud-Ouest mystérieux. Éditions Sud-Ouest 1990.

L'affaire Grandclément. Éditions Sud-Ouest 1991.

Le livre d'or de la Résistance dans le Sud-Ouest. Éditions Sud-Ouest 1991.

Bordeaux pendant l'occupation. Éditions Sud-Ouest 1992.

Les contes populaires de toutes les Pyrénées. Éditions Sud-Ouest 1992.

Les grands crimes du Sud-Ouest. Éditions Sud-Ouest 1993.

Les FFI au combat. Éditions Jacques Grancher 1994.

Souvenirs de la guerre 1939-1945. Éditions Sud-Ouest 1995.

La montagne de lumière (roman). Éditions Lucien Souny 1995.

Gabriele d'Annunzio en France 1910-1915. Éditions J/D 1997.

Mussolini. Éditions Chronique 1997.

Rommel. Éditions Chronique 1998.

La poche du Médoc 1944-1945. Éditions CMD 1998.

Jacques Chaban-Delmas. Éditions CMD 1998.

Bordeaux et Arcachon à la Belle Époque. Éditions CMD 1998.

Bordeaux brûle-t-il ? La libération de la Gironde 1940-1945. Éditions Les Dossiers d'Aquitaine 1998.

Biarritz à la Belle Époque. Éditions CMD 1998.

Les corridas de Bayonne. Éditions CMD 1999.

Bordeaux, la base sous-marine 1940-1944. Éditions CMD 1999.

Bernadette Soubirous. Éditions CMD 1999.

Les échassiers des Landes. Éditions CMD 1999.

Périgord, l'aventure de la Préhistoire. Éditions CMD 1999.

Périgord, histoire de la truffe. Éditions CMD 1999.

Histoire de la France militaire et résistante. Éditions du Rocher 2000.

Aquitaine, histoire de la Résistance. Éditions CMD 2000.

Limousin, histoire de la Résistance. Éditions CMD 2001.

Orthon le farfadet et autres histoires mystérieuses de l'Aquitaine. Éditions du Rocher 2001.

Jean-Pierre Schnetzler, itinéraire d'un bouddhiste occidental. Éditions Desclée de Brouwer 2001.

L'affaire Bentzmann 1939-1945. Éditions les Chemins de la Mémoire 2002.

La poche de Royan 1939-1945. Éditions les Chemins de la Mémoire 2002.

Les combats victorieux de la Résistance dans la libération 1944-1945. Éditions du Cherche Midi 2002.

Les voies de la sérénité, les grandes religions et l'harmonie intérieure. Éditions Philippe Lebaud 2002.

Regards chrétiens sur le bouddhisme, de la diabolisation aux convergences. Éditions Dervy 2002.

Histoires mystérieuses du Sud-Ouest. Éditions les Chemins de la Mémoire 2002.

La bataille des cadets de Saumur, juin 1940. Éditions les Chemins de la Mémoire 2002.

La libération du Sud-Ouest 1944-1945. Éditions les Chemins de la Mémoire 2003.

Le grand livre des fantômes. Éditions Trajectoire 2003.

Lama Namgyal, vie et enseignement d'un moine bouddhiste occidental. Éditions les Presses de la Renaissance 2003.

Arcachon : pages de son histoire. Éditions les Chemins de la Mémoire 2003.

Visite historique de Bayonne. Éditions les Chemins de la Mémoire 2003.

Visite historique de Biarritz. Éditions les Chemins de la Mémoire 2003.

Visite historique de Bordeaux. Éditions les Chemins de la Mémoire 2003.

Visite historique du Bassin d'Arcachon. Éditions les Chemins de la Mémoire 2003.

Les plages du débarquement. Éditions les Chemins de la Mémoire 2003.

La France combattante de la victoire 1944-1945. Éditions les Chemins de la Mémoire 2003.

La Poche de la Rochelle 1944-1945. Éditions les Chemins de la Mémoire 2003.

Rommel (biographie), la fin d'un mythe. Éditions du Cherche Midi 2003.

Les Chercheurs d'Absolu. Éditions du Félin 2003.

Lama Guendune, un grand maître tibétain en France. Éditions Oxus 2003.

Les vies antérieures, des preuves pour la réincarnation. Éditions du Félin 2004.

Histoire de la presse en France. Éditions de Vecchi 2004.

Les voies spirituelles du bonheur (yoga, bouddhisme, oraison, soufisme). Éditions inFolio 2005.

Les Jésuites. Éditions de Vecchi 2005.

Comme des lions, Le sacrifice héroïque de l'armée française en mai-juin 1940. Éditions Calmann Lévy 2005.

Les Templiers. Éditions de Vecchi 2005.

Les grandes affaires de la Résistance. Éditions Lucien Souny 2005.

La Réincarnation, histoires vraies. Éditions Trajectoire 2006.

Les Missionnaires. Éditions de Vecchi 2006.

C'est nous les Africains, l'épopée de l'armée française d'Afrique 1940-1945. Éditions Calmann Lévy 2006.

Histoires extraordinaires du bouddhisme tibétain. Éditions InFolio 2006.

Les grands ordres militaires et religieux. Éditions Trajectoire 2006.

Histoires extraordinaires de la Seconde Guerre mondiale. Éditions Lucien Souny 2006.

Jean Moulin. Éditions Infolio 2007.

La dérive intégriste. Éditions Acropole 2007.

La libération de la France. Éditions Lucien Souny 2007.

Lieux de pèlerinages et grandes processions. Éditions Trajectoire 2007.

Mers el-Kébir, juillet 1940. Éditions Calmann-Lévy 2007.

Lourdes la miraculeuse. Éditions Trajectoire 2008.

Les poches de l'Atlantique 1944-1945. Éditions Lucien Souny 2008.

Les 35 plus grandes affaires criminelles. Éditions Trajectoire 2008.

La guerre italo-grecque 1940-1941. Éditions Calmann-Lévy 2008.

Les victoires militaires françaises de la Seconde Guerre mondiale. Éditions Lucien Souny 2009.

La bataille de Bir Hakeim, une résistance héroïque. Éditions Calmann-Lévy 2009.

Convergences chrétiennes et bouddhistes. Éditions Oxus 2009.

Les grandes figures de la Résistance. Éditions Lucien Souny 2009.

Les mystères des manuscrits de la mer Morte. Éditions de Vecchi 2009.

Les mystères des prophéties. Éditions de Vecchi 2009.

Spectres, esprits et apparitions. Éditions de Vecchi 2009.

Le bouddhisme vu par la science. Éditions Oxus 2010.

La bataille de France jour après jour mai-juin 1940. Éditions Le Cherche Midi 2010.

Croyances et légendes populaires. Éditions de Vecchi 2010.

La bataille de Stonne, Ardennes 1940. Éditions Perrin 2010.

L'apport capital de la France dans la victoire des Alliés, 1914-1918 et 1939-1945. Éditions Le Cherche Midi 2011.

La bataille de Dunkerque 26 mai – 4 juin 1940. Éditions Tallandier 2011.

39-45 Les soldats oubliés, ceux dont l'Histoire ne parle plus. Éditions Jourdan 2012.

L'armée française pour les Nuls. Éditions First 2012.

Koenig, l'homme de Bir Hakeim. Éditions du Toucan 2012.

La libération de la France jour après jour 1944-1945. Éditions Le Cherche Midi 2012.

Histoire générale de la Résistance française. Éditions Lucien Souny 2012.

La Résistance. Éditions Gründ 2012.

La Gestapo et les Français. Éditions Pygmalion 2013.

Légendes et fadaises de la Seconde Guerre mondiale. Éditions Jourdan 2013.

Histoires extraordinaires de la Résistance française. Éditions Le Cherche Midi 2013.

La Résistance pour les nuls. Éditions First 2013.

Fiers de notre histoire. Éditions First 2013.

Les Crimes nazis lors de la Libération de la France 1944-1945. Éditions Le Cherche Midi 2014.

12 Trains qui ont changé l'Histoire. Éditions Pygmalion 2014.

La bravoure méconnue des soldats italiens 1914-1918 & 1939-1945. Éditions Altipresse 2014.

Gabriele d'Annunzio ou le roman de la Belle Époque. Éditions Le Rocher 2014.

Les opérations commandos de la Seconde Guerre mondiale. Nouveau Monde éditions 2014. Nouvelle éditions en Poche 2016.

Les grandes figures de la Résistance française. Éditions Sud-Ouest 2014.

Combats oubliés, résistants et soldats français dans les combats de la Libération 1944-1945. Éditions du Toucan-L'Artilleur 2014.

Éloge de l'armée française. Éditions Pierre de Taillac 2014.

La France s'est faite à coups d'épée, l'épopée des grandes batailles d'Hastings à la Libération. Éditions Armand Colin 2015.

Histoires extraordinaires de la guerre aérienne 1939-1945. Éditions JPO 2015.

Histoires incroyables et héroïques de la Résistance. Éditions JPO 2015.

Bordeaux sous l'Occupation. Geste éditions 2015.

Alain Juppé sans masque. Éditions First 2016.

Histoires extraordinaires de la Seconde Guerre mondiale. Éditions Le Cherche Midi 2016.

Histoires incroyables de la guerre 1939-1945. Métive éditions 2016.

Petite histoire du Pays basque. Geste éditions 2016.

La poche du Médoc 1944-1945. Geste éditions 2016.

La libération du Sud-Ouest. Geste éditions 2016.

Les grandes affaires d'espionnage de la Ve République. Éditions First 2016.

Histoire du Pays basque. Geste éditions 2016.

Le mythe du sauveur américain 1917-1918, essai sur une imposture historique. Éditions Pierre de Taillac 2017.

Jean-Claude Hubert, souvenirs de guerre d'un résistant, contre-espion et commando 1939-1945. Geste éditions 2017.

La Charente sous l'occupation. Geste éditions 2017.

Le Pays basque sous l'occupation. Geste éditions 2017.

Le Lot-et-Garonne sous l'occupation. Geste éditions 2017.

Les Landes sous l'occupation. Geste éditions 2017.

Les 100 000 collabos, le fichier interdit de la collaboration française. Éditions Le Cherche Midi 2017.

Ces chrétiens qui ont résisté à Hitler. Éditions Artège 2018.

SS français, récits, lettres et témoignages inédits de la SS Charlemagne. Éditions Jourdan 2018.

Nouvelles histoires extraordinaires de la Résistance, 16 récits inédits de héros qui ont sauvé la France. Éditions Alisio-Leduc 2018.

Les années interdites. Auteurs, journalistes et artistes dans la Collaboration. Éditions de l'Archipel 2018.

Les grandes affaires de la Libération 1944-1945. Éditions Alisio 2019.

Les vérités cachées de la Seconde Guerre mondiale. Éditions du Rocher 2019.

Histoires extraordinaires de miracles et d'apparitions. Enquêtes et récits sur l'invisible dans les traditions chrétiennes et bouddhistes. Éditions Leduc.s 2019.

Jésus l'universel, l'histoire d'un message spirituel. Éditions Alisio 2019.

L'imposture du sauveur américain 1917-1918 / 1941-1945. Éditions Le Retour aux sources 2020.

Albert Roche, premier soldat de France. Éditions *Le Retour aux sources 2020.*

Les victoires françaises de 1914 à nos jours. Éditions *Le Retour aux sources 2020.*

Les grandes batailles de la Première Guerre mondiale. Éditions Le Retour aux sources 2020.

Le Retour aux Sources éditeur

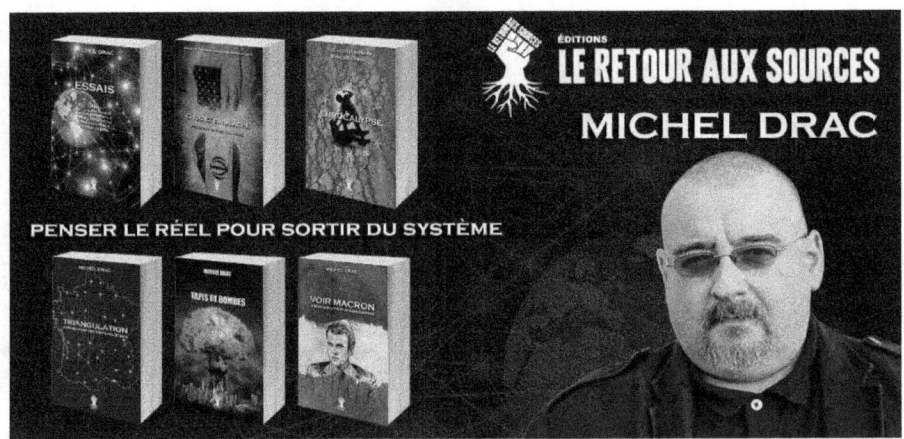

www.leretourauxsources.com

www.ingramcontent.com/pod-product-compliance
Lightning Source LLC
Chambersburg PA
CBHW050123170426
43197CB00011B/1695